培智学校
生活数学教学设计

李　燕　李　敏　万丽娟　万桔萍　杨　鹃　编著

西南交通大学出版社
·成　都·

图书在版编目（CIP）数据

培智学校生活数学教学设计 / 李燕等编著. —成都：西南交通大学出版社，2023.9
ISBN 978-7-5643-9200-0

Ⅰ. ①培… Ⅱ. ①李… Ⅲ. ①数学课－儿童教育－特殊教育－教学设计 Ⅳ. ①G764

中国国家版本馆 CIP 数据核字（2023）第 101914 号

Peizhi Xuexiao Shenghuo Shuxue Jiaoxue Sheji
培智学校生活数学教学设计
李 燕 李 敏 万丽娟 万桔萍 杨 鹃 编著

责任编辑	邵莘越
封面设计	墨创文化
出版发行	西南交通大学出版社 （四川省成都市金牛区二环路北一段 111 号 西南交通大学创新大厦 21 楼）
发行部电话	028-87600564 028-87600533
邮政编码	610031
网址	http://www.xnjdcbs.com
印刷	四川煤田地质制图印务有限责任公司
成品尺寸	185 mm × 260 mm
印张	15.25
字数	381 千
版次	2023 年 9 月第 1 版
印次	2023 年 9 月第 1 次
书号	ISBN 978-7-5643-9200-0
定价	45.00 元

课件咨询电话：028-81435775
图书如有印装质量问题 本社负责退换

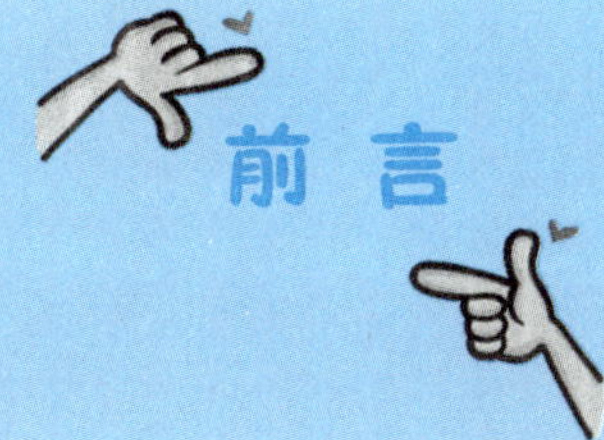

前言

2016 年，中华人民共和国教育部制定《培智学校义务教育生活数学课程标准（2016 年版）》（以下简称“课标”），标志着我国培智教育进入一个崭新的时代。课标强调生活数学既要面向全体学生，又要满足学生的个别化需求，最大限度地提高他们的学习能力，让不同学习能力的学生在数学上得到不同程度的发展。同时强调生活数学课程内容既要反映社会发展的需要，考虑数学本身的特点，又要符合特殊教育的基本规律和特点，遵循学生身心发展规律。在重视直观、直接经验的同时还要注意层次性与多样性，以满足不同学习能力学生的需要。数学教学活动应充分采用多感官并用的方式进行。课标的课程目标分为总目标和学段目标，分为知识技能、数学思考、问题解决、情感态度四个方面。

2015 年以来，我一直致力于“特殊学校数学课程与教学”的教育教学。由于教学对象已由听障学生为主逐渐转变为培智学生，使得教法课程的教学研究对象也逐渐偏向培智学生的教学。长久以来的教学参考资料以听障学生的教学居多，关于培智教学的参考资料较少，有极少关于培智生活数学的书籍资料也是在课标颁布之前出版的，且教学设计案例少，无法给我们的教学提供直接的借鉴，使得我们的本科学生学习培智数学教学设计吃力，我就想如果我们有一本基于课标的培智数学教学设计书籍用于我们的本科学生教学，他们毕业以后到工作岗位就能做出更适合培智学生的教学设计，促进不同能力水平培智学生的数学能力发展。于是我邀请了四川省宜宾市屏山县特殊教育学校李敏、长宁县特殊教育学校万丽娟、犍为县玉津中心小学特殊教育中心万桔萍以及乐山师范学院杨鹃组建了编写团队，按照课标提出的四维目标、培智学生教育与康复的双重需求以及差异化教学的特点，经过两年的努力，撰写完成小学阶段培智生活数学教学设计的书稿。

培智学校学生障碍类型复杂，障碍程度不同，每个学生学习生活数学的起点、方式、能力存在差异。整齐划一的教学目标要求无法满足培智学生的身心发展特点，因此本书的教学活动设计均进行了分组，把学生按所需支持程度不同分为 A、B、C 三组，每个组会在不同支持程度下完成相应的教学任务，达到相应的教学目标，以最终实现所有学生的最大限度进步。

感谢我的编写团队，我们一起经历了教学案例编写的成功与挫折，我们一同从昨天、今天走向明天。

感谢乐山师范学院数信学院罗世尧老师，感谢他给我们专业的引领与启发。

本书是这么多年来团队成员从事特殊教育学校数学课程教学研究与实践的经验累积，也是四川省首批新文科研究与改革实践项目“新文科背景下多学科融合的特殊教育复合型人才培养创新与实践”、乐山师范学院校级教材项目“新课标下培智学校学生小学生活数学教学设计”的研究成果，由乐山师范学院资助出版。

李燕

2022 年 10 月于乐山师范学院特殊教育学院

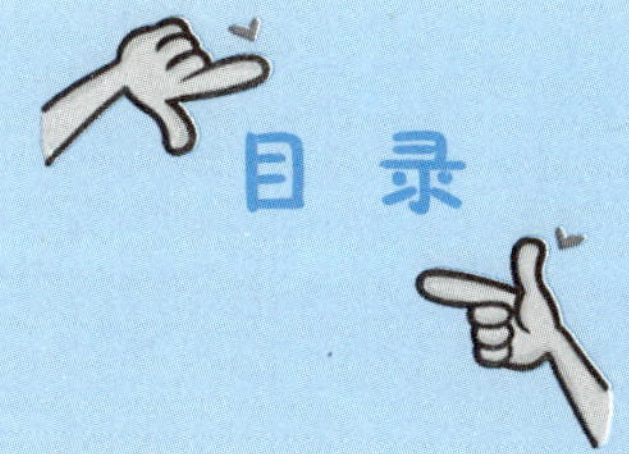
目 录

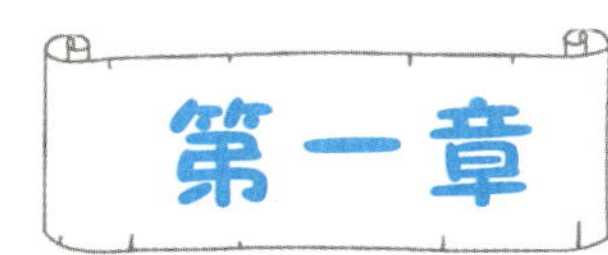

培智学校学生“常见的量”的教学

第一节　关于“常见的量”的基本知识

培智学生学习的最终目标在于融入社会，习得生存生活的基本知识与技能，提高生活质量，而“常见的量”与培智学生的生活息息相关。课标要求培智学生经历从现实情境、日常生活中去感知、认识常见的量的过程，掌握常见的量的基础知识与技能。[1]生活中有许许多多的量，如大小、多少、时间、人民币等，量是事物存在的规律和发展的程度，是客观世界中事物或现象所具有的可以通过测量等手段加以认识的属性，包括连续量和不连续量。[2]常见的量教学是课标中生活数学课程的重要组成部分，经过量教学活动，可以帮助学生培养数学核心素养，习得数学思维方式，发展直观想象力。

一、学科基础知识

常见的量由量概念、时间、人民币组成。常见的量对于培智学生而言过于抽象，内容繁多，且多数培智学校学生伴随言语困难，对教师而言在教学上有一定的难度，需要更具直观性、操作性的教学手段。

量概念在课标中涉及大小、多少等，要求学生从生活中的实物、图片等中感知量、比较量，用规范的语言正确地描述量。量概念的比较中有三个层次：第一，两者量概念之间的比较，即量的绝对性，如 A 与 B 谁大；第二，三者及三者以上量概念的比较，即量的相对性，如 A、B、C 中谁大谁小；第三，量概念的排序，量的排序具有可逆性、双重性与传递性，如 A>B，B>C，则 A>B>C。量概念的学习是螺旋式上升的过程，教学通过一一对应、重叠法、并放法等方法，要求学生在多次量概念的操作、学习和描述中，发展抽象思维和数学语言表达能力，提高知觉量概念线索的能力，便于在日常生活中进行区辨，增加量概念的知识储备，并能运用于生活中，提高生活质量。

---

① 柳笛，龚伊娜，陈银花.《培智学校义务教育生活数学课程标准》解读[J].现代特殊教育，2017（10）.

② 柳笛.培智学校数学课程与教学[M].上海：华东师范大学出版社，2016.

时间是一个抽象概念，最早起源于地球自转和公转形成“日”“年”，随着对天体运动发展规律的掌握以及日常生产生活的需要，人们发明了日晷，发展到后世就成了时间。时间与日常生活分不开，与生活的现实情境相关。时间主要包括四个知识：第一，时序，也就是早上、中午、晚上的顺序；第二，钟面时钟，包括时针、分针，整点和半点等；第三，数字时钟；第四，年、月、日及它们之间的关系。从多元智力来看，理解时间对培智学生抽象逻辑思维能力的培养具有重大意义①，可引导培智学生从生活中发现时间，通过观察、分析、推理结合生活经验习得时间概念。

人民币是中华人民共和国成立后的法定货币②，包含硬币、纸币，基本单位是元，辅助单位是角和分。现在，随着移动网络的发展，纸币支付逐渐变少，移动支付慢慢兴起。市面流通的人民币主要包含 1 元、5 元、10 元、20 元、50 元、100 元、1 角、5 角。不同面额人民币有不同的外在属性，这些外在属性有利于帮助培智学生识别人民币，比如数字、颜色、单位等。培智教育强调适应生活，培智学校学生通过学校的教育成为一名社会人，离不开衣食住行，而满足衣食住行的需要，就少不了认识商品价格和人民币付款与找零③，其中还包括 1 元=10 角=100 分等的换算。这些知识同时也可以帮助学生发展符号意识和从具体事物中提取信息的能力。

二、课标中的常见的量

在课标中，常见的量教学目标按知识技能、数学思考、问题解决、情感态度四个维度进行分布，每个知识点之间联系紧密。培智学生思维发展速度缓慢，缺乏相关经验，对事物认知浅显，因此课标强调从日常生活中去经历常见的量的认识，发展学生的抽象能力与逻辑思维能力。两个学段在课标中的目标如下。④

第一学段：

（1）经历从日常生活中认识常见的量，了解日常生活中常见的量。

（2）了解生活中常见的量，感受常见的量在生活中的作用。

（3）在教师的指导下，通过观察、比较、操作等方法发现简单问题，并尝试解决。

（4）在他人的引导下，感受参与数学量教学活动的乐趣。

（5）在他人的引导下，感受数学比较、排序活动中的成功。

（6）感受常见的量与日常生活的紧密联系。

---

① 肖非，刘娲.培智教育课程改革需要课程观念变化的优化——北京市培智学校课程现状调查研究报告[J].中国特殊教育，2004（5）.

② 《中华人民共和国中国人民银行法》第三章第十五条。

③ 杨桂民.浅谈如何对智力障碍学生进行人民币教学[J].亚太教育，2019（9）.

④ 中华人民共和国教育部.培智学校义务教育生活数学课程标准（2016 年版）[S].北京：人民教育出版社，2018.

第二学段：

（1）经历从日常生活中认识常见的量，理解日常生活中常见的量。

（2）认识生活中常见的量，感受常见的量在生活中的作用。

（3）在教师的引导下，运用一些数学知识，尝试解决日常生活中常见的量的问题。

从各学段目标可知，课标常见的量教学目标有三个特点：第一，强调生活性，目标源于生活，用于生活，课标中课程目标要求培智学生从日常生活中去感知，理解，并且运用于解决生活中的实际问题，例如大人穿大衣服，小孩穿小衣服。第二，强调支持性，课标强调在他人与教师的引导下去学习常见的量，给学生提供不同程度的支持，提高教学质量与效果。第三，强调参与性，课程目标指出培智学生应从多个角度参与教学，感受教学内容，课前可感知，课中可操作，课后可解决实际问题。新课程目标强调生活经验，将生活经验与课堂教学结合起来，在教师或他人支持下，参与量概念的学习，充分体现了课程目标以学生为主体，教师为主导的教学观念。

三、常见量的课程内容

在课标中课程内容如下。[①]

第一学段（1~3 年级）

（1）感知物体的有无、多少、同样多，并会区分。

（2）感知物体的大小、长短、高矮等特点，会比较并排序。

（3）感知物体的粗细、厚薄、轻重、宽窄等量的特点，会比较并排序。

（4）在现实情境中，认识 1 元、5 元、10 元，会进行之间的换算。

（5）在现实情境中，认识早晨、中午和晚上，认识上午、下午。

第二学段（3~6 年级）

（1）感知物体的快慢，会区分物体的远近。

（2）在现实情境中，认识角（1 角、5 角），了解元、角之间的关系。

（3）在现实情境中，认识 20 元、50 元、100 元，会进行之间的换算。

（4）会根据商品的价格进行 100 元以内的付款与找零计算。

（5）认识钟（表）面，会读、会写几时、几时半。

（6）认识数字式钟（表），会读出上面的时刻。

（7）通过年历表、月历表等工具、认识年、月、日，了解它们之间的关系。

可见，常见量的课程教学内容均来源于生活中的实际问题，目的在于帮助学生解决日常生活中的实际问题。首先，第一学段主要是量概念的学习，辅之以简单的人民币和时序，注重给学生学习常见的量打基础，注重感知量，初步发展抽象概念；第二学段从物体的快慢、

---

① 中华人民共和国教育部.培智学校义务教育生活数学课程标准（2016 年版）[S].北京：人民教育出版社，2018.

远近过渡到时间与人民币，时间与人民币是第二学段的重点，课程内容知识体系是螺旋式上升的结构。其次，常见的量第一学段主要是感知和识别直观形象的量，第二学段强调在常见量中提取信息，培养分析与推理的能力，学段能力要求不断提高。课程内容先学习量概念，再学习时间、人民币，由浅入深，学生能联系新旧知识，螺旋式上升的课程内容，帮助培智学生发展抽象逻辑思维。

第二节　培智学校学生“常见的量”教学设计

《有、没有》教学设计

<table>
<tr><td>课题</td><td>认识有、没有</td><td>总课时</td><td>2</td></tr>
<tr><td>第几课时</td><td>第 1 课时</td><td>课时内容</td><td>感知有、没有</td></tr>
<tr><td colspan="4">教康整合目标</td></tr>
<tr><td colspan="4">教学目标：
知识技能：
A、B 组：学生借助触觉、听觉、视觉等正确说出物体的有、无。
C 组：借助他人的言语、肢体辅助感知物体的有无。
数学思考：
A、B 组：借助观察，用语言说出“……有……”；“……没有……”。
C 组：借助观察，说出“有”“没有”。
问题解决：
A、B 组：通过观察，准确地判断说出有，没有。
C 组：在他人的协助下准确判断后，指出有，没有。
情感态度：
A 组：通过数学活动与生活的练习感知有、无，培养学生的观察能力。
B 组：在言语协助下，体验参与课堂活动的快乐。
C 组：积极参与数学课堂。
康复目标：
（1）独立清晰地说出“ou”和“m”音，清晰准确地说出“有”“没”。
（2）在言语提示下发出“ou”和“m”音，能说出“有”“没”。
（3）在言语提示下，做出圆唇与闭合双唇的动作，用肢体表示“有”“没”</td></tr>
<tr><td colspan="4">教学重难点</td></tr>
<tr><td colspan="4">教学重点：学生借助触觉、听觉、视觉等正确说出物体的有、无。
教学难点：借助观察，用语言说出“……有……”；“……没有……”</td></tr>
<tr><td colspan="4">学教具准备</td></tr>
<tr><td colspan="4">箱子、铃铛、积木、书包、书籍、杯子、盘子、红豆、信封、石头、图片、PPT</td></tr>
</table>

续表

教学过程
一、导入 （1）准备两个箱子，一个箱子里装满铃铛，一个空箱子，学生通过听觉与视觉导入“有，没有”。 师：这是什么？有几个。 生：箱子，1、2，一共有 2 个。 （2）师：请你仔细听。教师摇晃有铃铛的箱子，这里面有东西吗？ 生：有铃铛，有声音。 教师摇晃空箱子。 师：请你猜一猜这里面有东西吗？ 生：没有。 （3）师：同学们真厉害，今天我们一起来认识“有、没有”。 （设计意图：箱子里面的铃铛会发出声音，在听觉上引起学生的学习兴趣，创造良好的氛围。） 二、探究新知 1. 视觉感知，判断有没有物体 （1）教师打开箱子，学生通过视觉即目测法验证猜测，得出真理。 ① 教师打开空箱子。 师：这个箱子摇晃起来没有声音，就没有东西，请你们用眼睛看一看，箱子里是否真的没有东西。 生：没有东西。学生读一读：没有。 师：没有就是看不见，空的。箱子里是空的，看不见任何东西。 ② 教师打开有铃铛的箱子，同上教学。 师：这个箱子有铃铛。有就是能看见东西，我们在箱子里看见了铃铛。 ③ 教学描述：箱子里有铃铛；箱子里有东西。 （2）出示本班教室里有人的图片与没有人的图片，引导学生用目测法区分有、没有。 ① 出示教室里有人的图片，教师提问：这是哪里？都有谁？教室里有人吗？ 生：教室。教室里有××，××。 教学描述：教室里有人。 ② 出示教室没有人的图片，同上教学。 生：教室里没有人，空的。 教学描述：教室里没有人。 （3）练习（A、B 组学生说一说，C 组学生指一指，做 ou、m 发音训练） 出示操场上有人与操场上没有人的图片。学生运用目测法圈出有人的图片。 出示办公室有老师与办公室没有老师的图片。学生运用目测法圈出没有老师的图片。 教师订正教学。 2. 触觉感知有、没有 （1）出示 2 个箱子，1 个箱子里放了积木，1 个箱子里没有东西，学生自己摸一摸，说出结果。 师：这里有 1、2，一共有 2 个箱子，请你摸一摸，说一说哪个箱子里没有东西。 ① 学生用手摸箱子里的东西。 ② 教学描述：箱子里有积木；箱子里没有积木。 （2）练习。 出示 2 个书包，1 个书包里装了书，1 个书包里没有装东西，学生摸一摸，说出结果。（A、B 组学生说一说，C 组学生指一指）

续表

3. 多感官判断有无的存在属性 （1）出示2个空杯子，教师在1个空杯子里倒满水，学生观察过程，邀请学生上台观看，用手触摸水，综合信息指出有水的杯子。同上教学。 教学描述：这个杯子里有水，这个杯子里没有水。 （2）出示2个空盘子，邀请学生在其中1个盘子里倒满红豆，学生观察过程，上台摸一摸红豆，端一端盘子，综合信息说出结果。同上教学。 教学描述：盘子有红豆；盘子里没有红豆。 （设计意图：从触觉、视觉、听觉多种感知觉理解有、没有的含义，帮助学生准确区分有、无。） 三、巩固练习 （1）分发信封。 每个学生分发一个信封，学生打开信封，观察后说出“信封里有笑脸；信封里没有笑脸”。 师：有的小朋友没有笑脸，你们愿意相互分享一下吗？ 学生分享笑脸贴。师：同学们真棒，学会了和好朋友分享。 （2）我会贴。 师：请你在有东西的图片下面贴上笑脸。 出示题单：教室里有人，教室里没有人；裙子上有花，裙子上没有花；桌子上有书包，桌子上没有书包；讲台上有书，讲台上没有书。 （3）我说你回答。 教师随机提问，学生回答有没有。 例如： 师：教室里有没有凳子？生：有。 师：教室里有没有垃圾？生：有。 德育：教室里要保持整洁，不能有垃圾。 （设计意图：教师提问，学生回答，帮助学生养成观察、思考的能力，便于发展学生视觉搜索与感知。在过程中抓住教学的每一个点，对学生进行德育教育。） 四、小结 （1）教师伸出两只手，一只手里握着一个石头，一只手里没有石头，当着学生的面握石头。 师：现在你知道哪个手里有石头吗？ A、B组：这个有；这个没有。 C组：用手指出有石头的手。 （2）师：今天我们认识了有、没有；有是指有东西，有物体，能看见；没有是指空的，什么也看不见。 五、课后小任务 A、B组：完成人教版教材第14页“做一做”和“练一练”。 C组：在家长的帮助下，完成人教版教材第14页“做一做”和“练一练”

续表

板书设计
认识有，没有  有：看得见，听得到  没有：看不见，空的

课题	有、没有	总课时	2
第几课时	第 2 课时	课时内容	区分有、没有

教康整合目标
教学目标： 知识技能： A、B 组：学生能运用目测法准确区分物体的有、没有，并找出不同。 C 组：在他人的协助下准确区分物体的有、无，并找出不同。 数学思考： A、B 组：借助正确的观察顺序，正确指认图片中有、无，说出"××有××"，"××没有××"。 C 组：在他人的协助下，观察后区分有、没有，并指出"有""没有"。 问题解决： A、B 组：通过观察区分生活中物体的有、无，说出不同点。 C 组：在他人的协助下对生活中的物体区分有、无，说出不同点。 情感态度： A 组：通过数学活动感知有、无与生活的联系，培养学生的观察能力。 B 组：在言语协助下，通过解决问题体验快乐。 C 组：培养观察能力，积极参与数学课堂。 康复目标： （1）能独立自主使用"……有……"句式。 （2）能在言语或者图片提示下使用"……有……"句式。 （3）能在肢体或者言语提示下说出"有……"

续表

<table>
<tr><td>教学重难点</td></tr>
<tr><td>重点：学生能运用目测法准确区分物体的有、没有，并找出不同。
难点：借助正确的观察顺序，正确指认图片中有、无，说出“××有××”“××没有××”</td></tr>
<tr><td>学教具准备</td></tr>
<tr><td>图片、PPT、盒子、洋娃娃、汽车</td></tr>
<tr><td>教学过程</td></tr>
<tr><td>一、导入
（1）出示图片1个装满面的面碗，1个空碗，谈话引导学生说出2个面碗不同的存在属性，准确区分不同。
①师：这2个面碗有什么不同?
生：一个碗里有面；一个碗里没有面。
②师：同学们真厉害，不同之处在于有、没有面。今天我们继续学习有、没有。
（2）板书并揭示课题。
二、探究新知
1. 目测法准确区分有、没有
（1）出示实物2个盒子，1个盒子里装了洋娃娃与小汽车；另一个盒子里装了小汽车，谈话引导学生正确区分有、无，并说出结果。
①师：这两个盒子里都有东西。这个盒子里有什么?
生：这个里有洋娃娃和小汽车；这个里有小汽车。
②目测法。师：请你仔细观察，运用目测法，指出有洋娃娃的盒子。
学生指出有洋娃娃的盒子。
③教学描述：这个盒子里有洋娃娃；这个盒子里没有洋娃娃。（A、B组学生完整说出，C组说有洋娃娃）
康复训练：……有……
（2）出示6个笔筒，A笔筒里放置1根铅笔，B笔筒里放置一把彩色画笔，C笔筒里放置3根毛笔，D、E笔筒里不放置任何东西，F笔筒里放置一个勺子。
①师：请你观察一下，说一说你看到了什么?
生：笔筒里有铅笔……
②师：请你分一分，把有笔的放在左边，没有笔的放在右边。
③教学描述：这些笔筒里有笔，这些笔筒里没有笔。
（3）练习。（A、B组独立找出，C组在教师协助下拿出）
①出示一堆盘子，一部分盘子里放上大米、花生等物；一部分盘子里不放任何物体。师：请你把里面有东西的盘子拿到讲台上。
②出示几张放了数量不等的笔的铅笔盒图片，以及几个空的铅笔盒图片。学生圈出有笔的铅笔盒图片。
③教师订正教学。
2. 找不同
（1）出示实物空盘子与放了香蕉的盘子，学生观察找出不同，并说出来。
①生：盘子里没有东西；盘子里有香蕉。
②师：他们的不同点在哪里?请你圈出来。
学生圈出香蕉；生：香蕉。
③教学描述：他们的不同点在有没有香蕉。</td></tr>
</table>

续表

<table>
<tr><td colspan="1">（2）出示图片，纯色 T 恤与有 3 朵花的 T 恤，同上教学。
① 师：他们的不同点在哪里？生：有、没有花。1、2、3，一共 3 朵花。
② 教学描述：他们的不同点在有、没有花。
（3）出示图片，小朋友手里拿着气球。A 拿着红色气球；B 拿着黑色气球。同上教学。
（4）练习。
出示图片：白纸与有花的纸；盘子里有西瓜与盘子有西瓜和火龙果；漱口杯里有牙刷与漱口杯里有牙膏和牙刷。师：请你圈出不同，再说出哪里不同。（A、B 组学生独立说出，C 组学生在教师协助下说出）
例如生：不同点在有、没有花。
三、巩固练习
（1）分一分。
出示打乱顺序的有东西的盘子、碗、杯子、瓶子图片；以及没有东西的盘子、碗、杯子、瓶子图片。学生将有东西的图片放进"有"的房子里；没有东西的图片，放进"没有"的房子里。
（2）找不同。
PPT 出示① 没有葱的面条与有葱面条；② 没有蓝莓酱的面包与有蓝莓酱的面包；③ 有苹果、梨子的果盘与有梨子的果盘；④ 有白色乒乓球与有黄色乒乓球的杯子。
师：请你圈出不同，并说出不同点。
（设计意图：先观察再动手操作，先区分"有、没有"，再具体找出不同，更符合学生的能力发展顺序。）
四、小结
师：区分有、没有，我们需要一双明亮的眼睛。
五、课后小任务
完成教材第 38 页的"做一做"与"练一练"</td></tr>
<tr><td>板书设计</td></tr>
<tr><td>认识有、没有

不同点：有、没有面条/香蕉</td></tr>
</table>

《比高矮》教学设计

课题	比高矮	总课时	3
第几课时	第 1 课时	课时内容	比较高矮

教康整合目标

教学目标：

知识技能：

A、B 组：能通过目测法准确判断 2 个物体之间的高矮。

C 组：能在他人的帮助下通过目测法，圈出或者指出高矮。

数学思考：

A、B 组：通过参与课堂活动，知道 2 个及其以上物品才可以比较高矮。

问题解决：

A 组：通过目测法比较物体高矮，说出 A 比 B 高，B 比 A 矮。

B 组：通过目测法比较物体高矮，并说出谁高谁矮。

C 组：在他人的协助下圈出或者画出高的人或物。

情感态度：

A、B 组：通过参与课堂活动，感知高矮的含义。

C 组：积极参与课堂活动，与 A、B 组同学积极合作，体会数学的乐趣。

康复目标：

（1）听简单指令，单手将图片放置在指定位置。例“把杯子贴在桌子上”。

（2）听简单指令，双手或者言语协助将图片放置在指定位置。例“把杯子贴在桌子上”。

（3）听简单指令，肢体辅助将图片放置在指定位置。例“把杯子贴在桌子上”

教学重难点

重点：能通过目测法比较高矮，并说出 A 比 B 高，B 比 A 矮。

难点：通过参与课堂活动，知道 2 个及其以上物品才可以比较高矮

学教具准备

奥尔夫音乐、长颈鹿、乌龟、图片

教学过程

一、导入

（1）播放奥尔夫音乐《大巨人与小矮人》，邀请身高差异大的学生，佩戴大巨人和小矮人的头饰，学生跟随音乐进行律动。大巨人变大，学生双手向上举，踮脚；小矮人变小，学生往下蹲。

（2）比较大巨人和小矮人的高矮。如图 1 所示。

图 1　大巨人与小矮人

师：这是大巨人，这是小矮人，一个高大，一个矮小，谁高谁矮呢？请同学们用眼睛仔细观察。

学生观察推断高矮。生：大巨人高，小矮人矮。

（3）师：是的，大巨人高，小矮人矮，今天一起来学习比较高矮。

（4）板书并齐读课题《比较高矮》。

（设计意图：从奥尔夫音乐出发，奥尔夫律动游戏带动学生的兴趣与情绪，调动课堂气氛。）

续表

二、探究新知

1. 同类差距大的大巨人、小矮人比较高矮

（1）教师谈话引导学生用眼睛观察大巨人与小矮人，推断出比较高矮的结果“大巨人比小矮人高；小矮人比大巨人矮”。

师：请你用眼睛观察谁高谁矮。

（2）教学描述：大巨人比小矮人高，小矮人比大巨人矮；大巨人高，小矮人矮；用肢体表示高矮。（A、B 组学生独立说，C 组学生在同学的帮助下说出）

师生齐识读汉字“高矮”，开火车认读“高矮”。

（3）师：你是怎么知道大巨人高，小矮人矮的？

生：用眼睛观察/看。

师：比较高矮时，我们可以用眼睛观察。这种方法叫作目测法。

学生说一说，读一读“目测法”。

（4）练习：邀请扮演大巨人与小矮人的学生在奖励区贴星星（二者名字并列在黑板同一基准线上）。

师：为什么小矮人贴不到小星星？

学生讨论回答，教师订正教学。

过渡语：大巨人和小矮人邀请我们参加生日晚宴，去的路上遇见了好多新朋友。

2. 不同类差异较大比高矮——目测法

教师出示实物长颈鹿与乌龟娃娃，播放音乐《你好歌》，师生跟随音乐与长颈鹿、乌龟打招呼，学生运用目测法比较高矮，并用自己的语言说出结果。

师：这是长颈鹿与乌龟，如图 2 所示。他们也想比一比谁高谁矮，请你用目测法说一说谁高谁矮？

生：长颈鹿高，乌龟矮。

教学描述：“长颈鹿比乌龟高。乌龟比长颈鹿矮。”“长颈鹿高，乌龟矮。”用肢体语言表示高矮。

过渡语：比较高矮可真好玩啊！邀请你的好朋友一起来比高矮吧。

图 2　长颈鹿与乌龟

3. 同类差距较小比高矮——目测法

教师播放音乐“找朋友”，学生先跟随音乐找朋友，再二者背靠背比较高矮，教师用语言描述，逐一指导“两个人背靠背，眼睛看头顶，说出高矮”，如图 3 所示。

师：两个同学背靠背，小眼睛观察头顶。

生：A 高；B 矮。

教学描述：A 比 B 高，B 比 A 矮；A 高 B 矮；用肢体表示高矮。

过渡语：终于到大巨人和小矮人的家里了。天哪！这是怎么啦！PPT 出示乱七八糟的房间。为了布置生日派对，把房间弄乱了，东西乱七八糟的，帮助他们整理房间吧。

图 3　背靠背比高矮

黑板左侧贴大巨人的房间图片，右侧贴小矮人的房间图片。

4. 图片比较高矮

（1）PPT 出示高矮不同的瓶子图片。师生谈话引导学生用目测法比较高矮，并将瓶子放回正确的房间。

师：高的瓶子是大巨人的，矮的是小矮人的。请你找到瓶子的顶部，仔细观察，运用目测法，比较高矮。

生：这个高，这个矮。

师：请把高的瓶子放在大巨人家的桌子上，矮的瓶子放在小矮人家的桌子上。

续表

学生用手把高瓶子贴在大巨人房间；矮瓶子贴在小矮人房间。

康复训练：老师演示怎样运用三指粘贴对应位置的图片。

（2）PPT 出示 1 个杯子，谈话引导学生理解高矮需要 2 个物体才可以进行比较。

师：哦！这里有 1 个杯子，这个杯子是大巨人的还是小矮人的呢？学生根据经验回答。

师：1 个物体没有办法比较高矮，必须 2 个或者 2 个以上才可以哦。

出示 2 个杯子，学生比较高矮，同上教学，教师订正教学。

教学描述：高的是大巨人的，矮的是小矮人的。

师：请把杯子放在对应的房间的桌子上。学生根据要求完成指令。

（3）我会贴。

出示两份生日蛋糕图片，学生运用目测法比较高矮，在高的蛋糕上贴上大巨人的图片，矮的蛋糕上贴上小矮人的图片。教师订正教学。

出示 2 支长短不一的蜡烛图片。提问：请为大巨人的蛋糕插上最合适的蜡烛。教师订正教学。

PPT 出示点燃蜡烛的蛋糕图片，播放《生日快乐歌》。

过渡语：同学们起立，让我们为大巨人和小矮人唱生日快乐歌，许下生日愿望。

（设计意图：运用小巨人与小矮人给学生创造了一个绘本环境，在有故事情节的绘本中学习，提升兴趣。同时在课堂中和练习中锻炼学生的手眼协调能力。）

三、巩固练习

过渡语：我们和大巨人、小矮人度过了美好的一天，也学会了比较高矮。请你们完成下面的任务。

（1）贴一贴。

PPT 出示学生堆城堡、堆积木、学生与食堂工作人员、讲台与课桌、桌子与凳子、药瓶与水瓶等图片，学生在高的物品下面贴花朵，矮的物品下面贴树叶。教师订正教学。

（2）圈一圈。

发放题单，内容分别为保安叔叔与学生、大树与小树、高房子与矮房子，引导学生读题，圈出矮的物品。

师：同学们请看题，用眼睛仔细观察，圈出矮的物品。

四、小结

结合大巨人和小矮人比高矮，总结方法。我们通过眼睛仔细观察发现大巨人高，小矮人矮。这个方法就是目测法。

五、课后小任务

（1）A、B 组：① 运用目测法，比一比爸爸与自己，妈妈与自己，谁高谁矮。② 自己在家动手比一比，自己与爸爸的凳子，哪一个更高；自己与妈妈的凳子，哪一个更矮。

C 组：在家长的协助下完成比较高矮。① 运用目测法，比一比爸爸与自己，妈妈与自己，谁高谁矮。② 自己在家动手比一比，自己与爸爸的凳子，哪一个更高；自己与妈妈的凳子，哪一个更矮。

（2）完成第 14 页“贴一贴”

板书设计

比较高矮

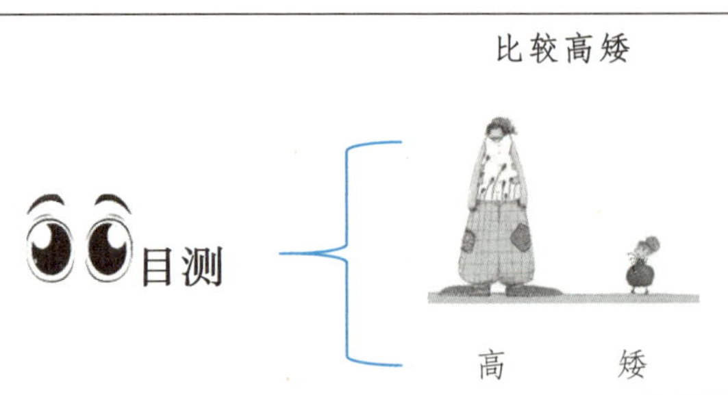

课题	比高矮	总课时	3
第几课时	第 2 课时	课时内容	比高矮

教康整合目标

教学目标：
知识技能：
　　A、B 组：通过参与课堂活动，学生初步认识高矮的相对性
　　C 组：在他人的协助下，初步认识高矮的相对性。
数学思考：
　　A 组：通过正确的方法比较高矮，完整地说出：谁比谁高，谁比谁矮。
　　B 组：通过正确的方法比较高矮，完整地说出：谁高，谁矮。
　　C 组：通过顶部画线或观察顶部正确区分高矮。
问题解决：
　　A 组：将物体拖动或者挪到同一基准线上，再比较高矮，得出结论。
　　B 组：将物体拖动或者挪到同一基准线上，独立在顶部划线比较高矮，得出结论。
　　C 组：在他人的协助下，动手操作比较高矮，推断出结论。
情感态度：
　　A、B 组：在动手操作中体会数学的乐趣，感受成功的快乐。
　　C 组：培养学生动手操作能力。
康复目标：
动作：（1）会使用铅笔或其他工具独立仿画横线。
　　（2）能借助工具仿画横线。
　　（3）能在协助下画横线。
语言：（1）理解并完成简单的指令；如：将高的物体拿给老师。
　　（2）在提示下理解并完成简单指令：如（肢体）高的，（摊手）给老师。
　　（3）在他人的肢体协助下理解并完成简单指令

教学重难点

重点：通过用正确的方法比较高矮，完整地说出：谁比谁高，谁比谁矮。
难点：将物体置于同一基准线上，比较高矮，得出结论

学教具准备

PPT、图片、积木、杯子、圆柱体、可乐瓶、蜡烛、牛奶瓶、雪碧瓶

教学过程

一、导入

教师邀请 2 个学生在同一时间内堆积木，比一比谁堆的积木更高，堆得高的会获得一个星星奖励。

师：今天老师带来了一些积木。请 2 个小朋友比赛堆积木，看看谁堆得积木高，谁堆得积木矮。

学生堆积木，其余小朋友加油助威。

师：谁的积木高，谁的积木矮？（学生观察并说出答案及用的什么方法。）

生：A 高，B 矮。用的目测法比较高矮。

师：今天我们继续学习比较高矮。

续表

板书并揭示课题《比较高矮》。

（设计意图：从搭积木游戏导入课题，快速引起学生的兴趣，烘托气氛，并对上节课的知识进行复习，充分体现了在玩中学，学中玩，符合生活数学的理念。）

二、探究新知

（一）动手检测，结合目测法比较高矮

1. 同一类物体比较高矮

（1）教师向学生示范，双手放在积木的顶部，利用目测法，用眼睛比较积木的顶部，并用准确的语言说出结果，谁高谁矮。生逐个尝试操作，并说出结果。

双手平放，置于积木的顶部。如图1所示。

图1　双手平放在积木顶部

师：一只手平放，向下移动，先碰到哪个，哪个高。请你说出谁比谁高；谁比谁矮。

教学描述：A比B高，B比A矮；A高，B矮；用肢体表达高矮。

（2）给每个人发放两个高低不同的杯子，学生动手操作，将手置于顶部感知，用眼睛观察比较，并说出结果。教师巡回指导。

师：把手放在杯子顶部，请眼睛观察杯子顶部，说出比较的结果。

（3）分一分。

分发两个高矮不同的圆柱体给学生，学生动手操作，找出高的圆柱体，并放在讲台旁的贴着汉字“高”的篮子里，矮的放在自己桌子上。教师巡回指导并订正教学。

2. 不同类物体比较高矮

（1）给每个学生分发一个可乐瓶子，学生动作操作比较可乐瓶子与圆柱体的高矮，说出结果，推断高矮的相对性。

师：在刚才的比较中，圆柱体矮。现在请你比较圆柱体和可乐瓶的高矮，看看结果是不是一样的。

学生动手操作比较高矮。

生：“可乐瓶比圆柱矮，圆柱比可乐瓶高。”“可乐瓶高，圆柱矮。”肢体表示可乐瓶高，圆柱矮。

师：和圆柱体比较，可乐瓶矮，和可乐瓶比较，圆柱体高，所以高矮不是一成不变的，是相对的，我们要比较操作以后才能说出结果。

（2）练习：出示两支高矮不同的蜡烛，学生动作操作比较高矮。讲台上放置2个高矮不同的罐子。

提问：请将高的蜡烛放在高的罐子里，矮的蜡烛放在矮的罐子里。教师订正教学。

（二）比较高矮时需要将物品放在同一平面上

（1）出示图片，图片内容为大象站在地上，猴子站在树顶。将二者置于同一平面上比较高矮。如图2所示。

图2　猴子与大象比高矮

续表

师：大象站在地上，猴子站在树顶上，不能比较高矮。比较高矮时需要在同一基准线上。 教师先示范将猴子拖到与大象同一水平线上，再比较高矮，学生模仿教师将猴子拖到与大象同一平面上，在二者的头顶划线比较说出结果。 师：通过划线发现大象比猴子多出一截，所以大象比猴子高。 生：大象比猴子高，猴子比大象矮；大象高，猴子矮。 （2）出示图片，桌上有牛奶盒子，凳子上有雪碧瓶子。讨论是否可以直接比较高矮，邀请学生将物体拖到同一水平线，在头顶划线比较，说出结果，在高的物品上贴朵小花。 康复训练：教学生如何使用铅笔或借助工具画横线。 （3）练习。 ① 出示两个站在同一基准线的人的图片，再出示 1 个人站在凳子上 1 个人站在平地上的图片，学生观察后圈出正确比较高矮的方法。 ② 学生对地上的足球与桌上的木棍比较高矮，指出高的物品，教师订正教学。 观察后归纳：高矮与大小、粗细无关。 ③ 出示图片，对桌上的小朋友与地上的妈妈比较高矮，圈出矮的人物，教师订正教学。 （设计意图：手触摸顶部划线与将比较高矮的物体拖到同一水平面上比较高矮，利用手的操作，在操作后得出结论，引导学生学会思考与观察，培养学生的动手操作能力。） 三、巩固练习 （1）挪一挪：出示图片，图片内容分别是妈妈与站在凳子上的小明；长颈鹿与站在树上的小鸟；山脚的房子与山顶的树木。 提问：请你挪一挪，然后描述出结果。教师订正教学。 （2）圈一圈：出示题单，圈出高的物体。 比较对象包含猴子与企鹅；羊驼与小马；大碗和杯子。教师巡回指导，订正教学。 （3）讨论：出示大碗和杯子图片。 提问：请你将图片放在同一基准线上，运用目测法比较高矮。 师：大的碗矮，小的杯子高，说明高矮与物体大小无关。 （4）出示图片蹲着的妈妈与站着的小孩。 讨论：蹲着的妈妈与站着的娃娃哪一个更高？ 四、小结 师：比较高矮时要在同一基准线上，我们可以将物体挪到同一条水平线上，再运用目测法、动手检测等方法进行比较。 通过讨论发现：高矮与粗细、大小无关。 五、课后小任务 （1）完成以下题单。 A、B 组：① 比较家中漱口杯的高矮，瓶子的高矮，鞋子的高矮，雨伞的高矮。为自己和妈妈选择合适的喝水杯子、筷子。 ② 比较家中扫帚与凳子，冰箱与电视的高矮。 C 组：在家长的帮助下完成任务。 ① 比较家中漱口杯的高矮，瓶子的高矮，鞋子的高矮，雨伞的高矮。为自己和妈妈选择合适的喝水杯子、筷子。 ② 比较家中扫帚与凳子，冰箱与电视的高矮。 （2）完成第 13 页"练一练"，第 15 页"3 和 4"

续表

板书设计
比较高矮  矮　　高　　同一水平面

课题	比高矮	总课时	3
第几课时	第 3 课时	课时内容	比高矮

教康整合目标

教学目标：

知识技能：

A、B 组：通过目测法区分日常生活中的最高、最矮，说出××最高，××最矮。

C 组：通过目测法区分日常生活中两个物品的高矮。

数学思考：

A、B 组：通过直观目测的方法，比较 3 个及其以上物品的高矮，并动手操作按照高矮排队。

C 组：通过直观目测的方法感知高矮，在他人的协助下按照高矮顺序排队。

问题解决：

A、B 组：在教师的指导下，通过观察、动手操作能在同一基准线上区分最高、最矮。

C 组：在教师的指导下操作在同一基准线上比较高矮。

情感态度：

A、B 组：在动手操作中体会生活中数学的乐趣，感受成功的快乐。

C 组：培养学生动手操作能力。

续表

康复目标：
动作：（1）能独立按照高矮要求整理物体。
（2）能在言语提示下按照高矮要求整理物体。
（3）能在肢体协助下按照高矮要求整理物体

教学重难点

重点：通过目测法区分日常生活中的最高、最矮，说出××最高，××最矮。
难点：通过直观目测方法，比较3个及其以上物品的高矮，并动手操作按照高矮顺序排队

学教具准备

PPT、瓶子、杯子、圆柱体、书籍、书立、洋娃娃

教学过程

一、导入

出示学生排队的图片，引导学生理解需要按照高矮顺序排队，导入课题。

师：他们在做什么？

生：排队。

师：排队要按照从低到高的顺序站，你能找出他们中谁最高，谁最矮吗？今天一起学习如何比较最高、最矮。

（设计意图：从情景导入课题，快速引起学生的兴趣，将注意力转移到课堂上。）

二、探究新知

1. 实物比较最高、最矮

（1）出示3个相差较大的实物瓶子，如图1所示。引导学生观察瓶子的顶部，运用目测法，说出结果。

师：这是什么？请用目测法找出最高的瓶子、最矮的瓶子。

生用眼睛观察，并说出结果。

教学描述：3个瓶子里A最高，C最矮。

师撤掉1个瓶子，师：现在哪一个最高呢？3个以上才有最高或者最矮，最高的意思是在所有瓶子里它是最高的，最矮也是在这些瓶子里它最矮。前提是必须有3个及以上物体。

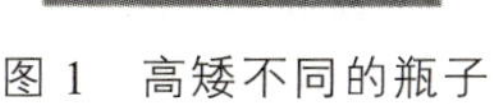

图1　高矮不同的瓶子

（2）出示相差较小的三个杯子，谈话引导学生找到杯子的顶部，通过手的感触，用言语表达结果。或者两两比较找到最高与最矮。

师：这是什么？用手摸一摸杯子的顶部，说一说最高与最矮。

学生用手感触杯子顶部，运用目测法得出：3个杯子中A最高，C最矮。

师：我们也可以用B与C比较，得出B比C高；再用B与A比较，发现A高，B矮。推断出A最高，C最矮。

（3）练习。

出示实物3个高矮不同的圆柱，学生点击选择最高的圆柱。

出示实物杯子、矿泉水瓶、营养快线瓶子，点击选择最矮的物体。

教师订正教学。

2. 图片比较高矮

（1）出示图片小猴子、小羊、长颈鹿；学生找到每个动物的顶部，画出小横线，运用目测法比较高矮。

师：小羊、长颈鹿在地上，小猴子在树上，可以直接比较高矮吗？

续表

<table>
<tr><td>
师先示范将小猴子拖到地面上，学生动手操作，再找到每个小动物的头顶，画横线比较高矮。
生：长颈鹿最高，猴子最矮。
师：比较高矮是要在同一个平面比较，不然不公平，也找不到正确的结果。
（2）出示高矮不同的树、花、房子，同上教学。
教学描述：树最高，花最矮。
（3）练习。
出示台灯、电视机、垃圾桶。师：请在最高的下面贴上“√”，最低的下面贴上“×”。
我会选。出示三个人与三个凳子。师：请为他们选择一把合适的凳子。教师订正教学。
3. 排序
（1）出示 3 本书籍，谈话引导学生把书籍按照高矮顺序放好。
师：请你把书籍放在书柜里。
师：杂乱的书柜不好看，我们要按照从高到矮的顺序整理书柜里的书籍。
学生找出最高和最矮的书籍。
师示范先放最高的，再放第二高的，最后放最矮的。学生尝试操作。
（2）整理鞋柜，同上教学。
师：请你们按照从矮到高的顺序整理鞋柜。（动作康复）
学生尝试，教师订正教学。
（3）练习。
出示 3 个洋娃娃，学生按照从高到低的顺序排队。
出示 3 个瓶子，学生按照从低到高的顺序排队。
教师订正教学。
（设计意图：通过摸、看、排等多种形式教学，学生能更直观比较出最高、最低。先比较后排序符合学生的思维特点。）
三、巩固练习
（1）我会搭配。
题单出示 3 个高矮不同的人，出示高矮不同的桌子、凳子、水杯。学生选择最适合他们的东西，将对应物体图片贴在题单的对应区域。教师订正教学。
（2）帮助别人选车厢，让小火车动起来。
出示一辆小火车和 3 个高矮不同的人。最高的坐 1 号车厢；最矮坐 3 号车厢；剩余的坐 2 号车厢。
出示一辆货车和 3 只动物骆驼、马，狗。最高的坐 3 号车厢，最矮的坐 1 号车厢。
（设计意图：有针对性地巩固知识，为不同的人选择适合的物品，帮助学生解决生活中的问题，培养解决问题的能力。）
四、小结
总结归纳：运用目测法比较出最高，最矮。
五、课后小任务
（1）完成下列内容。
① 完成二年级下册第 54、55 页练习。
② 整理家中的书架。将家中的书按照从高到低的顺序整理好。（动作康复）
A、B 组独立完成作业；C 组在家长的帮助下完成。
（2）完成第 54 页的“练一练”
</td></tr>
</table>

续表

板书设计
比较高矮 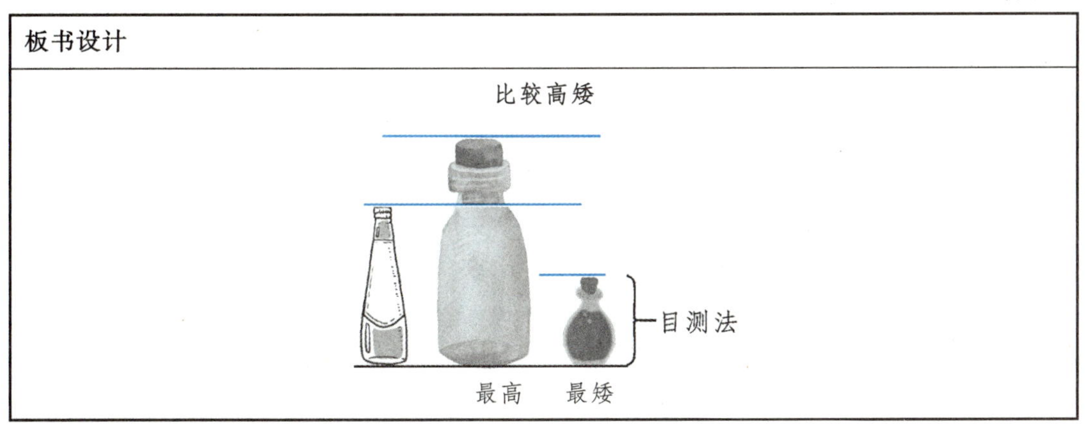

《白天、黑夜》教学设计

课题	认识白天、黑夜	总课时	2
第几课时	第 1 课时	课时内容	认识白天、黑夜
教康整合目标			
教学目标： 知识技能： A、B 组：初步感知白天、黑夜是时间，准确判断活动场景的白天、黑夜时间属性，判断并说出“这是白天”“这是黑夜”。 C 组：借助他人的辅助，判断出活动场景的白天、黑夜时间属性，并说出“白天”“黑夜”。 数学思考： A、B 组：说出或找出白天、黑夜的基本特征，即白天有太阳，黑夜有星星、月亮。 C 组：能借助活动场景中的提示找出或圈出白天、黑夜的基本特征。 问题解决： A 组：能够区别白天、黑夜的不同活动，说出白天、黑夜的相关实践活动。 B 组：在活动场景中区别出白天、黑夜。 C 组：借助太阳、月亮、星星、学生的真实活动判别白天、黑夜。 情感态度： A、B 组：感受白天、黑夜与人物活动之间的关系，养成良好的生活习惯。 C 组：培养学生观察图片的能力，体会白天、黑夜的交替。 康复目标： 动作：（1）学生能够独自握笔，完成封闭图形涂颜色。 （2）学生能握笔，在纸上涂颜色。 （3）学生在他人的肢体协助下，在纸上涂颜色			
教学重难点			
教学重点：准确判断活动场景的白天、黑夜时间属性。 教学难点：能说出或找出白天、黑夜的基本特征；即白天有太阳，黑夜有星星、月亮			

续表

学教具准备

PPT、图片、彩笔、视频

教学过程

一、导入

师：同学们，你们周末都在做什么呢？想知道老师周末在做什么吗？

（1）PPT播放在白天、黑夜不同活动的视频，观察视频中的活动内容。学生一边看一边想：老师在做什么？

视频内容：早晨起床，吃早饭，出门逛超市（提示有太阳）。天黑了，教师跳广场舞，洗漱，睡觉（提示有月亮）。

（2）学生通过视频内容和生活经验判断老师什么时候起床，什么时候睡觉呢？

师：老师什么时候起床，什么时候睡觉呢？

引导学生说出白天玩耍，黑夜（晚上）睡觉。

（3）师：是的，我们白天玩耍，黑夜（晚上）睡觉。今天一起认识白天、黑夜。

（4）板书并揭示课题：认识白天、黑夜。

（设计意图：通过观看教师的一日活动并结合学生的日常经验导入新课，既有趣味性也联系了学生的生活经历。）

二、探究新知

1. 出示现实情境图片，感知白天

（1）PPT出示××学生起床的图片，如图1所示。

（以下教学图片最好使用本班学生的真实图片。）

师：这是谁？他在做什么？

谈话引导学生说出“起床、白天”的活动与时间。

图1　起床

（2）师：（肢体提示指着太阳）图中有什么？

生：太阳。

师指着太阳说：这里有太阳，就是白天，××起床了。

师生共同说出图片中的时间与活动。

（3）教学描述：A、B组学生说出“这是白天，××起床了”；C组说出“白天，起床”。

（4）师示范读、识汉字“白天”。学生分组、个别识读汉字“白天”。

（5）圈一圈。师生齐用手指圈出并指认太阳，结合白天的时间属性说出白天的特征，即白天有太阳。

板书贴上太阳，师生共同识读汉字“太阳”。

（6）出示图片学生吃早餐，同上教学。

（7）师出示图片学生读书（图片带有太阳），如图2所示。

学生先描述活动，再判断时间，最后教师再订正教学。

图2　读书

（8）出示起床、吃早餐、读书的图片，引导学生观察图片，师生共同总结出共同点，并用短句说出来。

小结：这些都是白天，白天有太阳。我们可以在白天起床、吃饭、读书。

（9）呈现不同场景的图片，学生判断并说出时间。

2. 出示现实情境图片，感知黑夜

（1）出示图片学生准备睡觉。（图中有星星和月亮）

师：这是谁，他在做什么？

生：××，睡觉。

续表

（2）师指着月亮、星星提问：这是什么？是什么时间？
生：月亮，星星，晚上。
师：因为图片上面有星星和月亮，所以是晚上，请你跟我指一指，再圈一圈。指着月亮或者星星，一边圈一边说“这是黑夜”，也可以说“这是晚上”。
（3）师生共同识读汉字“黑夜”，先齐读再个别抽读。
教学描述：A、B 组学生说“他在睡觉，这是黑夜/晚上”；C 组学生说“睡觉，黑夜/晚上”。（一边说一边做动作）师生共同描述。
（4）出示图片（黑夜有人在广场上跳广场舞，图中有星星、月亮）与图片（一家人吃饭，窗外有星星）。
师：他们在做什么？这是什么时间？
生：在跳舞/在吃饭。黑夜或晚上。
师生共同用手圈出窗外的月亮与星星，说一说“这是黑夜”。
生：开火车说“黑夜”。
（5）PPT 出示 3 张图片，睡觉、跳舞、吃饭，学生先判断时间。仔细观察图片，说出黑夜的特征，即黑夜有月亮、星星。
小结：有月亮、星星的是黑夜，这是黑夜。开小火车识读汉字“黑夜”。
3. 白天黑夜不同活动场景的图片分类
黑板左、右放置图片，如图 3 所示。

图 3 白天与黑夜

师：请你将白天的图片放入白天的方框中，黑夜的图片装入黑夜的方框中。
（设计意图：图片均为学生日常活动，从日常活动中感知白天与黑夜，通过圈一圈、观察等方式引导学生自己思考总结出白天的特征，培养学生自主思考的能力。）
三、巩固练习
（1）打乱顺序出示白天、黑夜不同学生的活动，学生先圈出白天、黑夜图上的太阳、月亮，再按照白天、黑夜的时间属性分类放置。
（2）涂色。区分图片的时间属性，给白天图上的太阳涂上黄色，黑夜图上的月亮和星星涂上白色。（动作康复）
（3）我会贴。黑板出示学生活动图片，邀请学生指认活动、时间，在白天的活动下面贴上太阳，在晚上的活动下面贴上月亮与星星。
提示语：这是××，他在做什么？图上有太阳（月亮），是什么时间？请你贴一贴（生贴照片）。
四、总结
指着板书总结内容。
师：有太阳的是白天，有月亮与星星的是黑夜。我们可以通过观察图片中的太阳和月亮来判断时间。从生活经历中学习与寻找数学知识，认识白天与黑夜，同学们课下可以观察一下更多的关于白天、黑夜的活动场景，想一想你们是怎么判断时间属性的。
五、课后小任务
完成生活数学第 67 页习题

续表

板书设计

认识白天、黑夜

白天

白天有太阳

黑夜/晚上

黑夜有月亮，星星

课题	白天、黑夜	总课时	2
第几课时	第 2 课时	课时内容	认识白天、黑夜

教康整合目标

教学目标：

知识技能：

A、B 组：能根据环境明暗变化、活动内容等不同，多角度准确判断白天、黑夜的时间属性，并说出“这是白天”“这是黑夜”。

C 组：在他人的协助下，根据环境的明暗变化、活动内容等不同，多角度准确判断白天、黑夜的时间属性，并说出或用肢体表达出“白天”“黑夜”。

数学思考：

A、B 组：通过参与课堂模拟活动准确推断出昼夜交替规律，能正确说出“白天过了是黑夜，黑夜过去又是白天”。

续表

<table>
<tr><td>C 组：通过参与课堂模拟活动观看昼夜交替现象，能感知昼夜交替规律，说出或者肢体表达“白天、黑夜的变化”。
问题解决：
A 组：在白天与黑夜不同的时间里，合理选择合适的个人活动。
B 组：通过参与课堂活动，在白天与黑夜选择正确的个人活动。
C 组：在他人的协助下，在白天与黑夜选择正确的个人活动。
情感态度：
A 组：通过昼夜交替活动，体会时间的运动性，知道时间一去不复返，养成珍惜时间的理念。
B 组：通过课堂活动，知道白天、黑夜与生活、学习之间的联系，初步建立时间观念。
C 组：体验白天、黑夜与生活的联系，初步建立时间观念。
康复目标：
动作：（1）学生能独立完成贴一贴，并合理安排位置，完成布局合理的活动图。
（2）学生在言语提示下完成贴一贴，形成一幅活动图
（3）学生能在他人的肢体协助下完成贴一贴，形成一幅活动图。</td></tr>
<tr><td>教学重难点</td></tr>
<tr><td>教学重点：能根据环境明暗变化、活动内容等不同，多角度准确判断白天、黑夜。
教学难点：通过参与课堂模拟活动准确推断出昼夜交替规律，能正确描述“白天过了是黑夜，黑夜过去又是白天”</td></tr>
<tr><td>学教具准备</td></tr>
<tr><td>PPT、图片、地球仪、太阳、电筒、活动底板相关教具</td></tr>
<tr><td>教学过程</td></tr>
<tr><td>一、复习导入
（1）教师准备太阳、月亮与星星的图片，贴在黑板上。
师：有太阳的是什么时间？有月亮与星星的是什么时间？
生：白天，黑夜。
（2）辨别时间属性：教师准备白天、黑夜的图片，打乱顺序出示。师先提问活动内容，再辨别时间属性，最后放置于对应的时间的特征下。即白天的活动图片放在太阳下。
师：他在做什么？是什么时间？
生：白天。并贴在对应位置。（黑夜同上复习，动作康复）
（3）教学小结：有太阳的是白天；有月亮和星星的是黑夜。师生齐说一说，个别抽说。
（4）师：是的，同学们回答得又快又准，那我们今天继续认识白天、黑夜。
（5）板书课题：认识白天、黑夜。
二、探究新知
（一）综合多角度判断时间属性
1. 根据环境明暗度判断白天、黑夜
（1）PPT 出示××一家三口白天的图片，图片内容是放风筝。
师：请你们仔细观察，他们在做什么？外面是亮的，思考一下这是什么时间？
生：他们在放风筝；这是白天。
师：因为放风筝的图片颜色是明亮的，所以时间是白天。
师出示一家三口睡觉的照片，同上教学，
师：因为睡觉的图片颜色是灰暗的，所以时间是黑夜。</td></tr>
</table>

续表

出示2张图片学生判断时间，师谈话引导观察环境的明暗度，推断出图片的时间属性。 师：这2张图片都没有太阳、月亮与星星。可以根据环境的明暗判断白天还是黑夜。亮的是白天，暗的是黑夜。 （2）教学描述：“明亮的是白天；暗的是黑夜。” （3）PPT播放学生春游的视频，谈话引导学生通过环境明暗度推出结论“这是白天”。 生：他们在春游。 （4）PPT出示晚上环卫工人清扫街道的图片，同上教学，推出结论“这是黑夜”。 生：环卫工人在清扫街道。 （5）练习：出示打乱顺序的白天、黑夜的图片，学生按白天、黑夜的时间属性分类。 2. 根据人物活动判断白天、黑夜 （1）PPT出示学生起床和睡觉的图片。 师：这是什么时间？你怎么判断的？ （2）谈话引导学生可以从环境的明暗判断，还可以从人物活动判断白天、黑夜。师生相互探讨白天、黑夜分别可以做什么活动。 生：白天起床、上学；晚上睡觉、跳广场舞。 （3）小结：我们可以根据图片中的人物活动判断白天、黑夜。 3. 根据图片氛围判断白天、黑夜 PPT出示赶集图片与夜晚寂静的街道的图片。讨论引导学生多角度观察图片，推断图片的时间属性。 师：这幅图热闹，明亮；这幅图寂静，灰暗。 教学描述：热闹的是白天，寂静的是黑夜。 小结：根据图片中的氛围判断白天、黑夜。 4. 练习 PPT出示××晚上开台灯写作业的图片，学生判断时间。教师订正教学。 （二）昼夜交替变化 （1）师生共同讨论更喜欢白天还是黑夜，教师逐一评价。 师：老师喜欢白天的蓝天、白云；也喜欢黑夜的星空、灯光。那白天、黑夜到底是如何产生的呢？ （2）出示地球仪、太阳、电筒。教师带领学生演示地球自转的过程，师生共同讨论白天、黑夜产生的过程。 师：地球自转产生了白天和黑夜，地球一直转动，不停歇，所以白天与黑夜交替出现，白天过了是黑夜，黑夜过后又是白天。 （3）教学描述：白天与黑夜交替出现，白天过了是黑夜，黑夜过后又是白天。 （设计意图：通过实际的天体运动向学生展示白天、黑夜是交替进行的，便于学生理解，在操作的过程中培养学生观察、推断的能力。） 三、巩固练习 （1）学生讨论白天可以做哪些活动；黑夜可以做哪些活动。教师逐个点评。 （2）制作白天、黑夜图画。贴有太阳、蓝天、白云标志的白色纸张代表白天，贴有月亮、星星的黑色纸张代表黑夜。 教师先给喜欢白天的学生发白天的纸张；喜欢黑夜的发黑夜的纸张。再分发打乱的白天、黑夜的图片，学生选择出正确的图片，完成个人白天或者黑夜活动图。 师：请同学们选择正确的图片，完成个人活动图。 教师巡回指导，并各选择一幅活动图进行分享。

续表

（3）播放学生晚上踢足球的视频。教师提问：黑夜可以踢足球吗？学生讨论回答。 （设计意图：活动图底板有提示，学生可以在有趣的贴贴画中完成对知识的巩固，能检测学生的理解程度，帮助教师调整作业设计。） 四、小结 （1）如何判断时间属性。教师选取 2 名同学的白天、黑夜活动图，一起讨论如何判断白天与黑夜的时间属性。 （2）白天、黑夜的活动。师：白天我们可以起床、玩耍、放学、上课；黑夜我们可以睡觉、跳广场舞。 （3）规律：白天和黑夜是自然规律，不可改变，昼夜是交替出现的。 （设计意图：通过活动图回顾判断白天、黑夜的方法，利用白天、黑夜的活动，让学生学会说，培养学生积极表达的能力。） 五、课后小任务。 完成第 66 页"做一做"，第 71 页"习题 4"
板书设计

认识白天、黑夜

白天　明亮　起床　热闹

黑夜　黑暗　睡觉　寂静

规律：昼夜交替出现

《认识时间（一）》教学设计

课题	认识时间（一）	总课时	2
第几课时	第 1 课时	课时内容	认识钟面
教康整合目标			
教学目标： 知识技能：认识钟（表）面，指认出数字、指针、刻度线。 正确指认时针、分针。			

续表

<table>
<tr><td>数学思考：
A 组：通过摸、拨、比学习活动发现时针、分针的特点和运动规律。
B 组：在引导下通过观察说出时针、分针的特点和运动轨迹。
C 组：跟着老师观察时针、分针在运动。
问题解决：
A 组：能介绍身边钟（表）的钟面内容。
B 组：在与他人合作下介绍身边钟（表）的钟面。
C 组：在协助下指出生活中的钟（表）。
情感态度：
A、B 组：培养学生的观察能力，描述钟表在生活中的应用。
C 组：能够将课堂钟表的知识与生活中的联系起来。
康复目标：
精细动作：（1）三指按顺时针方向结合腕部旋转运动。
（2）手指按顺时针方向结合腕部旋转运动。
（3）腕部按顺时针方向旋转运动</td></tr>
<tr><td>教学重难点</td></tr>
<tr><td>重点：认识钟面，正确辨别时针、分针。
难点：时针、分针都在按顺时针方向运动</td></tr>
<tr><td>学教具准备</td></tr>
<tr><td>教具时钟、学具时钟、钟面和电子表图片</td></tr>
<tr><td>教学过程</td></tr>
<tr><td>一、导入
（1）学生闭上眼睛，教师拿出钟表走进学生中，让大家听钟表运动和闹钟响的声音，滴答滴答，叮铃铃铃。
师：你们听这是什么声音？知道是什么发出的声音吗？
学生听到回答，有的学生猜出是钟表或闹钟。
师：对的，这是时钟发出的声音，大家都很熟悉，今天就好好认识一下它。
（2）不同的钟表。
PPT 呈现各种不同的钟表，学生观察指认，师生一起归纳现在的钟表有两种，即：指针表和电子表，教师板书：
钟表：指针钟表
电子钟表
师：像这些各式各样的表，我们统称它为钟表，都是告诉我们时间的工具。现在我们先一起认识钟面。
板书课题，教读课题：认识时间（一）。
（设计意图：通过聆听能让各类学生在上课时静下心来，稳定情绪，同时学生也会充满好奇，主动集中注意力去关注发生的事情。）
二、探究新知
（一）认识钟表
1. 认识钟面
师：同学们看看这个钟面上都有些什么？
学生观察教师手中的教具钟面（大的），粗略说出有数字、指针。</td></tr>
</table>

续表

教师分小类引导教学。
（1）数字。
钟面上有 1～12，共 12 个数字，从 1 开始按顺时针的方向围成一圈排列，大小一样。
师生从 1 数到 12，随后学生自己读一读、数一数，加深印象，明确是哪 12 个数字以及对应的顺序、位置。
（2）刻度线。
有长的和短的刻度线。像 1～2 这样的数字之间是长刻度线，是一个大格，里面的是短刻度线，是小格。钟面上共有 12 个数字，之间有 12 个大格。
学生找出刻度线，教师带着学生数两遍，落实 12 大格的分布和数法，学生再自己独立一格一格地数，指认大格，知道大格的数法规则。
（3）指针。
钟面上出示两根针，长的叫分针，短的叫时针。
教师先让学生观察并摸一摸两根指针，其次准备学具分针、时针发给学生比一比长短，通过动作操作深刻感受和认识：分针长，时针短。如图 1 所示。（A 组独立比较，B 组在教师引导下比较，C 组跟做）

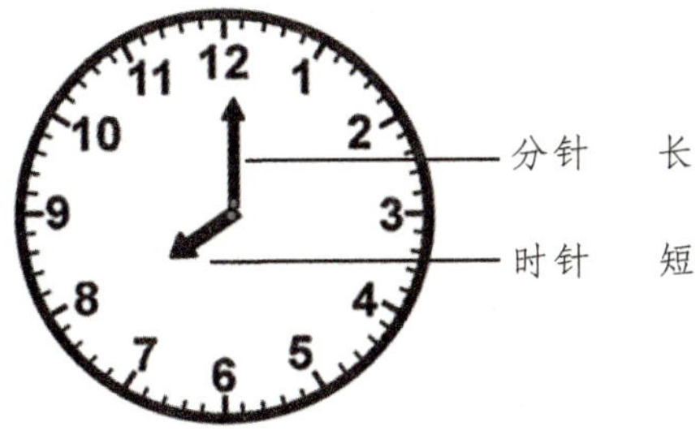

图 1　分针长，时针短

归纳：钟面上有 1 到 12，12 个数字，有 12 个大格，分针长，时针短。
板书：分针长，时针短。
2. 认识电子表
由三个部分构成。第一部分是 1～12 的数字表示时，第二部分是两个点“:”隔开时与分，第三个部分是 00～59 的双位数字表示分。板书：

8 : 00
时 : 分

（二）认识钟表运动
师：认识了钟面，我们再来看它们是怎样为我们报时的呢？
1. 顺时针方向运动
教师拿出时钟教具展示画面几分钟，学生自行观察，发现分针、时针都在转圈运动。
引导教学：分针、时针都在运动，都沿着顺时针方向转圈。
2. 谁走得快
教师先用实物教具再次演示 2 分钟，学生观察出分针走得快。
PPT 多次抽离实物演示从同一起点数字 12 处出发，分针、时针都沿着顺时针方向走，分针走得快，时针走得慢。
归纳：分针、时针都是沿着顺时针方向转动。
分针走得快，时针走得慢。
理解、描述钟表面上的信息：分针、时针都在运动，方向为顺时针。（设计意图：每一个环节都从学生出发，自己先进行观察，发现问题，通过动手操作了解生活中一些简单客观现象，

续表

学习归纳出简单规律，慢慢培养学生的抽象思维能力，分小类学习也给学生的学习呈现更清晰、明确的内容。）

三、巩固练习

（1）补一补。

师：老师这里的钟面小脸上缺了一些东西，请大家帮帮我给它们补充完整吧。

PPT呈现6幅各不相同的钟面和电子表图片，如图2所示。带着学生观察，说说少了什么。

图2　补一补

分发缩小版图片给学生，自行补充完整，再请部分学生上台展示。

（A、B组补画指针式和电子式钟表图，部分B组和C组补画电子式钟表图）

（2）拨一拨。

两人一组学生先指认出时针、分针，再一起自己拨动时针、分针。

教师反复强调教学和纠正要按顺时针方向拨动转圈。

精细动作康复：手指按顺时针方向结合腕部旋转运动。

（设计意图：补画钟面和拨动指针，带给学生动手体验，将所学知识进行应用型巩固，能够对查漏补缺的地方印象深刻，对易错点进行重点纠正。）

四、小结

复习本节课本第40页的书面内容。

（设计意图：实物、实景学习后带到课本上变成数学的课本知识，实现知识、现象的抽离，培养学生的抽象能力。）

五、课后小任务

A、B组：（1）指认学校里钟面和电子表上的内容，说一说。

（2）填一填钟面图上缺少的东西。

C组：（1）指认学校里电子表上的内容，说一说。

（2）填一填电子表图上缺少的东西。

（设计意图：A、B组学生学会两种钟表的图面，C组学生掌握现代生活中常见的、较简单的电子式钟表，满足生活所需即可。）

续表

板书设计
认识时间（一） 指针钟表：分针　长　快 时针　短　慢 电子钟表：8:00 时：分

课题	认识时间（一）	总课时	2
第几课时	第 2 课时	课时内容	整时

教康整合目标
教学目标： 知识技能： A、B 组：（1）正确认读整时。 （2）正确书写出整时。 C 组：（1）正确指认时针、分针。 （2）正确认读整时。 数学思考： A、B 组：在教师引导下概括归纳出分针指向 12，时针指向几就是几时的规律。 C 组：跟着老师观察出整时的时针、分针位置。 问题解决： A 组：（1）按顺时针拨出整时。 （2）描述情境中的钟（表）整时和活动。 B 组：与他人合作顺时针拨出整时。 在教师语言提示下介绍常规活动的钟（表）整时。 C 组：（1）将指针按顺时针拨动旋转。 （2）跟说日常生活中的钟（表）整时。 情感态度： A、B 组：建立时间观念，借助钟表提示合理安排生活和活动。 C 组：建立时间观念，看时间进行合理的活动。

续表

康复目标： 精细动作：（1）三指按顺时针方向结合腕部旋转运动。 （2）手指按顺时针方向结合腕部旋转运动。 （3）腕部按顺时针方向旋转运动
教学重难点
重点：正确认读整时，正确书写出整时。 难点：理解分针指向 12，时针指向几就是几时的规律
学教具准备
视频、PPT、课本、时间安排表
教学过程
一、导入 教师呈现钟（表），学生观察自主回忆复习钟面、电子表的知识，教师适当引导或辅助。 （1）复习上节课知识： 钟面钟表：指针钟表——数字、指针、刻度线 电子钟表——时 ：分 } 分针、时针都沿着顺时针方向转动。 快　　慢 （2）引出课题。 师：复习了钟面知识，你们有谁知道每个部分代表什么含义吗？同学们又是几时起床、吃饭、上课的呢？ 学生回想生活经历，回答出是早上、中午或几点的时间。 师：是的，我们每个人每天都在经历着时间，今天我们就来仔细了解一下每个小时的具体时间是多少？怎么表示的？ 板书课题：认识时间（一）。 （设计意图：检测旧知，复习巩固，钟表知识脉络更清晰，给学习具体时间打下基础。） 二、探究新知 1. 认识整时 7 时起床：教师呈现学生起床时的视频，学生观察大家在干什么？是什么时间？ 定格画面和时间，引导观察钟面和电子表展示的时间。如图 1 所示。  图 1　7 时起床

续表

8 时上课：观察课本上第 40 页图画，引导观察钟面和电子表显示的时间。如图 2 所示。

图 2 8 时上课

12 时吃饭：呈现学生吃饭图片和钟、表时间，引导观察画面内容和显示时间。如图 3 所示。

图 3 12 时吃饭

观察归纳：

学生找出图中人物在干什么，是几时。

教师：引导观察分针——都指向数字 12。时针——指向时间数字 7、8、12。

2. 认读几时

师：大家都找到了它们的特点，分针都指向数字 12，时针指向数字几，这时就是几时。这叫整时，怎么认读它们呢？

（1）学生说出 7 点、8 点、12 点。教师纠正和教学认读几时用语。板书：整时。

师：平时大家说的几点其实就是几时，在数学上我们把“点”叫作“时”，以后我们也要使用数学用语，比如 7 点叫作 7 时，8 点叫 8 时，那 12 点呢？

学生说出 12 时，同时练习说 6 时、9 时、10 时等。（A、B 组独立认识，C 组指认）

（2）认识钟面和电子表的整时。（贴图、板书时间）

钟面：	电子表：
分针指向 12，时针指向 7 就是 7 时。	7：00 （“：”前面是 7，后面是 00 分。）
分针指向 12，时针指向 8 就是 8 时。	8：00 （“：”前面是 8，后面是 00 分。）
分针指向 12，时针也指向 12 就是 12 时。	12：00 （“：”前面是 12，后面是 00 分。）

（3）通过拨一拨活动学习归纳描述规律：分针指向 12，时针指向几就是几时。

举例：3 时、9 时、14 时。

语言描述：说一说钟、表面上的信息。

板书：分针指向 12，时针指向几，就是几时。

3. 写出几时

师：你们自己会写几时吗？

续表

<table>
<tr><td>

（1）学生自己动手在草稿本上写一写，教师再板书教学。
（2）依次认读钟面、表时间，书写几时。
7：00　8：00　12：00　2：00　14：00
师：和我们认读一样，先写时，画 2 个小圆点"："，再写分"00"。
（C 组学生主要认读和模仿写出电子表上显示的时间，学会几时。）
（设计意图：认读和书写几时时，都要将钟面和电子表显示的时间对应呈现，可以让学生不断地视觉强化几时的表达方式，将整时与生活联系起来，也让认读理解和书写几时变得容易。）
三、巩固练习
（1）连一连、拨一拨。呈现课本第 43 页"练一练"第 1 题，师生一起做，将对应钟面和时间连起来，再小组合作拨出学具时钟上的时间。
精细动作：三指按顺时针方向结合腕部旋转运动，转动指针。
（2）填一填。呈现课本第 43 页"练一练"第 2、3 题。学生自己先说出时间再填写。
（3）生活实践说一说。PPT 呈现人物在各个时间点做什么，一起练习认读整时，借机进行思想教育：珍惜时间、要在合适的时间做该做的事。
（设计意图：中高年级培智学生已发展出一定程度的思维能力，要培养和提高其简单的发现问题、解决问题的能力，要学会认识到时间的短暂，做事情要有时间意识，适当的时间做该做的事情。）
四、小结
师生制作一天的时间安排表，进行珍惜时间教育，总结本节课知识。
五、课后小任务
A、B 组：（1）继续完成课堂上的练习。
（2）自己完成填写一天的时间安排表。
C 组：完成课堂上的练习和课本上的练习题。
（设计意图：课堂上的练习是对基础的巩固，学习制作时间安排表后，能力好的学生可以拓展，自己安排一张一天的时间规划，明确自己的时间行为。）

</td></tr>
<tr><td>**板书设计**</td></tr>
<tr><td>

认识时间（一）
整时
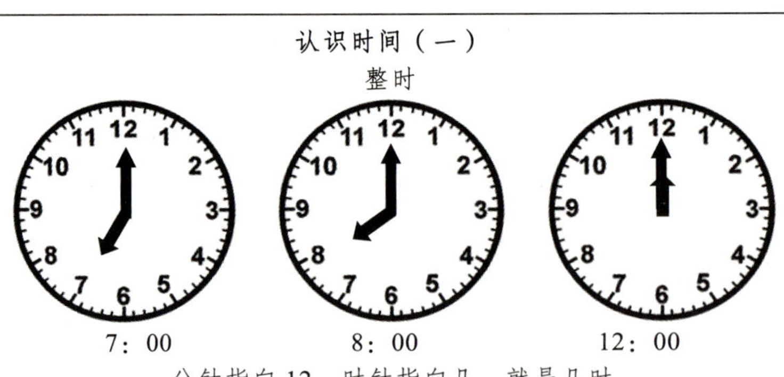
7：00　8：00　12：00
分针指向 12，时针指向几，就是几时

</td></tr>
</table>

《认识年、月、日》教学设计

课题	认识年、月、日	总课时	2
第几课时	第 1 课时	课时内容	认识年、月、日

教康整合目标

教学目标：
知识技能：
A、B 组：认识年历表，指认年份、月数、星期。学生能说出 1 年 12 个月，能判断大月与小月。
C 组：认识年历表，指认年份、月数，星期。学生能说出 1 年 12 个月。
数学思考：
A、B 组：通过观察、圈、指学习活动说出年份，1 年有 12 个月。
C 组：在他人的协助下说出年份，知道 1 年有 12 个月。
问题解决：
A、B 组：通过观察年历表判断 1 年中分别有哪几个月，判断大小月。
C 组：在他人的协助下通过年历表判断大小月。
情感态度：
A 组：培养学生合作学习，协助他人的能力。
B 组：培养学生合作探究数学知识的能力。
C 组：培养学生仔细观察的能力。
康复目标：
逻辑思维：（1）通过观察获取数据，并在所获得的数据中推断出规律。
（2）在提示下获取数据，并在所获得的数据中推断规律。
（3）在他人的协助下获取数据，并对数据进行整理

教学重难点

重点：学生能说出 1 年 12 个月，能判断大月与小月。
难点：学生能说出年历表的特征，年份，月数，星期

学教具准备

年历表、太阳、月亮、地球、视频、PPT

教学过程

一、导入
（1）播放视频年、月、日的由来。视频内容：地球绕太阳公转产生年；月球绕地球公转产生月；地球自转产生年。
（2）师出示太阳、月亮、地球三球模拟运行。
师：地球绕太阳公转产生年；月球绕地球公转产生月；地球自转产生年。今天我们一起来认识年、月、日。
（3）板书并揭示课题《认识年、月、日》。
（设计意图：从地理科学中的三球运行导入，在科学的探索中发现年、月、日的产生，培养学生科学探索的能力。）

续表

二、探究新知

1. 一年有 12 个月

（过渡语）师：中国人民历来都是非常聪明的，为了方便记录时间，我国人民发明了年历表，我们一起来看看年历表。

（1）圈一圈。PPT 呈现年历表，师生共同圈出表头，说出年份。

师：这就是年历表，这是表头，写着年份，这是 2017 年。

生圈出表头：这是 2017 年。（A、B 组独立圈并说出年份，C 组在教师指导下完成）

（2）数一数。学生按照年历表的排版方块，根据顶层的月份数字，点数月数，说出总月份，并用语言描述出来。

生用手指着数：1 月……12 月，一共 12 个月。

教学描述：1 月、2 月、3 月、4 月、5 月、6 月、7 月、8 月、9 月、10 月、11 月、12 月，一共 12 个月。1 年有 12 个月。

（3）练习。

① PPT 呈现圈出不同年份的年历表，学生圈出表头，并说出年份。（A、B 组独立完成，C 组在教师协助下完成）

② 练习：出示 5 月、9 月、11 月，学生圈出月份。

2. 合作探索练习

（1）学生分成 4 组，分发 2018 年、2019 年、2020 年、2021 年年历表。小组长负责管理手中的年历表，分组讨论观察是哪一年，有几个月，分别是哪些月，并且完成月数表格。如表 1 所示。

表 1　月数（2016—2021）

年份	2016	2017	2018	2019	2020	2021
月数			12	12	12	12

教学描述：1 年有 1 月、2 月、3 月、4 月、5 月、6 月、7 月、8 月、9 月、10 月、11 月、12 月，一共 12 个月。

（2）师：请你根据表格内容说出 2016 年、2017 年月数是多少。分小组讨论完成表格。出示 2016 年、2017 年的年历表，验证答案。如表 2 所示。

表 2　月数（2016—2021）

年份	2016	2017	2018	2019	2020	2021
月数	12	12	12	12	12	12

教学描述：每一年都有 12 个月，分别是 1 月、2 月、3 月、4 月、5 月、6 月、7 月、8 月、9 月、10 月、11 月、12 月。

3. 大月、小月

（1）PPT 呈现 2017 年的年历表，讨论一个月有多少天，学生先点数天数并说出总数，推出规律：最后一天是几就有多少天。学生指出每个月的最后一天，并圈出每个月的最后一天，师生共同完成表格。如表 3 所示。

师：请你观察，数出 1 月有多少天？

师：最后一天是几就有多少天。

续表

表 3　2017 年每月天数

1 月	2 月	3 月	4 月	5 月	6 月	7 月	8 月	9 月	10 月	11 月	12 月
31	28	31	30	31	30	31	31	30	31	30	31

（2）练习：PPT 呈现 2016 年年历，小组分工合作完成表格，小组成员汇报。如表 4 所示。

表 4　2016 年每月天数

1 月	2 月	3 月	4 月	5 月	6 月	7 月	8 月	9 月	10 月	11 月	12 月
31	29	31	30	31	30	31	31	30	31	30	31

（3）大、小月的规律。

出示 2018 年、2019 年、2020 年、2021 年的每个月的天数，学生仔细观察每个月的月数，找出其中的相同点，教师引导找出规律。如表 5 所示。

表 5　2018—2021 年每月天数

2018 年	1 月	2 月	3 月	4 月	5 月	6 月	7 月	8 月	9 月	10 月	11 月	12 月
天数	31	28	31	30	31	30	31	31	30	31	30	31
2019 年	1 月	2 月	3 月	4 月	5 月	6 月	7 月	8 月	9 月	10 月	11 月	12 月
天数	31	28	31	30	31	30	31	31	30	31	30	31
2020 年	1 月	2 月	3 月	4 月	5 月	6 月	7 月	8 月	9 月	10 月	11 月	12 月
天数	31	29	31	30	31	30	31	31	30	31	30	31
2021 年	1 月	2 月	3 月	4 月	5 月	6 月	7 月	8 月	9 月	10 月	11 月	12 月
天数	31	28	31	30	31	30	31	31	30	31	30	31

师：请你找出，哪些月有 30 天、哪些月有 31 天。

生：1 月、3 月、5 月、7 月、8 月、10 月、12 月有 31 天；4 月、6 月、9 月、11 月有 30 天。2 月有 28 或者 29 天。（A、B 组说）

师：2 月是一个特殊的月份，如果这 1 年是闰年就有 29 天，平年就有 28 天。31 天比 30 天多一天，所以我们把 31 天的月份定为大月，那 30 天的月份则是小月。

教学描述：1 年有 12 个月。有大月、小月，大月 31 天，小月 30 天。大月有 1 月、3 月、5 月、7 月、8 月、10 月、12 月；小月有 4 月、6 月、9 月、11 月，其中 2 月最特殊。

（设计意图：通过观察表格来探索求知得出结论，也就是猜想验证得出结论，培养学生求真的能力，希望学生学会大胆假设，不断探索新知识。）

三、巩固练习

（1）今日时间。

教师出示今天时间，出示本年的年历表，学生圈出本月月份，并说出本月是大月还是小月。

（2）节日时间。

PPT 呈现班级植树节、清明节、劳动节、"六一" 儿童节、国庆节活动照片。学生在本年的年历表上，圈出节日的月份，并说出大月还是小月。

续表

（设计意图：从节假日时间入手，从学生每个节日活动入手，让学生充满兴趣，对于部分学生可以有帮助提示作用。）

四、小结

师：今天我们学习了年历表，在表头找到年份，请你用手圈一圈年份，请你数一数，1年有12个月，有大月和小月，大月是31天，小月是30天，2月最特殊。

五、课后小任务

作业：与家长一起，拿出家里的年历表，找出家人生日那个月是大月还是小月，有几天。完成表格填写。（A、B组独立完成，C组在家长协助下完成）

	时间	大小月	月份天数
妈妈			
爸爸			
爷爷			
奶奶			
外公			
外婆			

（设计意图：了解家人生日，增加家庭感情，同时巩固年历表学习。）

板书设计

认识年、月、日

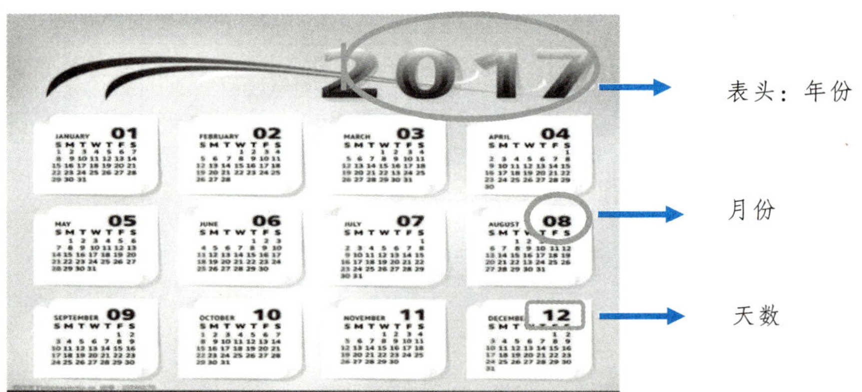

一年有12个月

	1月	2月	3月	4月	5月	6月	7月	8月	9月	10月	11月	12月
天数	31	28/29	31	30	31	30	31	31	30	31	30	31
大小月	大月		大月	小月	大月	小月	大月	大月	小月	大月	小月	大月

课题	认识年、月、日	总课时	2
第几课时	第 2 课时	课时内容	认识年、月、日

教康整合目标

教学目标：
知识技能：
A、B 组：学生能通过年历表或者月历表准确找到具体日期的基本信息。
C 组：学生在他人的协助下通过年历表或月历表准确找到具体日期的基本信息。
数学思考：
A、B 组：通过数学活动推断 2 月是一个特殊月，闰年 29 天，平年 28 天。
C 组：在他人的协助下知道 2 月是一个特殊月。
问题解决：
A 组：准确判断大小月。
B 组：学生能通过拳头法则或者年历表、月历表判断大小月。
C 组：（1）跟读大小月。
（2）在教师语言提示下用拳头法则判断大月、小月。
问题解决：
A、B 组：培养学生收集归纳数据的能力。
C 组：积极参与数学活动，体验数学的乐趣。
康复目标：
动作：（1）左手能独立握拳，右手食指伸出，其余四指握住，两手合作独立进行拳头法则的演示。
（2）左手能独立握拳，右手食指伸出，其余四指握住，两手合作在提示下进行拳头法则的演示。
（3）在他人的协助下左手能独立握拳，右手食指伸出，其余四指握住，两手合作进行拳头法则的演示

教学重难点

重点：学生能通过年历表或者月历表准确找到具体日期的基本信息。
通过数学活动推断 2 月是一个特殊月，闰年有 29 天，平年有 28 天。
难点：用拳头法则记忆大小月

学教具准备

年历表、PPT、月历表

教学过程

一、导入
（1）出示年历表，学生分组观察讨论回答：一年有多少个月；分别是哪些月，哪些是大月，哪些是小月。
（2）生：1 年有 12 个月，分别是 1 月、2 月、3 月、4 月、5 月、6 月、7 月、8 月、9 月、10 月、11 月、12 月，有 31 天的是大月，有 30 天的是小月。
师：今天我们继续学习年历表。
二、探究新知
1. 年历表判断大小月、平月
出示 2016—2021 年历表，如表 1 所示。学生先圈出 2 月，再说一说具体年份的 2 月有几天？教师巡回指导。

续表

表 1　2016—2021 年历表

2016 年	1 月	2 月	3 月	4 月	5 月	6 月	7 月	8 月	9 月	10 月	11 月	12 月
天数	31	29	31	30	31	30	31	31	30	31	30	31
2017 年	1 月	2 月	3 月	4 月	5 月	6 月	7 月	8 月	9 月	10 月	11 月	12 月
天数	31	28	31	30	31	30	31	31	30	31	30	31
2018 年	1 月	2 月	3 月	4 月	5 月	6 月	7 月	8 月	9 月	10 月	11 月	12 月
天数	31	28	31	30	31	30	31	31	30	31	30	31
2019 年	1 月	2 月	3 月	4 月	5 月	6 月	7 月	8 月	9 月	10 月	11 月	12 月
天数	31	28	31	30	31	30	31	31	30	31	30	31
2020 年	1 月	2 月	3 月	4 月	5 月	6 月	7 月	8 月	9 月	10 月	11 月	12 月
天数	31	29	31	30	31	30	31	31	30	31	30	31
2021 年	1 月	2 月	3 月	4 月	5 月	6 月	7 月	8 月	9 月	10 月	11 月	12 月
天数	31	28	31	30	31	30	31	31	30	31	30	31

（1）师：请你们说一说 2 月有多少天？

生：2 月有时有 29 天，有时有 28 天。

师：2 月没有 31 天也没有 30 天，所以我们称 2 月为平月。学生认读平月。

（2）教学描述：2 月是平月。

（3）练习：出示 2000 年的年历，圈出 2 月、5 月、8 月、12 月，学生判断是大月、小月还是平月。教师订正教学。（A、B 组独立完成，C 组在教师协助下完成）

2. 拳头法则判断大小月

过渡语：如果我们没有年历表怎么判断大小月呢？现在老师交给大家一个新方法。

（1）教师伸出左手示范。

第一步：伸出你的左手，握拳，拳心对着自己。

第二步：右手握拳，伸出食指。

第三步：从左往右，看教师的示范，1 月大、2 月平、3 月大、4 月小、5 月大、6 月小、7 月大、8 月大、9 月小、10 月大、11 月小、12 月大。

师：凸起的地方，是小骨头，代表大月；凹进去的地方，代表小月。2 月最特殊，是平月。

（2）我会做。学生上台示范拳头法则，教师给予评价。

（3）练习：教师随机抽取某月，学生利用年历表、月历表或者拳头法则判断大小月。

3. 根据年历表、月历表判断基本信息

（1）出示年历表，师生谈话引出星期、节日等基本信息。

师：在每一个板块会有星期日、星期一、星期二、星期三、星期四、星期五、星期六。为了方便简写在年历表上。

学生用手指出星期的位置。

（2）圈一圈。教师分发 2021 年的年历表，提供具体日期 2021 年 6 月 1 日，小组内圈出星期、节日等信息，并用语言描述出来。教师巡回指导。

学生圈出 6 月 1 日，收集信息。生：星期三，儿童节。

教学描述：2021 年 6 月 1 日是星期二，儿童节。

（3）指一指：出示日期 5 月 25 日，学生指出 5 月 25 日的具体信息，说出信息，同上教学，教师巡回指导。

（4）根据月历表找出具体信息。

教师出示 5 月的月历表，谈话引导学生推断月份，学生圈出星期栏，并用自己的语言描述出

续表

星期的顺序。 师：这是月历表，月历表只有一个月的信息。 （5）教学描述：这是5月，有星期日、一、二、三、四、五、六。学生说一说。 学生推断出基本信息：5月1日是星期六，劳动节。 4. 拓展各式各样的年历表、月历表 PPT出示各种各样的台式或挂式等年历表、月历表，横向拓展，学生欣赏各种各样的历表。 （设计意图：通过用手圈，找出对应的信息，再说出相关信息，帮助学生建立收集信息的能力。） 三、巩固练习 我会说。 出示转盘，转盘上写着日期：1月1日、6月29日、6月14日、8月20日、11月25日，学生转动转盘选择日期，根据2022年的年历表说出具体信息。具体信息包含大小月、星期、节日等。 师：请你找出这个日期的基本信息。 例如：生：2021年1月1日是元旦节，星期五。 （设计意图：通过转盘游戏，增加学生的参与感，同时学会使用年历表或者月历表寻找并且汇总信息。） 四、小结 师生共同边做边说复习拳头法则定大小月。 师：1月大、2月平、3月大、4月小、5月大、6月小、7月大、8月大、9月小、10月大、11月小、12月大。年历表可以帮助我们提取日期的基本信息。 五、课后小任务 发放一份年历表。 师：请你在年历表上圈出以下时间，并汇总相关信息。 时间：1月30日，2月15日，3月4日，4月18日，5月20日，6月1日，7月6日，8月7日，9月10日，10月25日，11月30日，12月31日
板书设计
认识年、月、日 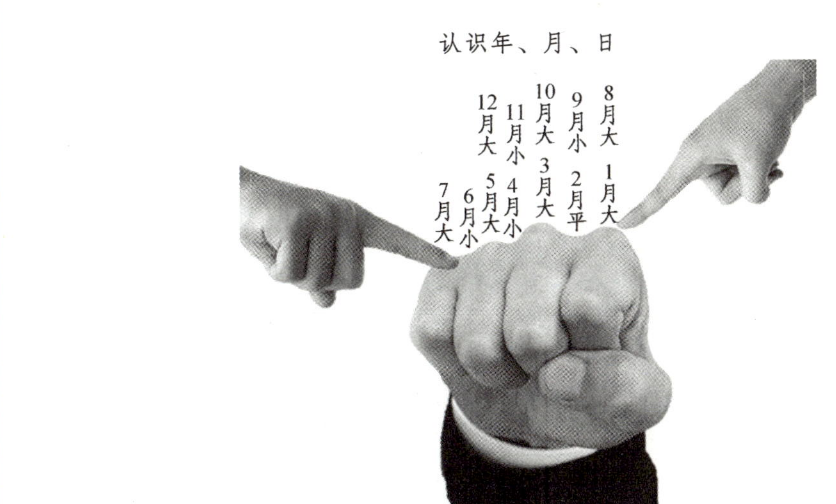

续表

《认识人民币》教学设计

<table>
<tr><td>课题</td><td>认识人民币</td><td>总课时</td><td>4</td></tr>
<tr><td>第几课时</td><td>第 1 课时</td><td>课时内容</td><td>认识 1 元、5 元、10 元</td></tr>
<tr><td colspan="4">教康整合目标</td></tr>
<tr><td colspan="4">教学目标：
知识技能：
A、B 组：能正确认读 1 元、5 元、10 元。
能正确书写 1 元、5 元、10 元。
C 组：借助数字 1、5、10 正确认读 1 元、5 元、10 元。
数学思考：
A、B 组：说出 1 元、5 元、10 元的人民币的票面特征。
C 组：找出 1 元、5 元、10 元人民币的票面数字特征“1、5、10”。
问题解决：
A、B 组：在活动中认识 1 元、5 元、10 元人民币，能使用人民币进行购买活动。
C 组：在他人的协助下，在生活中使用 1 元、5 元、10 元的人民币。
情感态度：
A、B 组：培养学生观察与归纳不同数额人民币相同、不同之处的能力。
C 组：培养学生的合作能力，感知生活中的人民币。
康复目标：
语言：（1）清晰清楚地说出“yuan”音。
（2）学生能做出“uan”的唇形，构音“uan”</td></tr>
<tr><td colspan="4">教学重难点</td></tr>
<tr><td colspan="4">重点：能正确指认出、书写面额 1 元、5 元、10 元的人民币。
难点：说出 1 元、5 元、10 元人民币的票面特征</td></tr>
</table>

续表

学教具准备
人民币教具、PPT、图片、红包、视频
教学过程
一、视频导入 （1）师：同学们，你们周末都去做什么呢？想知道老师周末做什么吗？ 播放视频。（坐公交车投入1元人民币，菜市场买菜付款等） （2）师：老师周末乘坐公交车去买了菜。买菜、乘坐公交车都需要钱，要使用人民币，今天我们一起来认识人民币。 板书并揭示课题。 （设计意图：从生活中买东西、坐公交车导入课程，呈现人民币的用途，帮助学生建立对人民币的初步印象。） 二、探究新知 （一）初步认识人民币1元、5元、10元 1. 人民币1元 （1）教师PPT出示1元人民币图样。（硬币和纸币） 师：同学们，请你们仔细观察图片，这是什么？上面有你们认识的数字和汉字吗？ 引导学生找出数字"1"，汉字"圆""元"。 （2）教认人民币1元。引导学生从左到右，观察人民币硬币和纸币的正反面信息。（数字、颜色等） 师：这里有数字1，汉字"圆""元"，这是1元，"圆"是单位，为了方便写作"元"。 学生在人民币图片上指出数字1，找到汉字"圆""元"。说一说"这是1元"。 （3）重点信息辨认。引导学生主要看人民币上的数字和单位。人民币上有数字"1"和单位"元"就是1元，并读一读。 练习：出示红包、各面值的人民币图片，学生指认、圈出1元。 语言康复训练：教授"元"的发音，把嘴巴嘟起来，先做出"u"的嘴型，再展开嘴型，舌尖抵住上颚发出"an"，慢慢地从"u""an"拼读，顺势过渡到"uan"音节，"uan"音节结束时扁嘴型，舌尖依旧抵住上腭。学生逐个发音，教师纠正。 2. 人民币5元 （1）PPT出示5元的正反面，谈话引导学生观察5元的人民币信息，圈出数字5，学生认读5元。 （黑板上粘贴实物：5元的人民币） （2）重点信息辨认教学。引导学生主要看人民币上的数字和单位。人民币上有数字"5"和"元"就是5元，并读一读。 学生圈出数字5，汉字"伍圆"。说一说面额：这是5元。 练习：圈一圈、连一连。出示汉字"1元""5元"与人民币"1元""5元"的图片，将面额相等的人民币图样与对应汉字连起来。（先圈出重点信息指认面值，再对应连线） 3. 人民币10元 （1）出示10的正反面，学生观察，再猜测面额。 教师："这是多少元？它是什么颜色的？" 学生先尝试说一说。通过前面的教学方法找出数字10，说出"有数字10，单位是元，这是10元"。 （2）重点信息辨认教学。引导学生主要看人民币上的数字和单位。人民币上有数字"10"和单位"元"就是10元，并读一读。 练习：出示人民币图样3张10元，1张1元，1张5元，1张100元。请学生圈出10元。再次教认。 书空写一写"1元、5元、10元"。

续表

（二）实物感知人民币（1 元、5 元、10 元） （1）发放纸币与硬币，学生动手摸一摸感受一下。 师：纸币摸起来软软的，可以折叠。而这个摸起来硬硬的，无法折叠，这就是硬币。圆圆的硬币上面有数字 1，单位是元，是硬币 1 元。 （2）分一分。出示纸币与硬币，学生按照要求将纸币放左边，硬币放右边。 （3）认一认。学生拿着人民币，重点指出人民币上的数字和单位，指认出 1 元、5 元、10 元。 生：这是 1 元。 （4）练习：老师说出人民币面值，学生对应举起人民币或硬币。 （设计意图：学生见过人民币，却不能正确认识和区分，先通过教学，辨认 1 元、5 元、10 元的重点信息，学生能正确认识面值后，再在教学中充分利用学生的视、听、触，去感知各面值人民币的不同，通过练习巩固加深。） 三、巩固新知 （1）我会认。 黑板上贴上红包，学生逐个抽取红包，并打开红包，指认并说出人民币。 （2）模拟用 1 元坐公交车。 PPT 呈现公交车车票价格，老师拿出公交车投币箱道具，学生从自己的红包里找出 1 元，排队投币乘坐班级公交车。（重点指认场景中 1 元的信息） （3）我会买。 到达教室商场角，学生排队购买物品。学生指认价格，拿出对应的钱数购买实物。教师巡回指导。 如：面包 5 元，学生拿出 5 元。或者面包上贴着人民币 5 元的图片，学生指认图样，购买商品。 情感价值观教育：在使用人民币时要保护好，不能损坏，同时要注意按价交换，不能偷奸耍滑，违背法律道德。 四、小结 教师针对板书设计小结。 五、课后小任务 （1）识别出人民币并书写出人民币面额。 硬币 1 元　　　　纸币 5 元 纸币 1 元　　　　纸币 10 元 （2）A、B 组：请拿着人民币 1 元、5 元、10 元，购买对应面值的物品。 C 组：在家长协助下完成第 54 页第 1 题：贴一贴
板书设计
认识 1 元、5 元、10 元 纸币　　　　硬币  1 元　 5 元　 10 元　 1 元  = 

课题	认识人民币	总课时	4
第几课时	第 2 课时	课时内容	认识 1 元、5 元、10 元

教康整合目标

教学目标：
知识技能：
A、B 组：正确使用换算等式 5 元=5 张 1 元，10 元=10 张 1 元，10 元=2 张 5 元。
C 组：能 1 元 1 元地数人民币，并说出总数。
数学思考：
A、B 组：理解 10 以内的加法与人民币 1 元、5 元、10 元的换算联系。
C 组：理解数满 5 张 1 元就是 5 元、10 张 1 元就是 10 元。
问题解决：
A、B：在活动中能掌握 10 元以内人民币面额的 2 种换算方法。
C 组：点数 5 张、10 张 1 元来交换面值 5 元、10 元的人民币。
情感态度：
A、B 组：养成存钱的好习惯。
C 组：积极参与课堂中的小组合作。
康复目标：
语言：学生能独立清晰地发出“yuan”音

教学重难点

教学重点：使用 1 元、5 元正确换算 5 元、10 元。
教学难点：掌握 10 元以内人民币的 2 种换算方法

学教具准备

人民币、存钱罐、PPT、玩具车、图片、饼干

教学过程

一、导入
（1）师：过年时，老师在存钱罐里存了一部分钱，现在一起打开看看吧。
①展示存钱罐，从存钱罐中拿出人民币，开小火车让学生指认 1 元、5 元、10 元，指出重点辨别信息。
②复习识别人民币的面额、特征，同时谈话引导学生养成存钱的习惯。
师：今天我们继续学习认识人民币。
（2）板书并揭示课题：认识 1 元、5 元、10 元。
（设计意图：展示存钱罐里的压岁钱让学生结合生活、有兴趣地继续学习人民币知识，同时也引导了学生学会存钱，不要乱花钱。）
二、探究新知
（一）1 元与 5 元、10 元的换算
1. 5 元=5 张 1 元
师：同学们，老师手里有一些 1 元的人民币，数数看有多少张？
（1）老师展示手里的 1 元人民币，带着学生一起数一数有几张。
学生：有 5 张。
（2）教学 5 张 1 元就是 5 元。
师：5 张 1 元是多少元呢？这次我们就 1 元 1 元地边数边说。
老师先示范一遍，接着再带着学生一起边数边说“1 元，2 元……5 元”。
师：老师手里一共有 5 元，我们可以这样描述：5 张 1 元就是 5 元，刚好等于 1 张 5 元的人民币。（一边讲一边板书）

续表

（3）师生齐读图示和等式。

教学描述：5 张 1 元就是 5 元，5 元=5 张 1 元。

（4）练习：PPT 呈现 1 元、5 元人民币，请学生找出对应面额后，再换算 1 张 5 元等于 5 张 1 元。（注：包含 1 元的纸币和硬币换算）

2. 10 元=10 张 1 元

师：这是多少元呢？（PPT 呈现 1 张面额 10 元的人民币）

学生：10 元。

师：10 元也可以换成 1 元，怎么换呢？这次我请同学们开动脑筋帮我数。

（1）请 A、B 组各 1 名学生上台数 10 张 1 元："1 元，2 元……8 元，9 元，10 元。"

（2）揭示并教学：10 张 1 元就是 10 元，刚好等于 1 张 10 元的人民币。（边讲边板书 10 元=10 张 1 元）

（3）师生齐读图示和等式。

3. 10 元=2 张 5 元

师：可是老师这里还有几张 5 元的，10 元还有其他的换算方法吗？

（1）PPT 呈现算式 10=5+5，引导学生思考。

（2）老师拿出 2 张 5 元请学生加起来算一算，如图 1 所示。

得出：10 = 5 + 5

图 1　10 元 =2 张 5 元

教学描述：2 张 5 元就是 10 元，10 元=2 张 5 元,还可以 10 元=10 张 1 元。

（3）练习：PPT 呈现 1 元、5 元、10 元人民币，请学生找出对应面额后，先说 10 元等于几张 1 元？几张 5 元？再进行连线，移动 10 张 1 元、2 张 5 元。

语言：引导学生独立清晰地发出"yuan"音、"几元"的词语。

（二）归纳扩展

师：刚才我们学习了人民币 1 元、5 元、10 元之间的换算，现在归纳一下。

（1）出示表格引导学生指认人民币，归纳第 1 部分 1 元、5 元、10 元之间的换算，如表 1 所示。

表 1　1 元、5 元、10 元及其换算

人民币	1 元	5 元	10 元
换算		5 张 1 元	10 张 1 元
		纸币、硬币	2 张 5 元
			……

续表

（2）PPT 呈现扩展换算。 5 元可以换成 5 个 1 元的纸币或硬币。（呈现 1 张 5 元等于 5 张 1 元的人民币图片） 10 元可以换成 2 张 5 元和 10 张 1 元。（呈现 1 张 10 元等于 2 张 5 元和 10 张 1 元的图） 其余的请 A、B 组学生试一试，感受各种不同的换算方法。 （设计意图：通过点数人民币，结合 10 以内加法应用的方法，教给学生理解 10 以内人民币换算，同时大量的图示和人民币实物演示利于学生直观理解教学过程，从模仿中学习，最后用归纳扩展作为小结，提高学生的思维能力。） 三、巩固练习 实践活动：我会买。 （1）出示各物品及对应的价格标签：玩具车¥10、饼干¥1、牙膏¥10、毛巾¥5。 （2）教师带着学生先认读，再给每个学生发 1 元、5 元、10 元面额的样本人民币让其对应价格购买物品。 （3）给每个学生重新发钱包，装有一定数量的 1 元、5 元、10 元纸币和硬币，引导学生进行组合付款购物。 （注：A、B 组学生钱包里是 1 元、5 元的纸币和硬币，让其组合付款，C 组学生钱包里是 1 元、5 元、10 元的纸币，让其单张面额付款。） （设计意图：从购买物品入手，贴近学生的生活，也是对学生解决生活问题能力的培养，多种方式付款，强化人民币的换算。） 四、小结 （1）教师总结归纳板书，并读一读。 （2）总结：我们要保护、爱惜人民币，不能随意丢弃和破坏人民币。 五、课后小任务 A、B 组：（1）设计作业题单：连一连、填写人民币面值。 （2）尝试与家长一起用 1 元、5 元、10 元付款购买商品。 C 组：完成课本上第 54 页做一做：2、3 题
板书设计
认识 1 元、5 元、10 元  5 元=5 张 1 元  10 元=10 张 1 元  10 元=2 张 5 元

课题	认识人民币	总课时	4
第几课时	第 3 课时	课时内容	人民币换算

教康整合目标

教学目标：

知识技能：

A、B 组：准确识别商品价签，并能正确说出商品价格。

C 组：在他人的协助下正确读出商品价格。

数学思考：

A、B 组：学生能进行 1 元、5 元、10 元之间的自由换算。

C 组：在他人的协助下，能说出 10 张 1 元是 10 元，2 张 5 元是 10 元。

问题解决：

A、B 组：学生能根据商品价格，用不同人民币组合的方式付款。

C 组：学生根据商品价格，用对应面额的人民币付款。

情感态度：

A、B 组：感受人民币与生活的联系，体验购买商品的快乐。

C 组：在小组协助中，感受人民币与生活的联系，体验购物的快乐。

康复目标：

语言：正确、清晰地说出“我想买……”的句子

教学重难点

重点：进行 1 元、5 元、10 元之间的自由换算。

难点：学生能根据商品价格，用不同人民币组合的方式付款，购买到物品

学教具准备

人民币、钱篮子、PPT、玩具小熊、图片、薯片、铅笔等。

提前给每个学生分发装有一定数量的 1 元、5 元、10 元人民币的钱篮子

教学过程

一、导入

（1）我会找。教师说出 1 张人民币面额，学生从自己的钱篮子里找出对应的人民币，放在教师的钱篮子里。

（2）师：这是我们之前学习的人民币 1 元、5 元、10 元，今天我们继续去寻找人民币的新知识。

（3）板书并且揭示课题：人民币换算。

二、探究新知

（一）强化 1 元、5 元、10 元之间的换算

师：上节课我们学习了 1 元、5 元、10 元之间的换算，你们还记得吗？现在考考大家。

（1）PPT 出示若干 1 元纸币和硬币，请学生说出一共是几元。

（2）PPT 出示 5 元，请学生说出可以换成几张 1 元？再请 2 名 A、B 组学生上台展示自己手里兑换的 1 元人民币。

（3）PPT 出示 10 元，请学生说出可以换成几张 1 元？再请 2 名 A、B 组学生上台展示不同的兑换情况。

（4）扩展换算。通过复习让学生自行操作活动，练习 10 元以内不同的人民币组合换算。

如：5 元与 1 元纸币或硬币不同的组合换算。

3 元、4 元、5 元、6 元、8 元、10 元等。

续表

（二）人民币付款

1. 识别商品价签

（1）PPT 出示商品与价签，玩偶小熊下面¥10 图片。

师：这是我们的价格，¥是人民币元的符号，标示价格。那么请你猜一猜，¥10 标示多少元？

（2）老师引导学生讨论推断出后面数字是几，就是几元的规律，学习判断商品价格。

练习：PPT 出示¥5、¥3、¥7、¥9 的价格图片。提问：请你们说一说价格是多少元？

引导学生回答：5 元、3 元、7 元、9 元。

2. 购买物品付款

（1）出示玩具小熊的价格标签¥10，学生推断玩具小熊的价格。

（2）教师示范从钱篮子里拿出人民币并进行组合付款或直接付款。

价格：10 元，拿出 2 张 5 元或者 1 张 10 元或 1 张 5 元、5 张 1 元付款。教师指导并订正教学。

练习：出示 PPT 薯片 5 元、铅笔 1 元等。C 组负责识别价格，A、B 组负责拿出对应的钱付款。购买活动结束后，学生彼此分享物品。

语言康复训练：老师先引导清楚地表达"我想买薯片/铅笔"等句子，再让学生模仿说出"我想买……"句子。

（设计意图：将人民币的换算知识可视化，在实践活动中生动形象地帮助学生理解人民币之间的换算。其次购买商品要先学习识别商品价格，便于学生在生活真实情境中开展购买活动。）

三、巩固练习。

贴一贴活动：教师给学生分发人民币，学生将对应的人民币教具，贴在对应的方框里，如表 1 所示。引导学生用多种方式组合成 5 元、10 元。

表 1　贴一贴

人民币	5 元	10 元
换算		

四、小结

根据板书回顾内容。

师：今天我们继续认识了 1 元、5 元、10 元；掌握了 10 张 1 元是 10 元；2 张 5 元是 10 元，5 张 1 元是 5 元等 10 以内不同人民币面额的换算，回去以后大家自己去使用进行购买活动吧！

五、课后小任务

（1）习题卡片呈现。

10 张 1 元人民币图样=2 张 5 元人民币图样=1 张 10 元人民币图样，完成填空：

（　　）张（　　）元 =（　　）张（　　）元 =（　　）张（　　）元。

（2）完成课本第 55 页练一练的第 1 题

续表

板书设计
认识人民币  10 张 1 元=10 元  2 张 5 元=10 元  数字是几就是几元

课题	认识人民币	总课时	4
第几课时	第 4 课时	课时内容	人民币付款

教康整合目标

教学目标：

知识技能：

A、B 组：对 1 元、5 元、10 元进行不同的组合换算。

C 组：正确识别 1 元、5 元、10 元，在协助下进行 5 元、10 元换算。

数学思考：

A、B 组：能根据 10 以内加法对单位相同的人民币进行加减。

C 组：在他人的协助下，对单位相同的人民币进行加减。

问题解决：

A、B 组：能尝试用 1 元、5 元、10 元进行组合付款购物。

C 组：尝试用 1 元、5 元、10 元进行付款。

情感态度：

A、B、C 组：养成正确的消费观念，坚持量入为出原则。

康复目标：

语言：正确说出“××是多少元”句子

续表

教学重难点
重点：学生能识别 1 元、5 元、10 元，并能快速地进行换算。 难点：能尝试用 1 元、5 元、10 元组合进行付款购物
学教具准备
人民币教具、视频、图片、钱篮子、存钱罐、PPT
教学过程
一、导入 给学生每人分发纸币 1 元、5 元、10 元，硬币 1 元。教师随机说出几元，学生找出相同面额的人民币，并且举起来。 师：同学们请仔细看看，1 元、5 元、10 元的共同点是什么？ 生：有数字，有“元”。 师：1 元、5 元、10 元，它们的单位都是元，可以进行加减。比如 1 元+1 元=2 元，1 元+5 元=6 元。 板书并且揭示课题：人民币付款。 二、探究新知 1. 10 元以内 5 元与 1 元之间的组合计算 （1）PPT 呈现 1 张 5 元和 3 张 1 元；观察引导说出都是元，教师讲解单位相同可以加减，先把 3 张 1 元合计为 3 元。 师：这是 5 元，这是 3 元，单位相同可以相加，列式：5 元+3 元=8 元。 强调：单位相同可以相加。 （2）PPT 呈现 1 张 5 元和 5 张 1 元，同上教学，学生计算得出结果。 5 元+5 元=10 元，这里一共有 10 元。 2. 自主尝试 （1）PPT 出示 1 张 1 元和 1 张 5 元，学生观察说出人民币单位“元”相同，可以相加。 （2）分组让学生列算式计算，教师巡回小组指导。 小组分工合作，A 组负责统筹、分配验证；B 组负责加减；C 负责说出钱数。 得出：5 元+1 元=6 元。告知教师“这里一共有 6 元”。 （3）5 元与 1 元的组合练习：7 元、8 元、9 元、10 元。 计算 ？元 + 5 元 = ？元，自己表达出“一共有？元”。A、B 组学生利用生活经验进行计算，C 组学生利用计算器计算。 教学描述：？元加 5 元等于？元，一共有？元。 小结：利用 10 以内的加法计算，我们可以把单位都是元的人民币换算成面额不同的人民币组合，比如：2 元 + 5 元 = 7 元；4 元 + 5 元 = 9 元。 3. 使用 10 元以内的人民币进行组合付款 （1）播放逛超市付款的视频。 师：他们在做什么？今天老师带领大家逛超市买东西，学习如何付款。（小组合作） （2）我会认。PPT 呈现图片纸巾¥9、洗手液¥7、面包¥5、杧果¥6，学生说出不同商品的价格。 生：纸巾价格是 9 元；洗手液价格是 7 元；面包价格是 5 元；杧果价格是 6 元。 （3）准备钱篮子。询问学生需要购买何物，引导学生说出价格，根据商品价格拿出合适的人民币付款。（注：A 组负责统筹整个过程；B 组负责拿钱；C 组负责计算钱数。） 师：你想买什么？价格是多少？请你准备正确的钱数付款。 价值观教育：同学们，我们在购买物品的时候一定要保管好自己的钱，没有用完的钱整理收好，不要乱揉、撕扯，谨防丢失或被偷走。

续表

（设计意图：PPT 呈现超市里面各式各样的东西，将单位相同的“元”进行换算，帮助学生构建 5 元、1 元、10 元之间的组合，学会使用多样的方法进行付款。）

三、巩固练习

（1）连一连。出示购买生活用品的购物单，把价格与人民币面额相同的连起来。

杯子¥8	1 元
白菜¥4	1 张 5 元与 3 张 1 元
铅笔¥1	4 张 1 元
……	

（2）我会写。

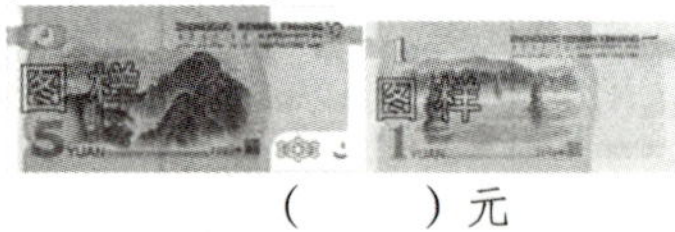

（　　）元

（　　）元

（　　）元

（　　）元

四、小结

师：同学们，单位是元的人民币可以进行加减。可以根据商品价格，进行灵活付款。

五、课后小任务

完成教材第 57 页练习

板书设计

人民币付款

9 元

疯狂热卖 ¥7

7 元

5 元

6 元

《认识 1 角、5 角》教学设计

课题	认识 1 角、5 角	总课时	2
第几课时	第 1 课时	课时内容	认识 1 角、5 角

教康整合目标

教学目标：

知识技能：

A、B 组：能正确认读人民币 1 角、5 角。

能正确书写人民币 1 角、5 角。

能正确区分元与角。

C 组：学生能在他人协助下认读、书写人民币“1 角”“5 角”。

数学思考：

A、B 组：在数学活动中，观察并说出“1 角”“5 角”的票面特征。

C 组：学生能找出“1 角”“5 角”的票面特征数字“1”和“5”。

问题解决：

A、B 组：学生能独立地找出人民币“1 角”“5 角”。

C 组：学生能在他人的言语或者肢体协助下找出人民币“1 角”“5 角”。

情感态度：

A、B 组：了解人民币在生活中的用途。

C 组：感受人民币与生活之间的联系。

康复目标：

语言：（1）学生能正确清晰地发出“jiao”音。

（2）学生能做出“jiao”的唇舌运动过程，构音“jiao”

教学重难点

（1）能正确认读、书写人民币“1 角”“5 角”。

（2）观察并说出“1 角”“5 角”的重点特征

学教具准备

人民币学具、PPT、图片

教学过程

一、导入

（1）出示 1 元、5 元人民币图样，学生观察，复习 1 元、5 元的票面特征：数字、单位、颜色。

（2）PPT 出示 1 角、5 角的人民币图样。（注：此处为纸币。）

师：请同学们仔细观察，这是什么？图片上有你认识的数字与汉字吗？思考这是多少钱？

学生观察，找出 1 角、5 角人民币上的数字、单位、颜色特征。

师：今天我们就一起来认识这两张人民币。

（设计意图：复习 1 元、5 元的特征，导入 1 角、5 角的辨别，帮助学生回忆辨别技巧，从而迁移到新知 1 角、5 角的学习。）

二、探究新知

1. 认识 1 角

师：通过前面对 1 元、5 元的复习，同学们回忆了辨别人民币的方法。用同样的辨别方法，请你们看看这张人民币是多少钱？

续表

（1）PPT 出示 1 角人民币的纸币图样。（注：正反面均要呈现。） ①师生一起观察，找出数字“1”，汉字“角”，识别面额“1 角”。 ②教师在黑板上粘贴“1 角”图样，板书“1 角”。 教学描述：有数字“1”，汉字“角”，这是 1 角。“角”是单位。（注：不同组酌情减少文字描述。） ③给学生分发 1 角的人民币，辅导学生观察纸币上的数字、单位，加深印象。说一说“这是 1 角”。 （2）介绍 1 角的硬币。 引导学生观察 1 角的硬币，找出 1 角的硬币特征：数字、颜色、材质。 教读人民币 1 角。“1 角，这是 1 角。” （3）认读，书写“1 角”。 PPT 出示硬币与纸币的正反面图样，学生根据图样识别面额，并在下面书写钱数“1 角”。学生开火车认读“1 角”。（注：言语或者肢体提示 C 组学生识别面额。） 练习：出示装着纸币、硬币 1 角的红包，学生识别、指认面额。并点数合计一共有多少角？ 语言康复训练：教师教授“角”的发音，复习发舌后音，训练舌尖与齿配合发“j”音，然后做出构音“jiao”的口腔运动，带领学生尝试，教师逐个纠正。 2. 认识 5 角 师：大家学习了 1 角，现在你们来尝试认识一下这个新朋友。 （1）PPT 出示纸币 5 角、硬币 5 角图样。（同 1 角教学） ①教师引导学生观察后圈出数字、汉字、颜色。识别出面额，师生认读“5 角”。 ②教师将人民币图样“5 角”贴在黑板上，板书“5 角”。 教学描述：有数字“5”，汉字“角”，这是 5 角。“角”是单位。 （2）书写 5 角：学生根据数字、单位与颜色，在对应 5 角人民币图样下书写钱数“5 角”。 练习：PPT 出示人民币 1 角、5 角图样（注：各三张），学生圈出 5 角图样。 3. 角与元的单位区分。 （1）PPT 出示 1 角、5 角、1 元、5 元，语言引导学生将人民币按照元与角两种不同的单位，分成 2 个部分。 师：这里面有元，也有角，请同学们将单位为“元”的放在左边，单位为“角”的放在右边。 学生一边分一边说出面额“1 角、5 角、1 元、5 元”。 师：通过今天的学习我们知道了人民币的单位除了“元”，还有“角”。左边的都是“元”，右边的都是“角”。 （2）读一读：1 角、5 角都是角，1 元、5 元都是元。 练习：PPT 出示 5 张单位是“角”的纸币，4 枚单位是“角”的硬币，3 张单位是“元”的纸币，1 枚单位是“元”的硬币。让学生把单位是“角”的人民币挪至“角”房子里。 （设计意图：对学生来讲，角是一个新的人民币单位，但有认识“元”做基础，从识别“元”的方法过渡到识别 1 角、5 角，学生能容易接受，同时通过看、比较、分的活动培养他们自主观察、思考的能力。） 三、巩固练习 （1）发放题单 1 元、5 元、1 角、5 角的纸币与硬币，提问：请你写出钱数是多少。教师巡回指导并订正教学。 （2）送钱币回家。 教师给学生分发纸币与硬币 1 元、5 元、1 角、5 角，黑板上书写面额“1 角、5 角”，学生辨别手中的人民币，将对应的人民币贴在黑板上。教师订正教学。

续表

四、小结

师：今天认识了新的人民币单位“角”。教师引导学生根据板书指认纸币与硬币 1 角、5 角。根据人民币图片，书写面值。

五、课后小任务

（1）根据人民币图片，书写面值。（给出 1 角、5 角、1 元、5 元、10 元纸币图片各一张，要求学生写出对应面值）

（2）学生尝试用 1 角、5 角购买商品。

A、B 组独立自主完成；C 组在家长的协助下完成作业

板书设计

认识 1 角、5 角

1 角

5 角

单位：角

好课题	认识 1 角、5 角	总课时	2
第几课时	第 2 课时	课时内容	认识 1 角、5 角

教康整合目标

教学目标：

知识技能：

A、B 组：学生能说出 5 角与 1 角，1 元与 5 角、1 角的换算等式。

C 组：学生能 1 角 1 角地点数人民币，并说出总数。

数学思考：

A、B 组：学生通过数学活动总结出 1 元与 5 角、1 角，5 角与 1 角的换算等式。

C 组：学生知道数满 5 张 1 角是 5 角，数满 10 张 1 角是 1 元。

问题解决：

A 组：学生能尝试单独或组合使用 5 角与 1 角购买商品。

B 组：学生能尝试单独使用 5 角、1 角购买商品。

C 组：学生在他人的言语提示下使用 5 角、1 角购买商品。

情感态度：

积极参与课堂，体验成功的乐趣。

续表

康复目标： 语言：（1）学生独立自主清晰地发出“jiao”音，准确说出“1角”“5角”。 （2）学生能在言语提示下发出“iao”音，准确发出“jiao”音，说出“1角”“5角”
教学重难点
教学重点：一张5角=5张1角，1张1元=10个1的换算。 教学难点：说出1元以内2种“角”的人民币换算。 学生能尝试单独或组合使用5角与1角购买商品
学教具准备
PPT、人民币学具、红包、图片
教学过程
一、导入 （1）PPT出示1角、5角纸币与硬币，学生复习识别面额的方法与技巧。 （2）板书课题《认识1角、5角》，并揭示课题。 师：今天我们继续学习《认识1角、5角》。 二、探究新知 （一）5角与1角的换算（5角=5张1角） 师：1元与5元可以相互兑换，那1角与5角可以用同样的方式兑换吗？ （1）PPT呈现5张1角，点数人民币。 教师带领学生1张1张地点数1角的人民币，并说出总数。生：5张1角。 （2）教学5张1角就是5角。 师：5张1角是多少钱呢？我们可以1角1角地数。 教师先示范数，再师生一起数，“1角……5角，一共是5角”。教师在5张1角的前面贴上5角的图样。 师：一共是5角，我们可以这样说“5张1角就是5角，刚好等于1张5角人民币”。（边讲边板书图样与相应的等式5角=5张1角） （3）教学描述“5张1角是5角，5角等于5张1角”，学生练习描述。 （4）读一读，拿一拿。 练习：PPT出示5枚1角硬币与1枚5角硬币，学生根据图例完成填空，拿出对应的人民币。 5角 =（　　）枚（　　）角 （二）1元与1角、5角的换算 1. 1元=10张1角 师：同学们，你们猜老师手里有多少张1角？ （1）教师展示手里的1角人民币，学生点数出总数，老师粘贴在黑板上。 生：“1……10，一共10张1角”。 （2）教学：10张1角是1元，1元等于10角。教师在10张1角的前侧贴上1元人民币图样。（板书相应的人民币图样与等式1元=10个1元）。 （3）教学描述：10张1角是1元，1元=10张1角。 2. 1元=2张5角

续表

（1）PPT 呈现 1 元=10 角的人民币图示。
师：1 元除了可以用 10 张 1 角表示外，还可以怎么换算？
生：还可以用 5 角表示。
师：请同学们自己试一试。
（2）学生自己拿，或引导算法：5+5=10，1 元=10 角，总结出 1 元等于 2 张 5 角。
师生共同寻找两个等式的相同点，左边都是 1 元，所以 1 元=10 张 1 角=2 张 5 角。
（3）读一读换算等式：1 元等于 10 张 1 角；1 元等于 2 张 5 角。
练习：出示填空题。PPT 出示图片（2 张 5 角是 1 元），学生点数完成填空 1 元 =（　　）张（　　）角，教师进行订正教学。（C 组完成点数即可）
（三）5 角和 1 角的组合
单位相同的人民币可以进行加减，学生计算人民币总数。
（1）PPT 呈现图片 1 张 5 角、1 张 1 角人民币图样。
师：同学们，我们知道如果是 1 角的话，我们可以 1 角 1 角地数，那如果是 1 张 5 角、1 张 1 角呢？（提示：单位相同的钱数可以——？）
生：单位相同可以进行加减。
（2）教学换算方法
5 角+1 角=6 角
5 + 1 =6
师：除了通过等式计算的方式，还可以用数的方法，比如 5 角加 1 角是 6 角，所以 5 角+1 角=6 角。
说一说 5 角加 1 角等于 6 角。
练习：进行其他 10 角以内的人民币换算，教师订正教学。
（设计意图：PPT 呈现换算等式的图片，把人民币换算知识可视化，在视觉提示下帮助学生更容易理解 1 角、5 角，元、角之间的换算与付款。）
三、巩固练习
购物且付款：PPT 呈现商品价格图片（糖果是 1 角，面包是 9 角，胡萝卜是 5 角），学生识别价格后购买。
（1）给学生分发 1 元和 1 角、5 角的人民币，学生说一说面额。
师：商品价格是多少？请小组合作，在钱篮子里拿出正确的面额进行付款。
（2）学生说出商品价格，拿出合适的人民币付款。
四、小结
归纳板书，读一读。
五、课后小任务
根据图片完成填空。
（1）出示图片 5 枚 1 角硬币图样=纸币 5 角图样。根据图片，完成填空：（　　）枚 1 角=（　　）角。
（2）出示图片 10 张 1 角硬币图样=纸币 1 元图样。根据图片完成填空：（　　）角 =（　　）元。
（3）根据图片，写出钱数。（给出不同人民币角的组合图片，要求学生在对应图下面写出面值）
（A、B 组独立完成，C 组在家长协助下完成）

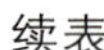
续表

板书设计	
认识 1 角、5 角	
1 元=10 张 1 角	1 元=10 张 1 角=2 张 5 角
5 角+1 角=6 角	5 + 1 =6
单位相同可以直接相加	

《识别 10 元以内人民币组合》教学设计

课题	认识人民币	总课时	1
第几课时	第 1 课时	课时内容	识别 10 元以内人民币组合
教康整合目标			
教学目标： 知识技能： A、B 组：学生能认读并书写出“几元几角”。 C 组：学生能识别单张面额，会说出“几元几角”。 数学思考： A、B 组：通过观察人民币的单位与数字判别“几元几角”。 C 组：在协助下尝试组合“几元几角”。 问题解决： A、B 组：识别出 10 元以内的“几元几角”，并拿出相应的人民币组合。 C 组：学生能根据人民币图样提示，拿出对应的“几元几角”人民币。 情感态度： A、B 组：感受生活中的人民币。 C 组：培养观察能力，积极参与数学课堂。 康复目标： 语言：（1）学生能清楚、连贯地构成“这是……元……角”的句子。 （2）学生能基本构音说出“我想买……”的句子			
教学重难点			
教学重点：学生能认读，并书写出“几元几角”。 教学难点：学生能认读，并拿出相应的“几元几角”人民币			
学教具准备			
人民币学具、PPT			

续表

教学过程
一、导入 出示纸币 1 角、5 角、1 元、5 元、10 元、20 元、100 元；硬币 1 角、5 角、1 元。学生识别并说出面额。 师：今天老师带来了一些人民币，请你们说一说这是多少钱？ 生逐个说出钱数，如“这是 1 元”。针对学生不同特点给予反馈，评价。 师：到现在我们认识了一些单位是元、角的人民币，它们可以组合吗？今天我们继续来探索元与角的联系。 板书并揭示课题《认识元与角》。 二、探究新知 1. 分一分“元”与“角” （1）学生按照 2~3 人一组进行分组，每组发放 1 个钱篮子，装有少许 10 元以下不同面额的人民币（纸币、硬币）。 （2）小组动手操作将人民币按照“元”“角”分成 2 个部分，“元”分在左边，“角”分在右边。教师巡回指导。 （3）说一说每组都有多少元、多少角，强化人民币单位有元、角。 2. 几元几角的组合形式 （1）PPT 分别呈现 10 元与 1 角人民币图样，引导学生识别，再将 10 元、1 角放到一起，加起来，教学“10 元 1 角”。 师：当 10 元和 1 角放在一起是多少钱呢？我们可以先说元，再说角，这是 10 元 1 角。读作“10 元 1 角”。 带领学生挨个描述“先说元，再说角，这是 10 元 1 角”，教师逐一指导。 （2）PPT 出示 1 张 5 元与 1 张 5 角纸币、3 张 1 角纸币；3 张 1 元纸币和 1 枚 1 角硬币。 学生分小组探讨认读几元几角。B、C 组说出面值，A 组说出理由。教师引导学生总结认读元与角的技巧。 （3）出示 3 张 1 元纸币与 1 枚 1 角硬币；1 张 5 元纸币与 8 张 1 角纸币。 师：遇到这样好几张人民币在一起的，我们可以先分成“元”“角”两部分。然后先通过计算“元”得出“多少元”，再计算“角”得出“多少角”，然后读出“几元几角”。 技巧点拨：3 张 1 元是 3 元，1 枚 1 角是 1 角，所以加起来是 3 元 1 角。1 张 5 元是 5 元，8 张 1 角是 8 角，所以加起来是 5 元 8 角。 总结：认读时先观察“元”，再观察“角”。说的时候先说元，再说角，读作几元几角。 3. 书写几元几角 （1）出示不同张数元和角的组合图片，要求学生在对应图片下面写出面值“几元几角”。 （2）教师订正总结：书写“几元几角”时，先写元（几元），再写角（几角）。 三、巩固练习 （1）我会拿。 PPT 出示元和角的组合图片，学生先认读出“这是几元几角”。（C 组说出每张面额。） 再让学生从人民币图样中拿出对应的组合面值人民币。 （2）我是小小收银员。 教师准备商品，学生先表达“我想买……”，然后指认商品价格，如“1 元 3 角”，根据商品价格，从钱篮子里拿出对应的组合人民币付款。 例：生：“我想买冰淇淋，它是 3 元 5 角。”学生拿出 3 张 1 元 1 张 5 角进行付款。 四、小结 读写总面值时，先看元，再看角。

续表

五、课后小任务 完成生活数学四年级上册第 56 页“练一练”和第 57 页“连一连”
板书设计
识别 10 元以内人民币组合      10 元 1 角　　3 元 1 角　　5 元 8 角 先分元和角，有几元读几元，有几角读几角

《认识人民币 20 元、50 元、100 元》教学设计

课题	认识人民币	总课时	3
第几课时	第 1 课时	课时内容	认识人民币 20 元、50 元、100 元
教康整合目标			
教学目标： 知识技能： A、B 组：学生能独立正确地认读、书写“20 元”“50 元”“100 元”。 C 组：学生能借助数字“20”“50”“100”，认读并书写“20 元”“50 元”“100 元”。 数学思考： A、B 组：学生能独立说出 20 元、50 元、100 元的票面特征，包含数字、单位、颜色。 C 组：学生能在小组间的合作中指出或说出 20 元、50 元、100 元的特征（数字、单位）。 问题解决： A、B 组：学生能借助数字 20、50、100 及单位，正确识别生活中的人民币面额。 C 组：在他人的协助下，正确识别生活中的人民币面额。 情感态度： A、B 组：感受人民币与生活的联系，培养学生的观察能力。 C 组：培养学生的观察能力。 康复目标： 动作：学生能正确三指握笔，用正确的姿势书写			
教学重难点			
重点：学生看图正确地认读、书写出“20 元”“50 元”“100 元”。 难点：学生能独立说出 20 元、50 元、100 元的票面特征，包含数字、单位、颜色			

续表

学教具准备
人民币、PPT
教学过程
一、导入 （1）出示人民币 1 元、5 元、10 元，学生识别 1 元、5 元、10 元的面额。 师：这是多少元？你怎么判断的？ （2）PPT 出示人民币 20 元、50 元、100 元，学生依据以往的经验尝试识别其面额。 师：同学们真聪明，今天我们一起来学习认识 20 元、50 元、100 元。 板书并揭示课题《认识 20 元、50 元、100 元》。 （设计意图：从 1 元、5 元、10 元的判断方法，迁移到判别 20 元、50 元、10 元，联结以往学习的知识点，培养学生自主学习，敢于探索和推断的能力。） 二、探索新知 1. 识别人民币 20 元 （1）教师给每个学生分发人民币 20 元正反面图样，如图 1 所示。学生自主观察，识别人民币面值。  图 1　人民币 20 元正反面图样 （2）教师带领学生从左到右，认识 20 元人民币图样的票面特征，包含颜色、数字、单位、图案等。 教学描述：有"20""圆"，这是 20 元。 2. 识别人民币 50 元 （1）PPT 展示人民币 50 元正反面图样，如图 2 所示。学生圈出票面特征，识别面值。  图 2　人民币 50 元正反面图样 师：请同学们从左到右观察图片，像认识 20 元那样，圈出其票面特征，说出"这是多少元"。 学生圈出数字"50"，汉字"圆"，说出"这是 50 元"。 教师板书"50 元"。 （2）教师引导学生总结 50 元票面特征信息。 生：有"50""圆"，是绿色的，单位是元。 （3）连一连。PPT 出示题目，如图 3 所示。师：请将人民币图样与对应数值连起来。教师引导学生说出识别面额的关键方法。

续表

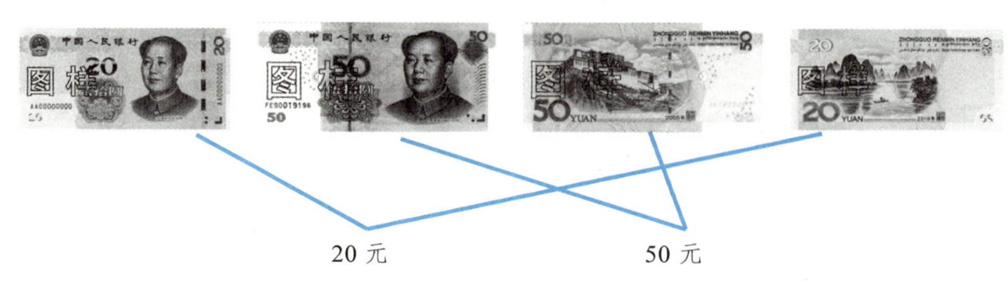

图 3　题目“连一连”

3. 识别 100 元

（1）PPT 出示 100 元图样，如图 4 所示。要求学生从左往右仔细观察。

图 4　人民币 100 元正反面图样

（2）学生自主指出票面特征，教师逐个点评。C 组上讲台指出票面特征，A、B 组相互补充重点特征。

A、B 组总结：这是 100 元，有数字 100、“圆”，红色。

（3）学生比较 20 元、50 元、100 元的数字大小，师引导学生总结“100 元是币值最大的人民币”。

师按照小组分发 20 元、50 元、100 元人民币图样。C 组说一说“这是多少元”？A、B 组指导 C 组比一比哪个数字最大？

师：我们发现数字“100”最大，100 元是币值最大的人民币。

（4）练习。出示不同面额的人民币图样，提问：请你想一想这是多少元，并写出面额。教师逐一点评，指导。

动作康复：书写时轻松握铅笔，教师巡回纠正学生的不正确姿势，对有困难的同学则进行肢体协助。

（设计意图：按照 20 元、50 元、100 元的顺序学习，模式相同，详略得当，20 元、50 元、100 元的人民币学习注重对学生迁移与思考的培养。）

三、巩固练习

（1）分一分。

准备一堆打乱的 20 元、50 元、100 元图样，学生根据面值分成 3 个部分，20 元放一堆；50 元放 1 堆；100 元放 1 堆。

（2）圈一圈。

PPT 呈现 20 元、50 元图样，请学生圈出 50 元。

PPT 呈现 20 元、50 元、100 元图样，邀请学生圈出 100 元和 20 元。（点拨识别技巧。）

（3）说一说。

PPT 出示 5 元、10 元、1 元、20 元、50 元、100 元图样，C 组学生说出人民币面额，B 组学生书写面额，A 组学生说出对应面额的特征。

（设计意图：形式多样的小练习，能够更好地帮助学生巩固当前小知识点，并针对学生的问题进行相应的点拨。）

四、小结

根据板书回顾课程内容。

续表

师：今天我们认识了人民币 20 元、50 元、100 元，我们可以通过数字、颜色与单位辨别面额。 五、课后小任务 （1）根据图片写出钱数。     （　　）元　（　　）元　（　　）元　（　　）元 （2）尝试使用 20 元、50 元、100 元购买商品
板书设计
认识人民币   20 元   50 元   100 元

课题	认识人民币	总课时	3
第几课时	第 2 课时	课时内容	100 元以内人民币的换算
教康整合目标			
教学目标： 知识技能： A、B 组：学生能正确进行 10 元、20 元、50 元、100 元之间的人民币换算。 C 组：学生能跟读 10 元、20 元、50 元、100 元的人民币换算。 数学思考： A 组：学生能说出 100 以内的整十数加法与人民币 100 元以内整数人民币换算的联系。 B 组：学生说出加法与 100 元以内整数人民币换算的关系。			

续表

C 组：学生能进行相同单位的人民币加减。 问题解决： A、B 组：利用不同的方法，正确兑换 10 元~100 元之间总面值相等的人民币。 情感态度： A、B、C 组：在活动中体验数学的乐趣，感受生活与数学之间的联系
教学重难点
教学重点：理解 100 以内的整十数加法与人民币 100 元以内整数人民币换算的联系。 教学难点：利用 100 元、10 元、20 元、50 元，正确兑换总面值相等的人民币
学教具准备
PPT、纸箱、人民币、转盘
教学过程

一、导入

（1）教师准备一个纸箱，纸箱中放置 1 元、5 元、10 元、20 元、50 元、100 元。教师随机抽取人民币，学生观察后说出面额，直至拿完。

师："这是多少元？" 生："有数字 20，单位元，这是 20 元。"

（2）板书并揭示课题。

师：今天我们继续学习认识 20 元、50 元、100 元。

二、探究新知

1. 20 元=2 张 10 元

（1）PPT 出示 2 张 10 元，引导学生点数"10 元"的张数，再运用整数加法计算总钱数面值，总结出换算等式。

师：请你跟着老师从左往右，依次点数，1，2，一共有 2 张 10 元。教师板书"2 张 10 元"。

（2）教师带领学生运用整数加法，计算得出 2 张 10 元是 20 元。

师：2 张 10 元是多少元呢？我们可以运用整数加法计算，10+10=20。2 张 10 元是 20 元，所以 20 元=2 张 10 元，如图 1 所示。教师板书"20 元"。

=

图 1　20 元 = 2 张 10 元

（3）教学描述：2 张 10 元是 20 元，20 元 = 2 张 10 元。

2. 50 元=5 张 10 元

（1）PPT 出示图样与空格，学生一起点数 10 元的人民币，"1……5，一共有 5 张 10 元"，学生完成填空。

（ 5 ）张（ 10 ）元=（　　）元

（2）学生自己计算总面值，完成填空。

师：5 张 10 元一共是多少元呢？请你们自己计算。

生：10+10+10+10+10=50。5 张 10 元是 50 元。

（3）教师引导学生找出 50 元，并贴在合适的位置，完成填空，并总结出"50 元=5 张 10 元"。（教师一边粘贴人民币图样 50 元等于 5 张 10 元，一边板书出 50 元=5 张 10 元的等式）

续表

师：除了使用整数计算以外，我们还可以整10整10地点数，5个10元是50元。
（4）教学描述：5张10元是50元，50元=5张10元。
3. 50元还可以怎么换算？
50元还有不同的换算方式，如图2所示。（引导学生探究50元的其他组合方式，不做强行掌握要求）

（ 50 ）元 = （ 3 ）张（ 10 ）元 + （ 1 ）张（ 20 ）元

（ 50 ）元 = （ 1 ）张（ 10 ）元 + （ 2 ）张（ 20 ）元

图2　50元的换算

4. 学生以小组的形式拿一拿100元=10张10元
（1）小组合作，教师巡回指导。
（2）教师针对学生完成过程进行点拨。
师：刚刚老师发现，有的小组是通过计算10+10+10+10+10+10+10+10+10+10=100，拿出100元除此以外，还有的小组是整10整10地点数，10个10是100。
（3）教学描述：10张10元是100元，100元 = 10张10元。
5. 探索100元=2张50元
PPT出示图示，如图3所示。小组合作拿出100元=2张50元。

（ 100 ）元 = （ 2 ）张（ 50 ）元

图3　100元=2张50元

（1）C组学生识别50元的面额，并点数50元的张数。A组学生进行兑换尝试，完成填空。
（2）B组学生计算2张50元的总面值，并完成填空。
（3）小组合作，总结出结论。100元=2张50元。
（4）教师针对小组探讨过程中的问题，进行讲解。
6. 100元还可以怎么兑换？
引导学生探索100元的其他兑换方式，不做教学重点。（教师先示范拿出相应的人民币图样并板书出相应的等式，如100元=5张20元）
三、巩固练习
（1）连线。
出示人民币20元、50元、100元、5元、10元的图样，再出示数字20元、50元、100元、5元、10元；学生把对应面值的图样与数字连起来。
（2）转转盘，拿出对应面值。
教师准备钱篮子与写了数字的幸运转盘。学生转转盘，在钱篮子里拿出对应面值的人民币。注意：多个学生多种拿法。B、C组学生可以参考板书。
例如100元，可以选择10张10元，5张20元等。
（设计意图：学生通过幸运转盘这种游戏模式，将所学习的知识应用到生活中，学生能通过这一活动体会数学与生活的紧密联系，可以更好地激发学生的学习兴趣。）

续表

四、小结

师：学习了 100 元以内人民币的换算，知道了：

（1）20 元=2 张 10 元

（2）50 元=5 张 10 元；50 元=1 张 20 元+3 张 10 元；50 元=2 张 20 元+1 张 10 元

（3）100 元=10 张 10 元；100 元=2 张 50 元；100 元=5 张 20 元

五、课后小任务

（1）根据图示，完成填空。

①出示图片（20 元=2 张 10 元），完成（　　）元=（　）张（　　）元。

②出示图片（10 张 10 元=100 元=5 张 20 元），完成（　　）张（　　）元=100 元=（　　）张（　　）元。

③出示图片（1 张 20 元+3 张 10 元=50 元=2 张 20 元+1 张 10 元），完成（　　）张（　　）元=50 元=（　　）张（　　）元

（2）用 20 元、50 元或者 100 元购买商品

板书设计

100 以内人民币的换算

20 元=2 张 10 元

=

50 元=5 张 10 元

=

50 元=3 张 10 元+1 张 20 元

100 元=2 张 50 元

课题	认识人民币	总课时	3
第几课时	第 3 课时	课时内容	100 元以内人民币付款

教康整合目标

教学目标：
知识技能：
A 组：学生能进行 100 元以内整数人民币的计算。
B 组：学生利用计算器或借助其他工具进行 100 以内的整数计算。
C 组：学生借助计算器进行人民币 100 以内的整数计算。
数学思考：
A、B 组：学生能用 100 元以内整数人民币进行付款与找零。
C 组：学生能运用计算器等工具进行 100 元以内购物的付款与找零。
问题解决：
A、B 组：学生在生活中，根据价格拿出合适的人民币进行购物，自己付款并计算找零。
情感态度：A、B、C 组：养成良好的消费观念
康复目标：
动作：（1）学生能独立拆开闭合物品。
（2）学生能在他人的协助下拆开闭合物品

教学重难点

教学重点：学生能进行 100 元以内整数人民币的计算。
教学难点：学生能用 100 元以内整数人民币进行付款与找零

学教具准备

PPT、钱包、人民币、红包、带价签的商品

教学过程

一、导入
（1）引导学生识别并指认 20 元、10 元、50 元。
（2）比较大小填空，在括号填写“>”或“<”符号。
100（　　）90　　　50（　　）40　　　10（　　）10
100（　　）30　　　50（　　）30
（3）计算下列算式。
100−90=　　　50−40=　　　10−10=　　　10+20=
100−30=　　　50−30=　　　60−10=　　　50+10+10=
师：今天我们继续学习认识人民币。
二、探究新知
1. 人民币之间的计算
过渡语：同学们快看！黑板上贴满了红包。想打开红包吗？老师邀请坐得最端正的同学拆红包。
（1）A 组随机抽取红包，并拆开红包，分别说出面额，再计算总面值。
生：10 元，20 元。10+20=30。
教学描述：单位都是元可以相加，这里一共是 30 元。
师归纳：单位相同可以计算，得出总面值。
（2）再次随机抽取红包，计算面值，同上教学。学生识别 50 元、10 元、10 元，再计算 50+

续表

10+10=70。

生：红包里有 70 元。

（3）练习。

①生抽取含有 50 元、20 元、20 元的红包，指认并计算出面值。C 组指认每张面额，A、B 组计算并说出总面值。

②生抽取书写着“60 元”红包，红包内有“50 元”和“10 元”；学生先识别面额，教师从其中拿出 10 元，生计算出剩余多少钱。

生：60−10=50，剩余 50 元。

③给每人 1 个红包，学生根据个人实际情况，选择是否利用工具，计算红包内有多少元。

④教师巡回指导，并订正教学。

2. 100 元以内的付款与找零

过渡语：同学们计算面值可真厉害！什么时候需要用钱呢？请你看视频想一想。

播放在商场购物付款的视频，学生认真观看并思考。

师：什么时候需要用钱呢？生：买东西付款的时候。

（1）小组合作进行购物付款学习，A 负责付款与统筹；B 负责计算钱数；C 负责指认并说出价格。小组间相互合作完成购物练习。

师：今天老师带领大家去购物，请 3 个人为一个小组，A 负责付款与统筹；B 负责计算钱数；C 负责指认并说出价格。A 同学请管理好钱，不要弄丢了哦。

PPT 出示商品价格：洗衣液¥40、香皂¥10、拖鞋¥30、牛奶¥90、保温杯¥60。

师：请你说一说这些物品的价格是多少？

生：洗衣液是 40 元，香皂是 10 元，拖鞋是 30 元，牛奶是 90 元，保温杯是 60 元。

师：请小组内商量要买什么？需付款多少元？付款的面值必须大于或等于商品价格。小组内部自己商量，教师巡回指导。

①第一组。

师：你们要购买什么？价格是多少？生：洗衣液，价格是 40 元。

师：如何付款？付款数应当大于等于商品价格。生：50 元。50 元比 40 元多。

师：你说得真棒。50 元 > 40 元，50−40=10，老师要找零 10 元，请收好自己的钱财。

②第二组。

学生购买牛奶，牛奶价格是 90 元。教师给予适当提示。

生：牛奶价格 90 元，100 元 > 90 元，付款 100 元，100−90=10，你需要找零 10 元。

③第三组。

学生购买香皂，香皂价格是 10 元，同上教学，教师适当提示。

生：香皂价格是 10 元，10=10。所以付款 1 张 10 元即可。

④第四组。

学生购买拖鞋，拖鞋价格是 30 元，同上教学。

生：拖鞋价格 30 元，因为 50 元 > 30 元，所以付款 50 元。50−30=20 需要找零 20 元。

师：老师可以用 100 元付款吗？如果老师付款 100 元，需要找零多少元？

生：100 元 > 30 元，可以用 100 元付款。因为 100−30=70，找零 70 元。

（2）根据表格推断出规律，如表 1 所示。

师：同学们真是太厉害了，师生共同回顾商品价格与付款方式。推断出付款规律。

表 1　商品价格与付款方式

	第一组	第二组	第三组	第四组
商品价格	40	90	10	30
实际付款	50	100	6	50 或 100
比较	50 > 40	100 > 90	10 = 10	（50 或 100）> 30
找零	10 元	10 元	0 元	20 元或 70 元

续表

归纳强化：付款的总面值必须大于或者等于商品实际价格，如果大于就需要收银员找零，用付款额 − 实际价格 = 找零。

（设计意图：呈现商品价格与付款钱数的表格，引导通过数据发现规律，付款金额必须大于等于商品实际价格，培养学生观察与总结能力。）

三、巩固练习

我是小小收银员。

PPT 呈现商品价格，选择一名学生扮演收银员，其余学生来购买物品。

师：买什么？价格是多少？付款多少？找零多少？（根据学生的能力灵活地给予辅助。）

归纳强化：付款数必须大于等于商品价格。

四、小结

师：对单位是元的人民币我们可以直接进行加减，在购物的时候，要养成正确的消费观念，有几元，我们就只买几元的东西，不能超额购买，更不能通过不正确的渠道获得钱去购买物品。

五、课后小任务

请去超市买东西，自己看价格、付款并且计算找零

板书设计

100 元以内的人民币付款

单位：元

10 元+20 元=30 元

单位都是元，可以进行直接加减

第二章

培智学校学生数的认识的教学

第一节　关于数的基本知识

数在培智学校义务教育阶段的数学课程中占有重要地位，它是整个数学知识系统中的基础，同样也是培智学校学生学习数学的必备条件。[①]从课标、各版教科书、小学数学课程与教学论等权威专著中可以看出，“数的认识”是培智学生数学学习的关键部分[②]，同样也是今后学习数学其他部分知识的前提。通过数的教学，学生可以初步体会到数学与现实生活的紧密联系，并在身边找到数学，初步形成感知与发现数学的能力，以此促进学生学习数学的兴趣。[③]

一、基础知识

“数的认识”是学生学习数学的基础，是学生今后学习数的运算、图形与几何、统计的前提。这部分的内容具有连贯性、知识的趣味性，以及逻辑的紧密性，对培智学生学习数学发挥着重要作用。

数可以用来表示一类集合的数量，可以表示一群事物的顺序，还可以用来表示测量的结果。[④]依据课标的具体内容要求，“数的认识”分为四大要素，其中内容包括数的含义、数的表示、数的大小比较以及数的应用。[⑤]

1. 数的含义

根据课标中对小学阶段培智学校学生“数的认识”的目标要求，并结合培智学生的认知发展特点，理解数的含义内容主要包括：能理解百以内数的音、形、义。音是指数的读音，形是表示数的符号，义是指数的含义。能说出百以内各数位的名称，能理解各数位上数字的

① 柳笛.培智学校数学课程与教学[M].上海：华东师范大学出版社，2015.
② 马培艳.对培智学校小学生活数学“数的认识”教学策略的研究[D].昆明：云南师范大学，2020.
③ 肖蕾.小学数学“整数的认识”的内容分析与教学研究[D].长春：东北师范大学，2013.
④ 陈雪梅，高红志，刘月艳.小学数学课程与教学论[M].北京：北京师范大学出版社，2016.
⑤ 柳笛.培智学校数学课程与教学[M].上海：华东师范大学出版社，2016.

意义。[①]抽象的数概念是通过具体的计数形式来体现的，一个完整的计数系统包括三个要素：简洁的记数符号、进位制以及较高单位的表示方法。[②]培智学校学生在现实情境中通过数数的方式，一方面掌握数的读音，另一方面认识到最基本的数学符号 1，2，3……同时理解数是用来表示物体数量的，从而初步体会数学的作用和特征，以此可以解决生活中有关数的问题，并感受到数的符号性和抽象性。[③]

2. 数的表示

数的表示包括数位和计数法。[④]

数位，是指一个数的每个数字所占的位置。数位顺序表从右端算起，第一位是“个位”，第二位是“十位”，第三位是“百位”，第四位是“千位”，第五位是“万位”……同一个数字，由于所在的数位不同，它所表示的数值也就不同。例如，在用数字表示数时，同一个数字“7”，位置在个位上表示 7 个一，位置在十位上表示 7 个十，位置在百位上表示 7 个百，等等。

计数法，是指提取与刻画事物数量信息的方法。一般情况下，一种数法应该包含提取数量信息的法则（俗称二进制、十进制等）。例如，十进制计数法的特点是“满十进一”。也就是说，每 10 个某一单位就组成和它相邻的较高的一个单位。即 10 个一叫作“十”，10 个十叫作“百”，10 个百叫作“千”，10 个千叫作“万”……计数法还包括分别用语言与符号刻画数量信息的法则（俗称读法与写法）。[⑤]

课标中对小学阶段培智学校学生“数的表示”提出目标要求是能数、认、读、写百以内的数，并能说出百以内各个数位的名称，理解各个数位上的数字的意义。在生活情境中了解对应的基数和序数的含义，并进一步表示基数和序数。[⑥]

3. 数的大小比较

数的大小比较，是指在学生理解数概念的意义后，知道每个数的含义是不同的，它们除了符号的表现形式不一样，数的内部意义也有区别，以此能够比较数的大小。课标中对小学阶段培智学校学生的“数的大小比较”的目标要求：能理解符号“<”“=”“>”的含义，并能够用符号和词语描述百以内数的大小。[⑦]

① 陈雪梅，高红志，刘月艳.小学数学课程与教学论[M].北京：北京师范大学出版社，2016.

② 刘晓婷，刘加霞.解构重构百数表——深入理解数概念、渗透重要数学思想[J].小学数学数学版，2009，10.

③ 黄爱华，罗忱红.理解意义 培养数感——“数的认识”备课解读与难点透视[J].人民教育，2006（Z2）.

④ 柳笛，周琳华.智力障碍儿童对多少概念的理解[J].绥化学院学报，2014，10（10）.

⑤ 中华人民共和国教育部.义务教育数学课程标准（2011 年版）[S].北京：北京师范大学出版社，2012.

⑥ 中华人民共和国教育部.培智学校义务教育生活数学课程标准（2016 年版）[S].北京：人民教育出版社，2018.

⑦ 黄爱华，罗忱红.理解意义 培养数感——“数的认识”备课解读与难点透视[J].人民教育，2006（Z2）.

4. 数的应用

“数的认识”的教学应该注意从现实情境中出发，选取学生身边的、有利于学生主动探索的和生动有趣的事物，设置鲜明的问题情境。生活数学课程作为我国培智学校义务教育阶段的一般性课程之一，包含生活化的核心理念，对培智学校学生适应未来社会生活和掌握生存技能具有不可替代的作用。[①]在小学“数的认识”学习中，主要是通过创设现实情境来达到运用数的概念的目标。其中生活情境要真实，遵循现实原则，数学源于生活并运用于生活，将数的应用与解决生活中的问题结合起来。数的应用离不开生活，数的学习是为生活服务的，数的发展的最终目的是让学生能够将数应用于生活当中，解决生活当中的实际问题。[②]

二、数的认识的课程目标

课标中强调：正处于小学学段的培智学校学生学习“数的认识”的每个学段都有相关并具体的标准和要求。目标按照知识技能、数学思考、问题解决、情感态度四个维度进行分布，每个知识点之间相互联系。课标将小学第一学段划分为 1～3 年级，第二学段分为 4～6 年级。两个学段在课标中的目标如下：

第一学段（1～3 年级）：

（1）经历从日常生活中抽象出数的过程，理解 10 以内数的意义。

（2）运用 10 以内的数描述现实生活中的简单现象，初步形成数感。

（3）在教师的指导下，通过观察、比较、操作等方法发现简单问题，并尝试解决运算问题。

（4）经历与他人合作交流解决简单运算问题的过程。

（5）在他人的引导下，感受参与数学运算学习活动的乐趣。

（6）在他人的引导下，感受数学运算活动中的成功。

（7）感受整数运算与日常生活的紧密联系。

第二学段（4～6 年级）：

（1）经历从日常生活中抽象出数的过程，理解 11～20 各数的意义以及百以内数的意义。

（2）进一步发展数感。

（3）在教师的引导下，运用一些数学知识，尝试解决日常生活中有关的问题。

（4）对身边与数学有关的一些事物有好奇心，乐于参与数学学习活动。

（5）在他人的引导下，在数学活动中体验成功。

（6）了解数学可以描述生活中的一些现象，初步体会数学在日常生活中的价值。

（7）初步形成基本的数学学习习惯。

从课标中可知，“数的认识”包括以下三个特点：第一，“数的认识”认知线索是从整体到部分，再从部分到整体，其中相对应的生活数学课程目标涵盖了过程目标和结果目标，学

① 刘晶. 培智学校生活数学课程实施现状研究[D].沈阳：辽宁师范大学，2017.

② 马培艳.对培智学校小学生活数学“数的认识”教学策略的研究[D].昆明：云南师范大学，2020.

生对“数的认识”的认知要求有层次性和阶段性。第二，目标中将知识技能、数学思考、问题解决、情感态度四个维度相互转换。第三，课标中对“数的认识”的内容有着较为详细的分类要求，并且对相应的“数的认识”的要素有清晰的分类。同时在整个课程标准中特别强调要引导学生通过自身观察、自身操作、自身思考和相互合作交流等活动，体验学习数学的思维方法，并提高数学学习兴趣和积极性。

三、数的认识的课程内容

第一学段（1 ~ 3 年级）：

（1）在现实情境中，理解 10 以内数的含义，能数、认、读、写，强调手口一致地点数 10 以内的物体。

（2）通过动手操作，了解 10 以内数的组成，会比较它们的大小。

第二学段（4 ~ 6 年级）：

（1）在现实情境中，理解 11 ~ 20 各数的含义，能数、认、读、写 11 ~ 20 各数。

（2）在现实情境中，理解百以内数的含义，能数、认、读、写百以内的数。

（3）理解符号“<”“=”“>”的含义，会比较百以内数的大小。

（4）在生活情境中，理解基数和序数的含义，会用数表示物体的个数和事物的顺序与位置。①

从课标中可见，培智学校小学阶段“数的认识”的教学内容的安排，第一学段的教学重点是帮助学生在现实情境中，理解 10 以内数的含义和比较 10 以内数的大小；第二学段的教学重点则为帮助学生结合生活实际理解 11 ~ 20 各数和百以内数的顺序和大小，以及在生活情境中，理解基数和序数的含义。培智学校学生认数范围逐步扩大，再利用具体情境和实际操作相结合的方式，学生可以从现实情境中体会并抽象出数，并且理解和掌握数的实际意义，了解数的顺序和大小。会数、会认、会读、会写，会用百以内的数在日常生活中进行表达和交流，体验数字与生活的紧密联系。

① 中华人民共和国教育部.培智学校义务教育生活数学课程标准（2016 年版）[S].北京：人民教育出版社，2018.

第二节　培智学校学生数的认识教学设计

《认识数字 3》教学设计

课题	认识数字 3	总课时	3
第几课时	第 1 课时	课时内容	认、读、写数字 3
教康整合目标			
教学目标： 知识技能： A、B 组：正确认读数字 3，并用手指表示数字 3。 在田字格中规范地书写数字 3。 C 组：在教师的口头提示下，模仿认读数字 3。 描红数字 3。 数学思考： A、B 组：通过观察、操作、表述的方式，学习数字 3 的形状。 C 组：通过看、摸、跟说的方式，学习数字 3 的形状。 问题解决： A 组：用数字 3 表示实际生活中一些熟悉的事物。 B 组：从数字卡片中辨认出数字 3。 C 组：在他人辅助下，跟读出生活中的数字 3。 情感态度： A、B 组：培养学生的想象力，并养成认真书写的良好习惯。 C 组：感受数学与生活的联系，增强学习的兴趣。 康复目标： 语言：（1）能说出句子“3 像耳朵”。 （2）用食指、中指、无名指表示“数字 3”，提高手指灵活度。			
教学重难点			
教学重点：能指认和读数字 3，并用手指正确地表示数字 3。 教学难点：能在田字格中规范地书写数字 3			
学教具准备			
数字 3 字卡贴纸、《数字 3》视频及儿歌、3 的模型、耳朵模型、花形字卡 1~3			

续表

教学过程
一、导入 （1）师引导学生观察教材主题图一《我和爸爸妈妈》。 师：图上有哪些人？ 生：爸爸、妈妈和我。 师贴上爸爸、妈妈、我的图卡。 师：他们在干什么？ 生：滑滑梯。 引入爸爸妈妈陪我玩滑梯，我和爸爸妈妈是一家三口。 师：图上面还有什么？ 生：太阳、白云、树、数字 1、数字 2 和数字 3。 （2）数一数。 ① 引导学生观察主题图一，师依次指着太阳和白云，引导学生依次说出并点数 1 个太阳、2 朵云。 ② 师点数 3 座房子，引入课题《认识数字 3》，板书课题：认识数字 3。贴上字卡 3。 ③ 师再次点数 3 棵树，3 个人，加深学生数感。 师：我们之前学习了数字 1 和 2，今天我们就要认识新朋友数字 3。 （设计意图：教师通过引导学生有顺序地观察和解读图片内容，在引入课题《认识数字 3》的同时，培养学生探索观察能力。再利用动画片来集中学生的注意力，积极参与数学课堂。） 二、探究新知 1. 读一读数字 3 师范读，再指导学生读，采用多种方式：集体读、个别读、开火车读、分组读。 2. 认识数字 3 的外形 过渡语：同学们，我们来看一个动画片，看看数字 3 长什么样子。 学生观看视频《数字 3》。 摸一摸：出示数字 3 模型和耳朵模型，学生依次摸一摸。 师：3 的样子像什么？ 引导学生说出“3 像耳朵”，贴上耳朵图卡。教师播放“3 像耳朵”，听声音音效。 师比出 3 的手势，学生跟读两遍，要求学生比 3 的手势（教师巡回观察纠正学生手势）。开小火车读——A 组学生独立读，并比出 3 的手势；B 组学生在教师指导下跟读和比手势；教师协助 C 组学生比出 3 的手势。 3. 写一写数字 3 师课件出示书写数字 3 的动态图，引导学生跟着动态图书空写一写数字 3。 师在田字格中示范规范性地书写数字 3。（边写边讲解） 起笔不碰线，向上碰线，再向下碰线，略呈半圆向中间弯，在虚线以上转向右下方碰线，向下碰底线，最后，弯向上碰线。如图 1 所示。 让学生按 A—B—C 组顺序依次在黑板中的田字格里规范地书写数字 3，其余同学在教材中的田字格里书写数字 3。（A 组独立书写，B 组在教师的辅助下书写，C 组描红写。） （设计意图：通过观看视频，学生自行探索数字 3 的外形以及数字的读音，对数字 3 的学习则有较深的印象；并利用动态图书写数字 3 的方式，学生能清晰明了地掌握数字 3 的书写格式。） 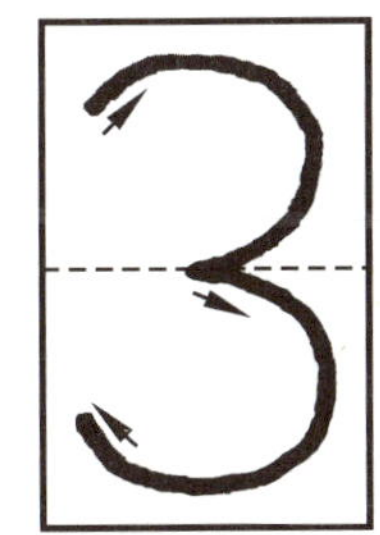 图 1　书写数字 3

续表

三、巩固练习 闯关游戏。(过关后及时给予学生强化物：奖品、星星、拥抱、口头表扬) 学生按 A—B—C 的顺序依次闯关。(A 组独立完成，B 组尝试完成，C 组在辅助下完成) 第一关：课件出示图片(时钟上的 3，尺子上有 3，3 楼)，让学生观察，找出数字 3 并读一读。(师演示操作) 第二关：教师在黑板上贴上花朵形状的 1、2、3 字卡，找到字卡 3，并读一读 “3 像耳朵”。(师演示操作，主抽 B 组学生参与) 第三关：师引导学生观察教室，找到提前布置好的数字 3 卡片，找到并读一读，说说“3 像耳朵”；并写一写数字 3。(师演示操作) (设计意图：设计围绕数字 3 的音、形的闯关游戏，学生参与课堂的积极性增强，同时消除课堂中学习的疲惫感。A 组学生在通关后会有较大的成功体验，对 B 组和 C 组学生有着较强的示范作用。) 四、小结 (师指向板书)今天我们学习了数字 3，它的外形像个小耳朵。教师指着黑板上的 3，边读边比 3 的手势，我们生活中也有很多数字 3，它的作用很多，是我们的小帮手。 五、随堂练习 A、B 组学生在田字格里规范地书写数字 3 并读一读；C 组学生描红数字 3 并读一读
板书设计
认识数字 3  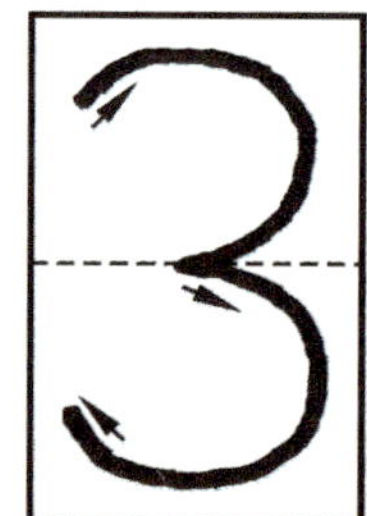

课题	认识数字 3	总课时	3
第几课时	第 2 课时	课时内容	理解和点数数字 3

教康整合目标

教学目标：
知识技能：
A、B 组：理解数字 3 表示数量为 3 的物体个数。
C 组：感受数字 3 表示数量为 3 的物体个数。
数学思考：
A、B 组：手口一致地点数和按数拿物，并完整地说出物体总数为 3。
C 组：在引导下，点数数量为 3 的物体，并跟说出物体总数为 3。
问题解决：
A、B 组：通过手口一致，自主完成实际生活中的点数活动。
C 组：在他人的引导下，点数课堂活动中的实物。
情感态度：
A、B 组：积极与实物互动，体验点数的乐趣，感受数学活动的乐趣。
C 组：激发学习兴趣，体验数学活动的快乐。
康复目标：
手眼协调：通过点数物体来锻炼手眼协调能力

教学重难点

学生能独立地、手口一致地点数、拿出 3 个物品，并完整地说出物体总数为 3

学教具准备

棒棒糖、“敲一敲”玩具、吸铁石、各类动画人物图片、小夹子、数字卡片

教学过程

一、导入
（1）课前游戏：手指操。（手部精细动作以及言语训练）
（视频）一个手指，点点；两个手指，弯弯。三个手指，圈圈；四个手指，叉叉。五个手指，拍拍。
（2）复习。
① 课件呈现数字 1、2 并伴随各种图片（学生自己、奥特曼、气球），采取连线、填空等形式回忆数字 1、2。
② 师发数字卡片 1、2、3，回忆数字 1、2、3 的音、形，并书空写一写。师：“今天我们继续来认识数字 3。”师板书课题：认识数字 3。
（设计意图：由于培智学生的注意力易分散，课前先进行课堂组织，以及加入“手指操”调动学生的积极性。再复习已学内容，再一次加深对数字 1、2、3 的认、读、写，从而为进一步理解数字 3 的含义打下基础。）
二、探究新知
（1）师从“神秘袋”中取出棒棒糖，在黑板上出示一根棒棒糖，用数字 1 表示，板书“1”；并提醒同学们要完整地说出“一根棒棒糖”。
再出示一根棒棒糖，让学生一起来点数并说出总数 2，用数字 2 表示，板书“2”；并提醒同学们要完整地说出“两根棒棒糖”。
最后再出示一根棒棒糖，师带领学生一起点数并说出总数为 3，用数字 3 表示，并板书“3”；

续表

并提醒同学们要完整地说出“三根棒棒糖”。

师小结：1添上1是2，2添上1是3。

师边指板书边解读：1添上1是2，2添上1是3。

师指生跟读：1添上1是2，2添上1是3。

（2）“摘苹果”游戏，课件再次演示“1添上1是2，2添上1是3”计算过程。

师：“3个苹果可以用数字3来表示。”

（设计意图：使用“神秘袋”，调动学生的好奇心，正式理解数量为3的物体个数能用数字3表示。讲授点数数量为3的物体时，教师需要提醒点数物品后，要完整地说出物品总数，以此提高学生用具体简短的语言来概括物或事的能力。）

三、巩固练习

师：“帮小猪佩奇解决几个问题，做一个乐于助人的小朋友。”

学生按A—B—C的顺序依次完成。（A组独立完成，B组尝试完成，C组辅助完成）

师示范操作，点数任务前问：“一共数几个，数到几就停？”并提醒学生点数时手口一致，最后完整地说出总数为3。

问题1：敲一敲，发玩具，敲小球。

问题2：摆一摆，从书包里拿出相应小夹子；发小夹子，让学生听命令拿出相应数字的夹子。

问题3：连一连，出示各种图片，用吸铁石来连一连数字1、2、3。

问题4：找一找，从老师衣服口袋里找出物品并点数物品总数。

（设计意图：通过创设“帮小猪佩奇解决问题”让学生在游戏中体验“数量为3的物体个数用数字3表示”，并根据要求进行操作，营造愉快而轻松的课堂学习氛围，学生积极性得到提高，并从游戏中巩固所学的内容与方法。）

四、总结课堂、课后小任务

（1）活动：

师说1，学生拍一次手，摆出数字卡片1；

师说2，学生拍两次手，摆出数字卡片2；

师说3，学生拍三次手，摆出数字卡片3。

（2）师总结：数字3在我们生活中很常见，比如3个学生，3张桌子，电话号码的3，钟里的3，电话盘里的3。同学们下课后找一找我们身边的数字3，想想数字3所表示的含义，下节课与同学们一起分享

板书设计

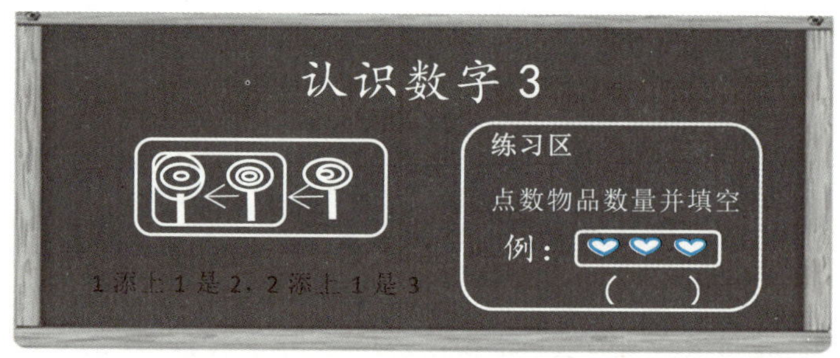

<table>
<tr><td>课题</td><td>认识数字 3</td><td>总课时</td><td>3</td></tr>
<tr><td>第几课时</td><td>第 3 课时</td><td>课时内容</td><td>巩固数字 3 的音、形、义，应用数字 3</td></tr>
<tr><td colspan="4">教康整合目标</td></tr>
<tr><td colspan="4">教学目标：
知识技能：
A、B、C 组：巩固数字 3 的音、形、义。
数学思考：
A、B 组：理解数字 3 在不同场景中所表示的不同含义。
C 组：体验数字 3 出现的不同场景。
问题解决：
A、B 组：运用数字 3 和点数解决生活中的一些实际问题。
C 组：在不同的生活场景中找出数字 3。
情感态度：
A、B 组：激发对数字的兴趣，培养学生积极关注身边事物的情感态度。
C 组：体验成功后的乐趣，增强参与活动的自信心</td></tr>
<tr><td colspan="4">教学重难点</td></tr>
<tr><td colspan="4">能理解数字 3 在不同场景中所表达的不同含义</td></tr>
<tr><td colspan="4">学教具准备</td></tr>
<tr><td colspan="4">课件、字卡 1~3、手指歌视频、时钟、尺子、各类有数字 3 的图片</td></tr>
<tr><td colspan="4">教学过程</td></tr>
<tr><td colspan="4">一、导入
（1）玩游戏，观看手指歌视频，学生伸出右手，跟念手指歌。
（2）教师翻数字卡片 1、2、3，学生一一快速认读写板贴字卡。
（3）我们一起数一数篮子里有几个橘子？又拿来一个橘子，现在一共有几个橘子？一起来数一数，写一写。
师引导学生“2 添上 1 是 3”。3 个橘子用数字 3 来表示。主要抽 B、C 组学生参与。
同学们数字 3 离我们很近，今天我们继续和数字 3 交朋友。板书课题：认识数字 3。
二、探究新知
生活中的数字 3（活动中巩固数字 3 的音、形、义）。
1. 教室里的数字 3
师：刚刚听了我们的手指歌，在我们的生活中随处都有数字 3。看一看，找一找，我们教室里哪里有数字 3 的线索。
学生探索教室里的数字 3，找到后说一说。（A 组独立，B 组引导，C 组模仿）教师评价并给予强化物（奖品、星星、拥抱、表扬）。
3 张桌子、3 张椅子、3 个学生、3 支粉笔、3 盏电灯、3 盏风扇……
小结：数量为 3 的物体个数用数字 3 表示。
2. 校园里的数字 3
师带领学生到校园中寻找数字 3 的踪迹，并让学生试着解读不同场景中数字 3 所表示的含义。（A 组独立，B 组引导，C 组跟读）
楼层中的数字 3——3 楼、教室门口的数字 3——培 3 班、寝室门的数字 3——303 寝室、花园里的 3 棵树、3 间教室……</td></tr>
</table>

续表

3. 日常生活里的数字 3 师出示课件图片，让学生试着解读不同场景中数字 3 所表示的含义。（A 组独立，B 组引导，C 组跟读。） 电话号码中的数字 3——拨打电话、书本的数字 3——第 3 页（翻一翻）、尺子上的数字 3——3 厘米（画一画）、时钟上数字 3——3 点钟（读一读）、公交车上的数字 3——3 路公交车、小区房子的数字 3——3 栋/3 单元、银行排号卡的数字 3——第 3 号…… 小结：数字 3 在我们生活当中随处可见，也和我们的生活密切相关。 （设计意图：让学生在日常生活环境和学习环境中找数字 3，进一步巩固对数字 3 的音、形、义的掌握，并提高学生的观察能力和探索身边事物的能力。） 三、巩固练习 排排队游戏：师分发数字卡片 1、2、3，让学生试着排排队，并说一说："一共有几个人，第 1 个是谁，第 2 个是谁，第 3 个是谁？" （设计意图：通过一个游戏来感知数字 3 的不同含义的不同表现方式：可以表示数量为 3 的物体或人，也可以表示第 3。） 四、总结课堂、随堂练习 （1）师总结：在我们身边有很多关于数字 3 的信息，这些数字 3 出现的场景不同，所表示的含义也有所不同。 （2）课后习题：练一练
板书设计
认识数字 3 教室里的数字 3 校园里的数字 3 日常生活里的数字 3

《认识数字 10》教学设计

课题	认识数字 10	总课时	3
第几课时	第 1 课时	课时内容	认、读、写数字 10
教康整合目标			
教学目标： 知识技能： A 组：正确认读数字 10，并用手指表示数字 10。 在田字格中规范地书写数字 10。 B 组：通过模仿认读数字 10，用手指表示数字 10。 在田字格中书写数字 10。 C 组：在教师的口头提示下，模仿认读数字 10。 描红数字 10。			

续表

数学思考： A、B 组：通过观察、操作、表述的方式，学习数字 10 的形状。 C 组：感知数字 10 的形状。 问题解决： A 组：用数字 10 表示实际生活中一些熟悉的事物。 B 组：在数字卡片中里面辨认出数字 10。 C 组：在家人辅助下，跟读出生活中的数字 10。 情感态度： A、B 组：培养学生想象力，并养成认真书写的良好习惯。 C 组：感受数学与生活的联系，增强学习的兴趣
教学重难点
教学重点：能指认和读数字 10，并用手指正确地表示数字 10。 教学难点：能在田字格中规范地书写数字 10
学教具准备
数字 10 字卡贴纸，《数字 10》视频及儿歌，铅笔、鸡蛋实物和图片
教学过程
一、导入 （1）师引导学生观察教材主题图。 师出示主题图，问：“图上有哪些人?” 生：妈妈、我和面包店的阿姨。 师：他们在干什么? 生：买面包。 师：图上面还有什么? 生：蛋糕和面包。 （2）数一数。 ① 引导学生观察教材主题图，师指着蛋糕和面包，引导学生依次点数。 ② 师点数 10 个蛋糕，引入课题《认识数字 10》，板书课题：认识数字 10。贴上字卡 10。 ③ 师再次点数 10 个面包，加深学生数感。 过渡语：同学们，先看一个动画片，看看数字 10 长什么样子。 二、探究新知 1. 读一读数字 10 师范读，再指导学生读，采用多种方式：集体读、个别读、开火车读、分组读。 2. 认识数字 10 的外形 学生观看视频《数字 10》。 师提问：数字 10 的样子像什么? 引导学生说出“10 像铅笔加鸡蛋”，贴上铅笔、鸡蛋图。教师播放“10 像铅笔加鸡蛋”，听声音音效。 师比出数字 10 的手势，学生跟读两遍，要求学生比数字 10 的手势（教师巡回观察纠正学生手势）。开小火车读：A 组学生独立读，并比出数字 10 的手势；B 组学生在教师指导下跟读和比手势；教师协助 C 组学生比出数字 10 的手势。 3. 写一写数字 10 师课件出示书写数字 10 的动态图，引导学生跟着动态图书空写一写数字 10。

续表

师在田字格中示范规范性地书写数字 10。 “10”占两格，左边一格写“1’，右边一格写“0”，从右起笔碰上、下、左、右四边的椭圆。如图 1 所示。 让学生按 A—B—C 组顺序依次在黑板中的田字格里规范地书写数字 10，其余同学在教材中的田字格里书写数字 10。（A 组独立书写，B 组在教师的辅助下书写，C 组描红写。）  图 1　书写数字 10 三、巩固练习 闯关游戏。（过关后及时给予学生强化物：奖品、星星、拥抱、口头表扬。） 学生按 A—B—C 的顺序依次闯关。（A 组独立完成，B 组尝试完成，C 组在辅助下完成） 第一关：课件出示图片（时钟上的 10，尺子上有 10，10 楼），让学生观察，找出数字 10 并读一读，说说“10 像铅笔加鸡蛋”。（师演示操作） 第二关：师引导学生观察教室，找到提前布置好的数字 1～10 卡片，找到并读一读，说说“10 像铅笔加鸡蛋”；并用手书空写一写数字 10。（师演示操作） 四、小结 （师指向板书）今天我们学习了数字 10，它的外形像铅笔加鸡蛋。教师边指着黑板上的 10，边读边比 10 的手势，我们生活中也有很多数字 10，它的作用很多，是我们的小帮手。 五、课后小任务 A、B 组学生在田字格里规范地书写数字 10 并读一读；C 组学生描红数字 10 并读一读
板书设计
认识数字 10 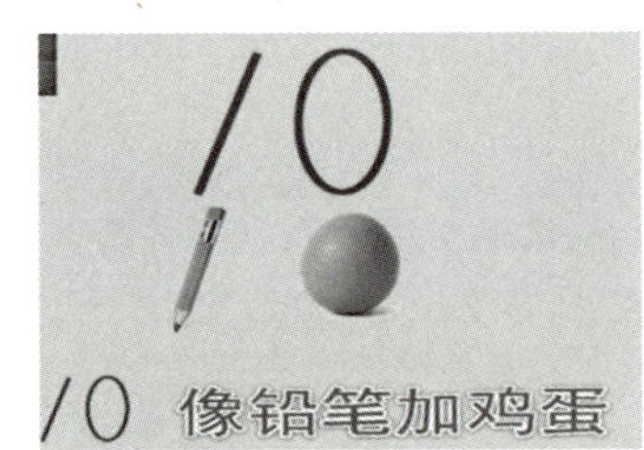 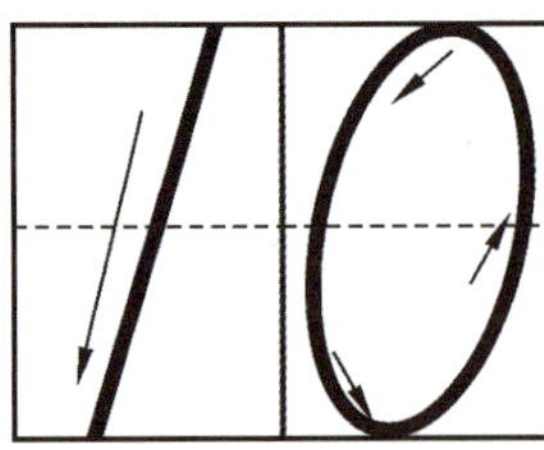

课题	认识数字 10	总课时	3
第几课时	第 2 课时	课时内容	理解和点数数字 10

教康整合目标

教学目标：
知识技能：
A、B、C 组：知道数字 10 表示数量为 10 的物体个数，建立 1～10 的数感。
数学思考：
A、B 组：通过数、摆、拨等实际操作活动，手口一致地点数和按数拿物，并完整地说出物体总数为 10。
C 组：在引导下参与操作活动，点数数量为 10 的物体，并跟说出物体总数为 10。
问题解决：
A、B 组：通过手口一致，自主准确地完成实际生活中的点数物体和按数拿物，将数字与物体量进行配对。
C 组：在与他人合作下，点数课堂活动中的实物。
情感态度：
A、B 组：培养学生动手操作和语言表达能力。
C 组：体验参与数学课堂的快乐。
康复目标：
手眼协调：通过敲击教具“敲一敲”，锻炼手眼协调能力

教学重难点

学生能独立地、手口一致地点数、拿出 10 个物品，并完整地说出物体总数为 10

学教具准备

棒棒糖、“敲一敲”玩具、吸铁石、各类动画人物图片、数字卡片、小棒、老爷爷和鸭子图片

教学过程

一、导入
复习：
（1）唱数 1～10。
（2）课件呈现数字 1～9 并伴随各种图片（学生自己、奥特曼、气球），采取连线、填空等形式回忆数字 1～9。
（3）师发数字卡片 1～10，回忆数字 1～10 的音、形，并书空写一写。师：“今天我们继续来认识数字 10。”师板书课题：认识数字 10。
（设计意图：由于培智学生的注意力易分散，课前先进行课堂组织，以及加入“手指操”调动学生的积极性。复习已学内容，再一次加深对数字 1～9 的认、读、写，从而为进一步理解数字 10 的含义打下基础。）
二、探究新知
（1）师出示课件：树上有 9 只小鸟，动图飞来一只。
师问：一共有几只小鸟？我们一起来数一数。
（点数要求：从 1 开始数，一个一个挨着数，数完要说完整。）
师小结：9 添上 1 是 10；10 只小鸟用数字 10 表示。
师边指课件边解读：9 添上 1 是 10；10 只小鸟用数字 10 表示。

续表

<table>
<tr><td>
师指生跟读：9 添上 1 是 10；10 只小鸟用数字 10 表示。
（2）黑板上讲述“老爷爷赶鸭子”，再次演示“9 添上 1 是 10”的过程。
师：“10 只鸭子可以用数字 10 来表示。”
（设计意图：使用“小鸟飞来”动态图，调动学生的好奇心，正式理解数量为 10 的物体个数能用数字 10 表示。讲授点数数量为 10 的物体时，教师需要提醒点数物品后，要完整地说出物品总数，以此提高学生用具体简短的语言来概括物或事的能力。）
三、巩固练习
师：大家“帮超级飞侠解决几个问题，做一个乐于助人的小朋友。”
学生按 A—B—C 的顺序依次完成。（A 组独立完成，B 组尝试完成，C 组在辅助下完成）
师示范操作，点数任务前问：“一共数几个，数到几就停？”并提醒学生点数时手口一致，最后完整地说出总数为 10。（手眼协调练习）
问题 1：敲一敲，发玩具，敲小球。
问题 2：摆一摆，从书包里拿出相应小棒；发小棒，让学生听命令拿出相应数字的小棒。
问题 3：教材中做一做，圈出冰箱里数量为 10 的食物。
问题 4：找一找，从老师衣服口袋里找出物品并点数物品总数为 10。
（设计意图：通过创设“帮超级飞侠解决问题”让学生在游戏中体验“数量为 10 的物体个数用数字 10 表示”，并根据要求进行操作，营造愉快而轻松的课堂学习氛围，学生积极性得到提高，并从游戏中巩固所学的内容与方法。）
四、总结课堂、课后小任务
（1）跺脚活动：
师说 1，学生跺一次脚，摆出数字卡片 1；
师说 5，学生跺五次脚，摆出数字卡片 5；
师说 10，学生跺十次脚，摆出数字卡片 10。
（2）师总结：数字 10 在我们生活中很常见，比如 10 个学生、10 张桌子、钟表里的 10、10 元钱。同学们下课后找一找我们身边的数字 10，想想数字 10 所表示的含义，下节课与同学们一起分享
</td></tr>
<tr><td>板书设计</td></tr>
<tr><td>
认识数字 10
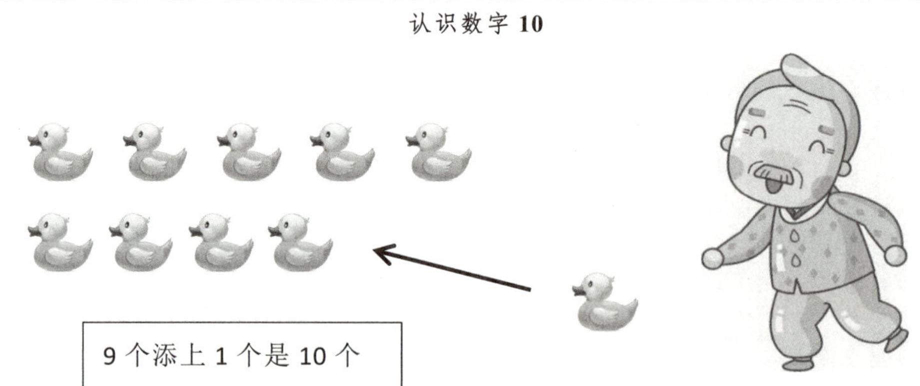

</td></tr>
</table>

<table>
<tr><td>课题</td><td>认识数字 10</td><td>总课时</td><td>3</td></tr>
<tr><td>第几课时</td><td>第 3 课时</td><td>课时内容</td><td>巩固数字 10 的音、形、义，应用数字 10</td></tr>
<tr><td colspan="4">教康整合目标</td></tr>
<tr><td colspan="4">教学目标：
知识技能：
A、B、C 组：对数字 10 的概念获得比较全面的认识和掌握。
数学思考：
A、B 组：理解数字 10 在不同场景中所表示的不同含义。
C 组：感知数字 10 出现的不同场景。
问题解决：
A、B 组：运用数字 10 和点数方法解决生活中的一些实际问题。
C 组：在不同的生活场景中找出数字 10。
情感态度：
A、B 组：结合数概念的学习，学生感受数字 10 与实际生活的密切联系。
C 组：体验参与数学课堂的快乐</td></tr>
<tr><td colspan="4">教学重难点</td></tr>
<tr><td colspan="4">能理解数字 10 在不同场景中所表示的不同含义</td></tr>
<tr><td colspan="4">学教具准备</td></tr>
<tr><td colspan="4">课件、字卡 1～10、手指歌视频、时钟、尺子、人民币、各类有数字 10 的图片</td></tr>
<tr><td colspan="4">教学过程</td></tr>
<tr><td colspan="4">一、导入
（1）玩游戏，观看手指歌视频，学生伸出双手，跟念手指歌。
（2）教师翻数字卡片 1～10，学生一一快速认读。黑板贴字卡。
（3）我们一起数一数篮子里有几个橘子？又拿来一个橘子，现在一共有几个橘子？一起来数一数，写一写。
师引导学生“9 添上 1 是 10”。10 个橘子用数字 10 来表示。主要抽 B、C 组学生参与。
同学们，数字 10 离我们很近，今天我们继续和数字 10 交朋友。板书课题：认识数字 10。
二、探究新知
分组找找生活中的数字 10。（活动中巩固数字 10 的音、形、义）
1. 教室里的数字 10
师：在我们的生活中随处都有数字 10。看一看，找一找，我们教室里哪里有数字 10 的线索。
学生探索教室里的数字 10，找到后说一说。（A 组独立，B 组引导，C 组模仿）教师评价并给予强化物。（奖品、星星、拥抱、表扬）
10 个手指头、10 张桌子、10 把椅子、10 个学生、10 支粉笔……
小结：数量为 10 的物体个数用数字 10 表示。
2. 校园里的数字 10
师带领学生到校园中寻找数字 10 的踪迹，并让学生试着解读不同场景中数字 10 所表示的含义。（A 组独立，B 组引导，C 组跟读）
食堂的数字 10——10 号餐桌、教室门口的数字 10——培 10 班、花园里的 10 朵花、10 间教室……
3. 日常生活里的数字 10
师出示课件图片，让学生试着解读不同场景中数字 10 所表示的含义。（A 组独立，B 组引</td></tr>
</table>

续表

<table>
<tr><td>导，C 组跟读）
人民币上的数字 10——10 元、书本的数字 10——第 10 页（翻一翻）、尺子上的数字 10——10 厘米（画一画）、时钟上数字 10——10 点钟（读一读）、公交车上的数字 10——10 路公交车、食品包装上的数字 10——10 千克/10 个装……
小结：数字 10 在我们生活当中随处可见，也和我们的生活密切相关。
三、巩固练习
排排队游戏：师分发数字卡片 1～10，让学生试着排排队，并说一说“一共有几个人，第 1 个是谁，第 2 个是谁，第 3 个是谁……第 10 个是谁？”
四、总结课堂、布置作业
（1）师总结：在我们身边有很多关于数字 10 的信息，这些数字 10 出现的场景不同，所表示的含义也有所不同。
（2）课后习题：练一练</td></tr>
<tr><td>板书设计</td></tr>
<tr><td align="center">认识数字 10

教室里的数字 10
校园里的数字 10
日常生活里的数字 10</td></tr>
</table>

《认识数字 0》教学设计

<table>
<tr><td>课题</td><td>认识数字 0</td><td>总课时</td><td>2</td></tr>
<tr><td>第几课时</td><td>第 1 课时</td><td>课时内容</td><td>认、读、写数字 0</td></tr>
<tr><td colspan="4">教康整合目标</td></tr>
<tr><td colspan="4">教学目标：
知识技能：
A 组：正确认读数字 0，并用手指表示数字 0。
在田字格中规范地书写数字 0。
B 组：通过模仿认读数字 0，用手指表示数字 0。
在田字格中书写数字 0。
C 组：在教师的口头提示下，模仿认读数字 0。
描红数字 0。
数学思考：
A、B 组：通过观察、摸、模仿的方式，掌握数字 0 的形状。
C 组：感知数字 0 的形状。
问题解决：
A 组：用数字 0 表示实际生活中一些熟悉的事物。
B 组：在数字 1～10 里面辨认出数字 0。</td></tr>
</table>

续表

C组：在家人辅助下，跟读出生活中的数字0。 情感态度： A、B组：培养学生想象力，并养成认真书写的良好习惯。 C组：感受数学与生活的联系，增强学习的兴趣。 康复目标： 语言：（1）能说出句子“0像鸡蛋”。 （2）能用食指和拇指表示数字0，提高手指灵活度
教学重难点
教学重点：能指认和读数字0，并用手指正确地表示数字0。 教学难点：能在田字格中规范地书写数字0
学教具准备
数字0字卡贴纸、《数字0》视频及儿歌、鸡蛋、字卡0~10
教学过程
一、导入 （1）师引导学生观察教材主题图。 师：这是谁?在干什么? 生：小女孩在打电话。 师：图上面还有什么? 生：电话、数字0。 （2）数一数。 教师引导学生观察教材图片，依次指着图讲述：这个小女孩有2只气球，飞走一只，小女孩剩下1个气球，两只气球都飞走了。提问：小女孩现在有没有气球呢，能用数字几表示? 师引导没有气球，用数字0表示。板书课题：认识数字0。贴上字卡0。 （3）小结：我们之前学习了数字1～10，今天我们就要认识新朋友数字0。 二、探究新知 1. 读一读数字0 师范读，再指导学生读，采用多种方式：集体读、个别读、开火车读、分组读。 2. 认识数字0的外形 学生观看视频《数字0》。 摸一摸：出示鸡蛋，学生依次摸一摸。 师提问：0的样子像什么? 引导学生说出“0像鸡蛋”，贴上鸡蛋图卡。教师播放“0像鸡蛋”，听声音音效。 读一读：师教读0，并比出0的手势，学生跟读两遍，要求学生比0的手势（教师巡回观察纠正学生手势）。开小火车读：A组学生独立读，并比出0的手势；B组学生在教师指导下跟读和比手势；教师协助C组学生比出0的手势。（动作康复） 3. 写一写数字0 师课件出示书写数字0的动态图，引导学生跟着动态图书空写一写数字0。 师在田字格中示范规范性地书写数字0。（边写边讲解） 从田字格的上线中间起笔，作弧线向左碰线，作弧线碰下线。向上作弧线碰右线，作弧形向上与起点相交。如图1所示。

续表

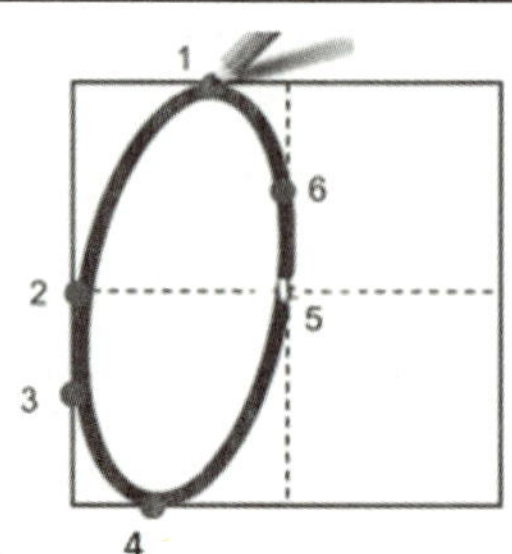

图 1 写一写数字 0

让学生按 A—B—C 组顺序依次在黑板中的田字格里规范地书写数字 0，其余同学在教材中的田字格里书写数字 0。（A 组独立书写，B 组在教师的辅助下书写，C 组描红写。）

三、巩固练习

爬梯游戏。（过关后及时给予学生强化物：奖品、星星、拥抱、口头表扬）

学生按 A—B—C 的顺序依次爬梯。（A 组独立完成，B 组尝试完成，C 组在辅助下完成）

第一台阶：课件出示图片（尺子上有 0、报警电话 110、急救电话 120、温度计上 0 摄氏度），让学生观察，并找出数字 0 并读一读。（师演示操作）

第二台阶：教师在黑板上贴上 0~10 字卡，找到字卡 0，并读一读说说“0 像鸡蛋”。（师演示操作，主抽 B 组学生参与）

第三台阶：师引导学生观察教室，找到提前布置好的数字 0~10 卡片，找到并读一读，说说“0 像鸡蛋”；并用手书空写一写数字 0。（师演示操作）

四、小结

（师指向板书）今天我们学习了数字 0，它的外形像个鸡蛋。教师边指着黑板上的 0，边读边比 0 的手势，我们生活中也有很多数字 0，它的作用很多，是我们的小帮手。

五、随堂练习

A、B 组学生在田字格里规范地书写数字 0 并读一读；C 组学生描红数字 0 并读一读

板书设计

认识数字 0

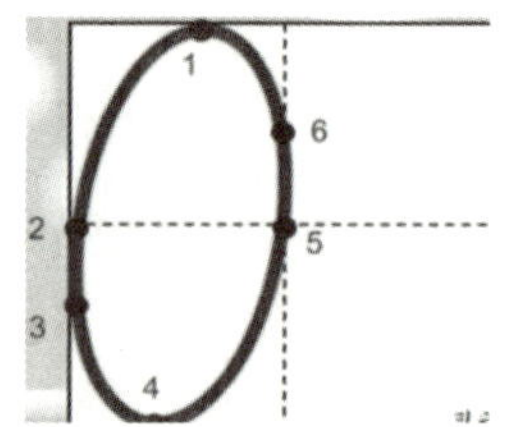

1 0 2 4 8 6 3 5 7 10 9

课题	认识数字 0	总课时	2
第几课时	第 2 课时	课时内容	理解 0 表示“没有、起点、界限”

教康整合目标

教学目标：

知识技能：

A、B 组：知道数字 0 表示“没有、起点、界限”。

C 组：了解数字 0 表示“没有、起点、界限”。

数学思考：

A、B 组：通过熟悉的事物，理解 0 的意义，了解 0 在实际生活中的简单应用。

C 组：在课堂活动中感受数字 0 在生活中的应用。

问题解决：

A 组：结合实际生活，找到数字 0，并说出其在实际生活表达的意义。

B 组：在引导下，找出课堂活动中的数字 0，并说出其意义。

C 组：在家人辅助下，找出数字 0～10 中的数字 0。

情感态度：

A、B 组：学生感知数学与日常生活的密切联系，激发学生的学习兴趣，体验学数学、用数学的乐趣。

C 组：感受参与数学课堂活动的乐趣

教学重难点

理解 0 表示“没有、起点、界限”

学教具准备

小鸟图片、吸铁石、各类动画人物图片、气球、数字卡片、跳远比赛视频、温度计、一杯热水

教学过程

一、导入

课件出示兔妈妈和四个孩子上山采蘑菇。

师讲述：一个蘑菇也没有采到，像这样一个东西也没有，用什么数字表示呢？

师引导学生“什么都没有用数字 0 表示”。 0 和 1、2、3、4、5 一样，也是一个数，可以表示一个也没有。今天我们继续来认识数字 0。板书课题：认识数字 0。

（设计意图：由于培智学生的注意力易分散，以故事“兔妈妈和四个孩子”来调动学生的学习兴趣。）

二、探究新知

1. 数字 0 表示“没有”

师出示课件“小鸟飞走”动态图，问：“现在树上有几只小鸟？用数字几表示呢？”

抽 B 组学生来点数小鸟数量，1、2、3、4，一共有 4 只小鸟，用数字 4 来表示。

课件出示一阵枪声，小鸟全部飞走，问：“现在树上有几只小鸟？用数字几表示呢？”

师引导学生说一说“树上没有小鸟，什么都没有，用数字 0 表示”。（A 组独立说，B 组引导说，C 组跟着说）

2. 数字 0 表示“起点”

师出示“跳远比赛”视频，学生仔细观看，问：“同学们是在哪个位置起跳的呢？”

师引导学生在有数字 0 的地方起跳，0 表示“起点”。（A 组独立说，B 组引导说，C 组跟着

续表

说） 3. 数字 0 表示"界限" 师出示温度计图片，找到数字 0，并解读数字 0 表示"界限"，分为零上摄氏度和零下摄氏度。（A 组理解、B 组感知、C 组跟着说） （设计意图：围绕数字 0 表示"没有、起点、界限"设计三个具有代表性的活动，学生参与课堂的积极性增强，同时消除课堂中学习的疲惫感。A 组学生在有较大的成功体验后，对 B 组和 C 组学生有着较强的示范作用。） 三、巩固练习 学生按 A—B—C 的顺序依次完成。（A 组独立完成，B 组尝试完成，C 组跟学） 活动 1：师出示"气球全飞走"动态图，师示范操作，再让学生描述图片。 活动 2："跳远比赛"，教师组织学生进行跳远比赛，师先示范在标有数字 0 的地方作为起点起跳。 活动 3："测温度"，准备一杯热水，一杯冰水。让学生观察温度计度数的变化。 四、总结课堂 师总结：数字 0 在我们生活中很常见，总结板书，数字 0 表示"没有"，0 只小鸟；数字 0 表示"起点"，田径赛的起点；数字 0 表示"界限"，温度计分为零上摄氏度和零下摄氏度
板书设计
认识数字 0 数字 0 表示　没有  起点  界限

《1~10 的数序》教学设计

课题	1~10 的数序	总课时	1
第几课时	第 1 课时	课时内容	数字 1～10 排列顺序、1～10 的序数
教康整合目标			
教学目标： 知识技能： A、B 组：能正确将数字 1～10 进行排序，理解 1～10 的序数。			

续表

C组：在引导下，完成数字1～10的排列顺序，初步感知1～10的序数。 数学思考： A组：自主准确用“第几”描述物体或人在序列中的位置。 B组：在引导下，尝试用“第几”描述指定物体或人在序列中的位置。 C组：跟着教师，说出“谁是第几”或“第几是谁”。 问题解决： A、B组：在生活中，将物体或人进行排序，并描述在序列中的位置。 C组：跟着家长说出生活中物体或人在序列中的位置。 情感态度： A、B组：培养比较和判断的能力，参与生活中的排序。 C组：在课堂排序活动中与同学合作，增强团队合作精神
教学重难点
教学重点：能独立完成数字1～10的顺序排列；理解1～10的序数。 教学难点：能用“第几”准确地表示物体在序列中的位置
学教具准备
数字1～10卡片、楼房图片、学生头像图片
教学过程
一、导入 复习唱数数字1～10。 师：我们已经学习了数字1～10，那你们知道数字1～10是怎样排列的吗？今天同学们就和老师一起来学习数字1～10的数序。板书课题：1～10的数序（齐读）。 二、探究新知 1. 小车入车库 课件出示小区停车位（标有数字1～10），师：我们一边唱数一边帮这些标有数字1～10的小车找到相对应的车库。 再请B组学生一名进行操作。 2. 为跑步运动员标名次 师：学校举行运动会啦！现在正在进行田径比赛，我们一起来为田径运动员们标名次吧！ 第1名、第2名、第3名……第10名。 师提问“第几名是谁？谁在第几名”。抽A组、B组回答，C组跟说。 （设计意图：教师设计2种活动，分别讲解数字1～10的排列顺序和数字1～10的数序。学生在活动中进行学习，不仅可以提高学生学习兴趣，集中学生注意力，同时营造了愉悦轻松的课堂氛围。） 三、巩固练习 学生按A—B—C的顺序依次完成活动。（及时给予学生强化物：奖品、星星、拥抱、口头表扬）（A组独立完成，B组尝试完成，C组辅助完成） （1）排排队。 学生领取数字卡片1~10进行排队，并说一说谁在第几位？第几位上是谁？

续表

<table>
<tr><td>（2）住楼房。
① 出示 10 层楼房图，标楼层序号。
② 出示学生头像图片，问："你想住在哪一层？"生贴头像。
③ 说一说某某住在第几层，第几层住的是谁？
四、总结课堂、随堂练习
（1）今天我们一起学习了数字 1~10 的排列顺序。
（2）完成课后习题：练一练</td></tr>
<tr><td>板书设计</td></tr>
<tr><td>1~10 的数序
1—2—3—4—5—6—7—8—9—10
10
9
8
7
6
5
4
3
2
1</td></tr>
</table>

《11~20 各数的认识》教学设计

课题	11~20 各数的认识	总课时	4
第几课时	第 1 课时	课时内容	认、读、写和用物体量表示数字 11~20

教康整合目标

教学目标：

知识技能：

A、B 组：认、读、写数字 11~20，建立小数目的数感。

C 组：认读与描红数字 11~20，跟数。

数学思考：

A、B 组：通过动手操作、依次点数的方式，用物体量准确地表示数字 11~20。

C 组：与他人合作点数物体量为 11~20 的实物。

问题解决：

A、B 组：准确地完成实际生活中的点数物体和按数拿物，将数字与物体量进行配对。

C 组：在引导下，将数字与物体量配对。

情感态度：

A、B 组：培养学生迁移类推的能力，体验小数目在日常生活中的运用。

C 组：培养观察、动手操作能力和与同学合作交流的能力。

康复目标：

精细动作：利用拇指和食指来数豆子、串珠，锻炼手部精细动作

教学重难点

教学重点：能指认读和辨认读数字 11~20。

教学难点：通过动手操作、依次点数的方式，用物体量准确地表示数字 11~20

学教具准备

小棒、尺子、豆子、盘子、串珠

教学过程

一、导入

1. 复习

唱数数字 1~20，再唱数数字 11~20。

出示小棒，请 B 组点数小棒数量，“1 根、2 根……10 根”，10 根小棒用数字 10 表示。

师：10 根小棒太多了，不好拿，我们拿出一根绳子，把这 10 根小棒捆起来放好。

2. 导入

课件出示“两层数字小火车”（伴有呜呜呜的声音），二层乘客有 1~10，师带着学生边指边齐读。师问：“一层乘客有谁呢？”今天我们就来认识一下它们。

课件出示数字 11~20。师板书：11~20 各数的认识。

（设计意图：教师通过复习已学知识数字 1~10，巩固旧知的同时唤醒学习数字的方法。再以“数字小火车”来引入课题《11~20 各数的认识》，提高学生参与课堂的兴趣，并集中学生的注意力。）

续表

二、探究新知

（1）观看视频——认、读、写数字 11~20。

① 师范读，再指导学生读，采用多种方式：集体读、个别读、开火车读、分组读。

② 师出示 20 厘米的尺子，让学生按 A—B—C 的顺序依次在讲台上来指认、读数字 1~20。（A 组独立指认，B 组在教师帮助下指认，C 组模仿教师指认、读）

听口令找数字，主抽 B 组学生参与。

③ 师课件出示书写数字 11~20 的动态图，师在田字格中示范规范性地书写数字 11~20。

让学生按 A—B—C 组顺序依次在黑板中的田字格里规范地书写数字 11~20，其余同学在作业本上书写数字 11~20。（A 组独立书写，B 组在教师的辅助下书写，C 组描红写。）

（2）师出示小棒表示数字图，用小棒表示数字 11~20。如图 1 所示。

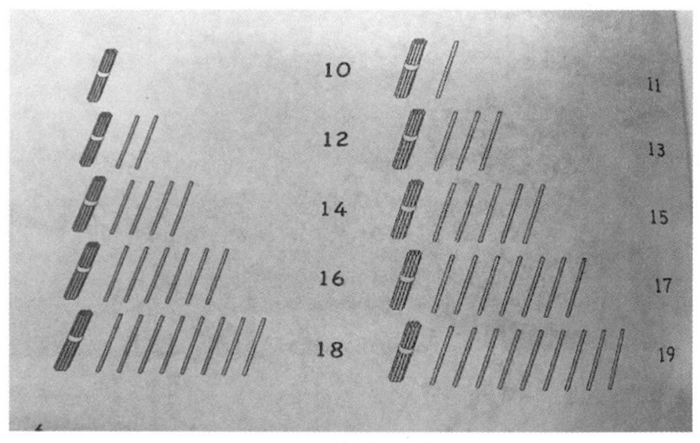

图 1 小棒表示数字

师拿出捆好的一捆小棒，问：这捆小棒有几根呢？

生：10 根小棒。

师边操作边数：先拿出一捆（10 根），拿一根，数 11；再拿一根，数 12；再拿一根，数 13……再拿一根，数 20。

师小结：先拿出 10，再接着数。

抽 A 组学生一名进行操作。

（设计意图：通过观看视频，学生自行探索数字 11~20 的外形以及数字的读音，对数字 11~20 的学习则有较深的印象；并利用动态图书写数字 11~20 的方式，学生能清晰明了地掌握数字 11~20 的书写。教师示范性地讲解用物体数量来表示 11~20，学生可以通过模仿的方式来学习。）

三、巩固练习

师："我们一起去爬山。"（爬一段后及时给予学生强化物：奖品、星星、拥抱、口头表扬）

学生按 A—B—C 组的顺序依次爬山。（A 组独立完成，B 组尝试完成，C 组在辅助下完成）

第一段：教师在黑板上贴上 11~20 字卡，听口令找到字卡，并读一读，书空写一写。（师演示操作，主抽 B 组学生参与）

第二段：动动手，串一串。学生按 A—B—C 分组，师分发串珠，各组学生互相按数字来串珠子。（师巡回辅助 C 组学生）

第三段：师在黑板上出示不同数量的小棒图片，主抽 A、B 组学生来完成点数并写出数字。

续表

<table>
<tr><td>四、小结
（师指向板书）今天我们学习了数字 11~20。教师边指边读黑板上的数字 11~20，我们生活中也有很多数字 11~20，它们的作用很多，是我们的小帮手。
五、随堂练习
（1）A、B 组学生在田字格里规范地书写数字 11~20 并读一读；C 组学生描红数字 11~20 并读一读。
（2）完成课后练习题：做一做（A 组独立完成，B 组尝试完成，C 组在辅助下完成）</td></tr>
<tr><td>板书设计</td></tr>
<tr><td>11~20 各数的认识
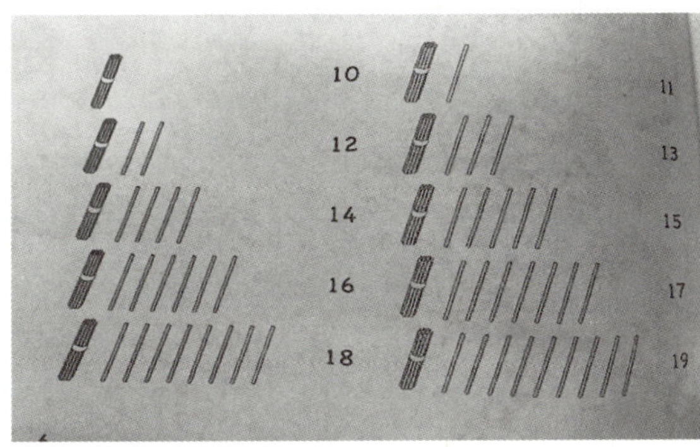

12　18　19　14　15　17　20　11　16　13</td></tr>
</table>

<table>
<tr><td>课题</td><td>11~20 各数的认识</td><td>总课时</td><td>4</td></tr>
<tr><td>第几课时</td><td>第 2 课时</td><td>课时内容</td><td>数的组成，理解计数器的“个位、十位”</td></tr>
<tr><td colspan="4">教康整合目标</td></tr>
<tr><td colspan="4">教学目标：
知识技能：
A 组：知道数字 11~20 的组成。
认识计数器；理解“个位、十位”的意义。
B 组：在教师引导下学习数字 11~20 的组成。
认识计数器；感知“个位、十位”的意义。
C 组：跟读数字 11~20 的组成。
认识计数器；指认“个位、十位”。
数学思考：
A 组：通过观察、操作计数器，说出“十位上的一颗珠子表示 1 个十，个位上的一颗珠子表示 1 个一”。</td></tr>
</table>

续表

<table>
<tr><td>B 组：通过观察、操作计数器，尝试说出“十位上的一颗珠子表示 1 个十，个位上的一颗珠子表示 1 个一”。
C 组：在引导下观察、操作计数器，跟说出“十位上的一颗珠子表示 1 个十，个位上的一颗珠子表示 1 个一”。
问题解决：
A 组：自主操作小棒来表示数字 11~20 的组成。
B 组：尝试用小棒来表示数字 11~20 的组成。
C 组：在他人辅助下，摆一摆小棒。
情感态度：
A、B 组：能积极主动探索，参与数学学习活动，培养学生合作交流的意识。
C 组：体会课堂中动手操作的乐趣，并且从中品尝到学习数学的欢乐。
康复目标：
语言：能说出数字 11~20 组成的句子。
精细动作：用拇指和食指动手拔一拨计数器珠子</td></tr>
<tr><td>教学重难点</td></tr>
<tr><td>教学重点：利用小棒来表示数的组成，理解数字 11~20 的组成。
教学难点：通过观察、操作等方式，认识计数器和“个位、十位”所表示的含义</td></tr>
<tr><td>学教具准备</td></tr>
<tr><td>计数器、数字 11~20 卡片、计数器图片、小棒</td></tr>
<tr><td>教学过程</td></tr>
<tr><td>一、导入
利用“小动物回家”游戏复习数字 11~20。
春天来了，我们一起去公园郊游吧!（音乐）我们遇到了一群数量为 11~20 的小动物，我们一起来帮它们找一找相对应数字的门牌号。
二、探究新知
1. 认识数字 11~20 的组成
“学校开运动会啦!”（运动会音乐）
师：校长要给我们班每一个同学发一面小红旗，我们班有 11 个同学。小红旗需要用小棒插着，需要 11 根小棒。
教师拿出小棒，一根一根地数，数出 10 根小棒，问：小棒太多了，我们可以把它们怎么样?
生：捆起来。
师：这一捆是 10 根。一捆 10 根也可以说成“1 个十”。师板书：1 个十。
师：我们数出 11 根了吗？还需要再数几根小棒呢?
生：没有，还需要再数 1 根。
师再数出一根小棒，来表示“1 个一”。
师板书：“1 个十和 1 个一合起来是 11。”（生读）
师出示课件：数字 11~20 的小棒表示图（强调两捆小棒——2 个十是 20）和数字的组成。师带着学生拿一拿小棒，并读一读数字的组成。主抽 A 组、B 组学生参与。
过渡语：好啦，我们刚刚开完运动会啦！现在同学们 1——2——3，快坐好，同学们在自己的座位上坐得真好，你们知道吗？我们班每个同学都有自己的座位，数字和我们小朋友们一样，也有各自对应的位置，我们把数字所在的位置叫作“数位”。（齐读：数位）
2. 认识计数器，理解“个位、十位”
师出示计数器（实物和图片），解读计数器。</td></tr>
</table>

续表

师：这是计数器，计数器上有珠子，有字。同学们再仔细观察，计数器上就有数位。从右边起，第一位是个位，第二位是十位；在计数器的十位上的一颗珠子表示 1 个十，个位上的一颗珠子表示 1 个一。 师请 A 组、B 组用语言来描述计数器。 （设计意图：培智学生的思维以具体形象思维为主，学生的学习要通过大量的操作活动，使所学的新知识不断内化到已有内认知结构中，因此要特别注重学生操作活动的参与，如摆小棒。） 三、巩固练习 按 A—B—C 分组完成活动，师要求学生之间要互相帮助。 （1）用你手中的小棒摆摆数字 11~20 的组成，并说一说。 （2）猜数游戏。一人拿小棒，其他人通过抢答的方式来说出数字，并说出数字的组成。 （3）拼图游戏——计数器，说一说个位和十位所表示的含义。 四、小结 师：今天我们在好朋友小棒的帮助下，认识了数字 11~20 的组成。也遇到了一个新的学习工具——计数器。 师生一起读一读数字 11~20 的组成，说一说计数器的组成和“个位、十位”所表示的含义。课后请小朋友留心观察，看看你的周围哪些地方还藏着这些数。 五、想一想 我们今天利用小棒来表示数字 11~20 的组成，那同学们想一想我们怎样用计数器来表示数字 11~20 的组成呢？
板书设计
11~20 各数的认识 1 个十和 1 个一合起来是 11 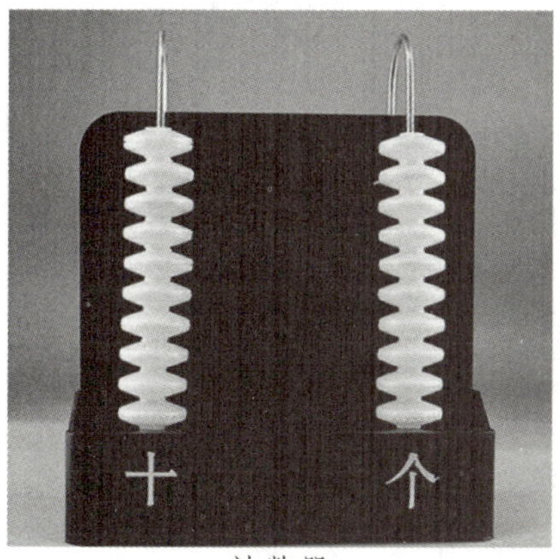 计数器

课题	11~20 各数的认识	总课时	4
第几课时	第 3 课时	课时内容	利用计数器表示和写数字 11~20，掌握数字 11~20 的读写

教康整合目标

教学目标：
知识技能：
A、B 组：知道并读写数字 11~20。
C 组：跟读与描红数字 11~20。
数学思考：
A、B 组：通过观察计数器，说出数字 11~20 的组成。
C 组：在引导下观察计数器，尝试说出数字 11~20 的组成。
问题解决：
A 组：正确操作计数器来表示数字 11~20。
B 组：尝试操作计数器来表示数字 11~20。
C 组：在他人辅助下，拨一拨计数器。
情感态度：
A、B 组：感知数字的形成过程，形成初步的抽象概括能力。
C 组：感受数字的形成过程

教学重难点

教学重点：能用计数器表示和写数字 11~20。
教学难点：11~20 数的读写

学教具准备

小棒、计数器

教学过程

一、导入
（1）师生拍手数数。从 1 数到 20，从 20 数到 1。
（2）数小棒。师问：我们可以怎样来数一数小棒呢？
师动作演示引导生：一根一根地数，数到 10 根捆起来，再一根一根地数。
（3）出示课件：复习数字 1~10 的读法。（主抽 A 组、B 组）
师：同学们，我们已学会数 11～20 各数，并知道 1 个十和几个一合起来是十几，我们不仅要学会数数、读数，而且还要学会利用计数器来表示和写数。板书课题：11~20 各数的认识。
二、探究新知
1. 利用计数器表示和写数字
例：数字 15。（师生一同操作）
（1）师和生复习：1 个十和 5 个一合起来是 15。
（2）师出示课件动图，来演示计数器表示数字 15。几个十就在十位上放几颗珠子，几个一就在个位上放几颗珠子。
（3）学生拿出计数器跟学，并要求学生边放边数。
（4）写数时要注意先写十位上的数，再写个位上的数，要从高位写起。
（5）师直接出示数字 15 的读法：十五。（生齐读、抽读）
抽 A 组、B 组进行巩固操作。
2. 数字 11~20 的读法
师在黑板上和学生一同根据读音来贴一贴数字 11~20 的读法。（A 组写一写、B 组贴一贴、C 组跟读。）

续表

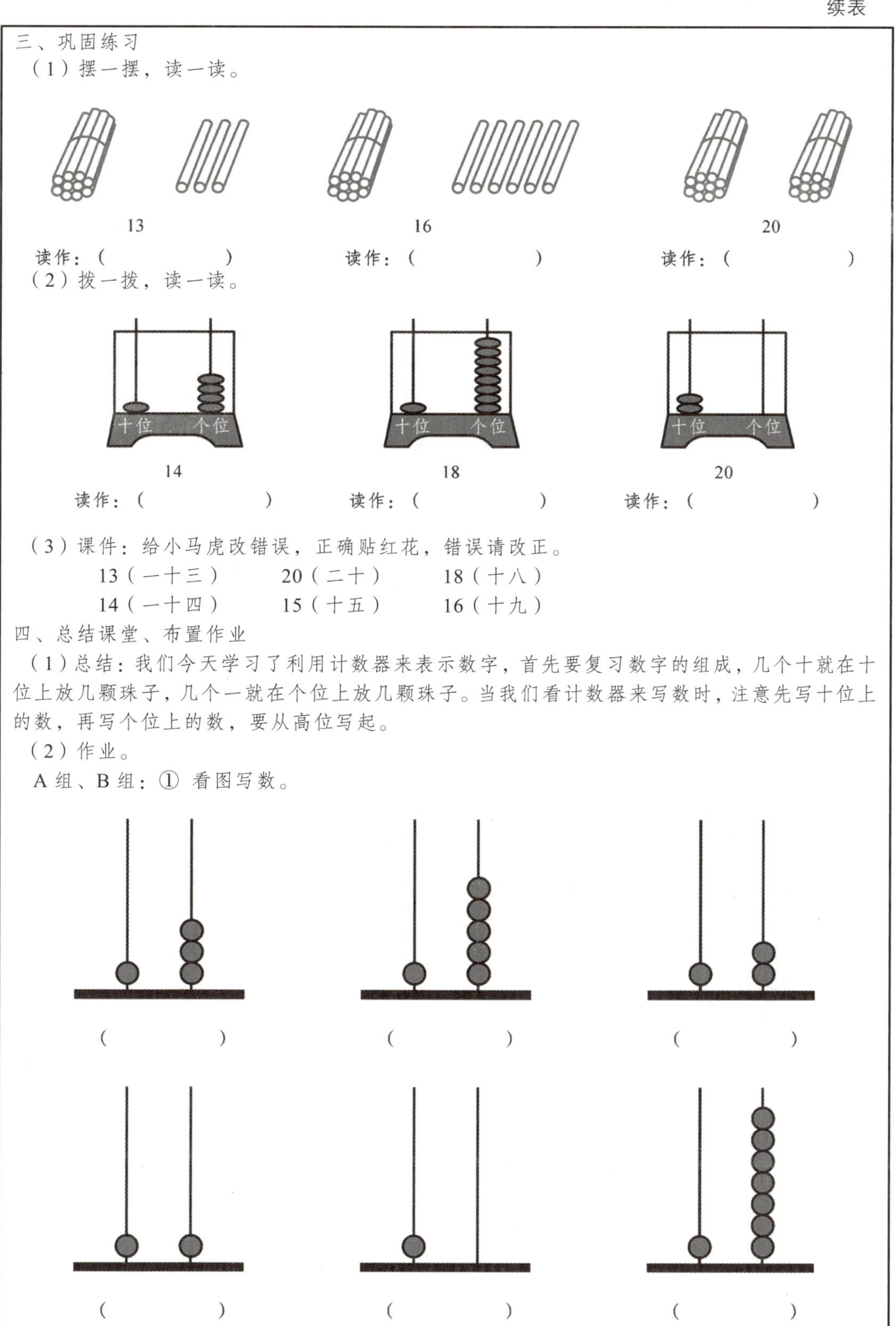

三、巩固练习

（1）摆一摆，读一读。

13　　16　　20

读作：（　　　）　读作：（　　　）　读作：（　　　）

（2）拨一拨，读一读。

14　　18　　20

读作：（　　　）　读作：（　　　）　读作：（　　　）

（3）课件：给小马虎改错误，正确贴红花，错误请改正。

13（一十三）　20（二十）　18（十八）

14（一十四）　15（十五）　16（十九）

四、总结课堂、布置作业

（1）总结：我们今天学习了利用计数器来表示数字，首先要复习数字的组成，几个十就在十位上放几颗珠子，几个一就在个位上放几颗珠子。当我们看计数器来写数时，注意先写十位上的数，再写个位上的数，要从高位写起。

（2）作业。

A组、B组：① 看图写数。

（　　　）　（　　　）　（　　　）

（　　　）　（　　　）　（　　　）

续表

② 照样子画一画。 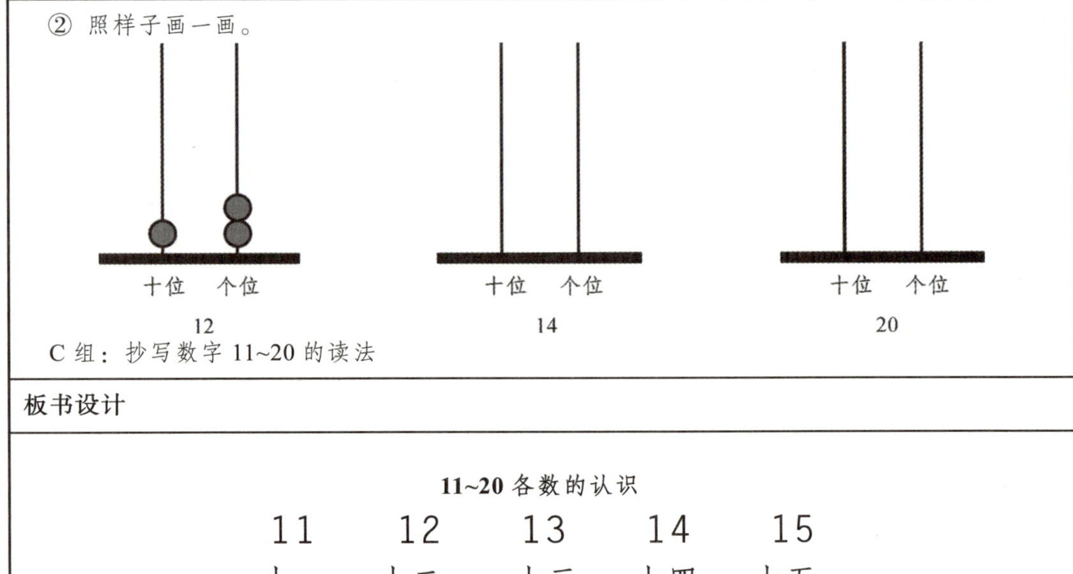 C 组：抄写数字 11~20 的读法
板书设计
11~20 各数的认识 11 12 13 14 15 十一 十二 十三 十四 十五 读作： 16 17 18 19 20 十六 十七 十八 十九 二十

课题	11~20 各数的认识	总课时	4
第几课时	第 4 课时	课时内容	11~20 的数序
教康整合目标			
教学目标： 知识技能： A、B 组：能正确将数字 11~20 进行排序，理解 11~20 的序数。 C 组：在引导下，完成数字 11~20 的排列顺序。 数学思考： A 组：自主准确用"第几"描述物体或人在序列中的位置。 B 组：在引导下，尝试用"第几"描述指定物体或人在序列中的位置。 C 组：跟着教师，说出"谁在第几"或"第几是谁"。 问题解决： A、B 组：在生活中，将物体或人进行排序，并描述在序列中的位置。 C 组：跟着家长说出生活中物体或人在序列中的位置。 情感态度： A、B 组：培养比较和判断的能力，参与到生活中的排序。 C 组：在课堂排序活动中与同学合作，增强团队合作精神。			

续表

康复目标： 语言：能说出句子“谁在第几”和“第几是谁”
教学重难点
教学重点：能独立完成数字 11~20 的排列顺序；理解 11~20 的序数。 教学难点：能用“第几”准确地表示物体在序列中的位置
学教具准备
数字 11~20 卡片、连线卡片、教材、连线图
教学过程
一、导入 复习唱数数字 1~20，再唱数 11~20。 师：我们已经学习过了数字 11~20 ，那你们知道数字 11~20 是怎样排列的吗？今天同学们就和老师一起来学习数字 11~20 的数序。板书课题：11~20 各数的认识。（齐读） 二、探究新知 师出示小火车车厢图，每节车厢有不同的小动物。 请为车厢标上序号 1~20。 谁在第 11 号车厢？ 第 13 号车厢有谁？ 抽 A 组、B 组独立说出“谁在第几”和“第几有谁”；C 组学生在教师帮助下指一指和跟说“谁在第几”和“第几有谁”。（语言康复） 三、巩固练习 学生按 A—B—C 组的顺序依次完成活动。（及时给予学生强化物：奖品、星星、拥抱、口头表扬）（A 组独立完成，B 组尝试完成，C 组在辅助下完成） （1）按数字 1~20 的顺序连线。（黑板上贴图、分发连线卡片）如图 1 所示。 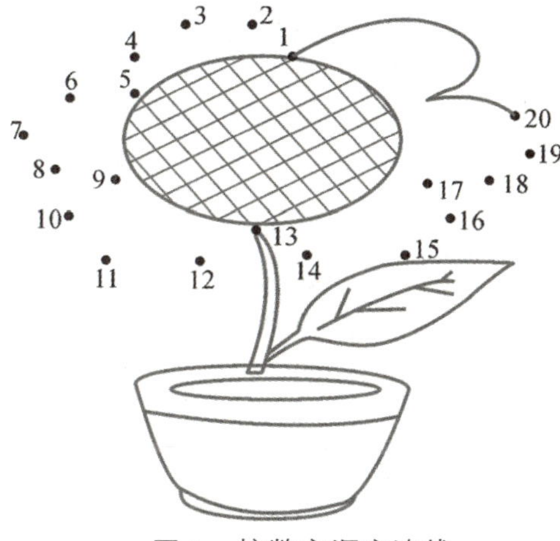 图 1　按数字顺序连线 （2）出示课件：说一说，从前往后数，兰兰排在第几位？兰兰前面的人排在第几位？兰兰后面的人排在第几位？

续表

四、总结课堂、随堂练习 （1）今天我们一起学习了数字 11~20 的排列顺序。 （2）完成课后习题：练一练
板书设计
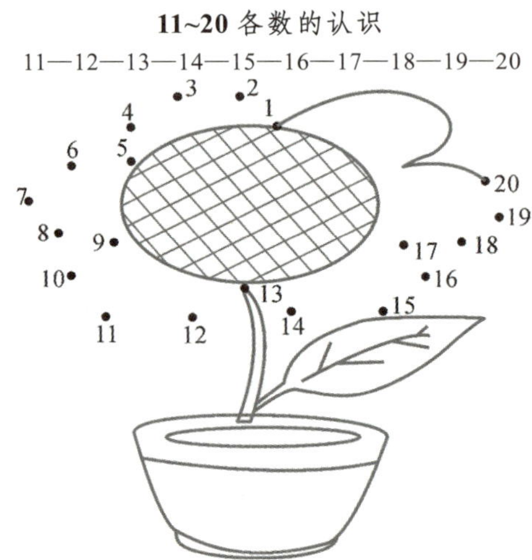

《百以内数的认识》教学设计

课题	百以内数的认识	总课时	4
第几课时	第 1 课时	课时内容	数数、计数单位“百”
教康整合目标			
教学目标： 知识技能： A、B 组：数数（一个一个数、十个十个数），建立大数目的数感。 加深学生对计数单位“一”“十”的认识，认识新的计数单位“百”。 C 组：跟数，建立大数目的数感。 初步认识新的计数单位“百”。 数学思考： A、B 组：手口一致地数出数量为百以内的物体，知道数量的变化。 C 组：在引导下点数物体量为百以内的实物，说出总数。 问题解决： A、B 组：选用合适的数数方法完成生活中的数数活动。 将数字与物体量进行配对。 C 组：在他人的辅助下，用合适的数数方法完成生活中的数数活动。 情感态度： A、B 组：培养学生数数的兴趣和估数的意识。			

续表

C 组：参与课堂活动，培养动手操作能力和与他人合作的能力。 康复目标： 精细动作：利用拇指和食指来数豆子，锻炼手部精细动作
教学重难点
教学重点：数数（一个一个数、十个十个数），建立大数目的数感。 教学难点：选用合适的数数方法完成生活中的数数活动
学教具准备
小棒、豆子、盘子
教学过程
一、导入 （1）复习。 课件出示 20 只蚂蚁图，请 B 组学生点数蚂蚁数量。 师：请你告诉老师，你是怎么数的? 生：一只一只数的。 师强调：19 添上 1 为 20。 （2）整体感知数字 100 的物体量。（课件出示 100 只蚂蚁图） 师出示 100 只蚂蚁图，与 20 只蚂蚁图做对比，感受大数目数量的多。 师：这里有 100 只蚂蚁。这节课我们将来认识新的计数单位“百”和数一数百以内的数。 二、探究新知 1. 教师领数 100 根小棒 一根一根地数。重点强调 19 添上 1 为 20，29 添上 1 为 30，39 添上 1 为 40，49 添上 1 为 50，59 添上 1 为 60，69 添上 1 为 70，79 添上 1 为 80，89 添上 1 为 90，99 添上 1 为 100。 十根十根地数，如图 1 所示。（十根为一捆） 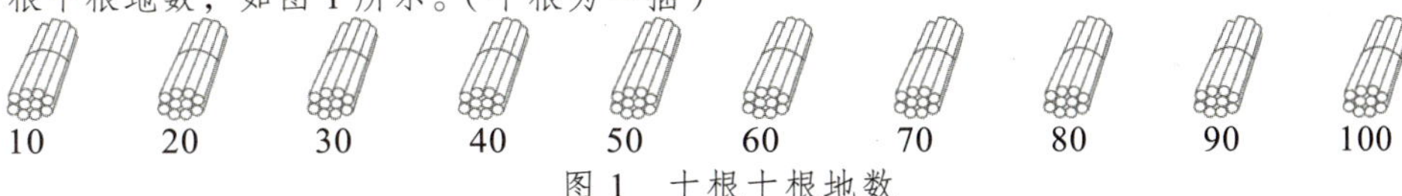 图 1　十根十根地数 2. 分小组数一数 100 根小棒 师将学生按 A、B、C 组各一人来分成 3 人小组，数 100 根小棒，B 组学生数，另两人辅助，然后交换进行。（师巡回指导） 师：你们小组是怎么数的? 生汇报数数的方法。在这个过程中，教师先表扬在数数过程中合作得好、数得正确的小组，然后鼓励合作不够好的小组下次表现更好。 师小结：我们在数数时，可以选择一根一根数，也可以选择十根十根数。 三、巩固练习 A 组独立完成，B 组尝试完成，C 组在辅助下完成。（及时给予学生强化物：奖品、星星、拥抱、口头表扬） （1）从 88 数到 100，一个一个地数。 （2）结合 10 捆小棒，从 10 数到 100，十个十个地数。 （3）教师出示盘子和豆子，让学生自己数出 100 颗豆子，放入一个盘子。（B 组） 数出 100 颗豆子，放入十个盘子。（A 组） 四、小结 （师指向板书）今天我们学习了百以内数的认识。教师边指边解读着黑板上的板书：我们点

续表

数物体时可以一个一个地数，也可以十个十个地数。我们生活中也有很多百以内的数，它们跟我们生活息息相关，是我们的好朋友。

五、课后小任务

（1）A、B 组学生在田字格里书写数字 1~100 并读一读；C 组学生描红数字 1~100 并读一读。

（2）A 组、B 组学生试着画出 100 个圆圈

板书设计

百以内数的认识

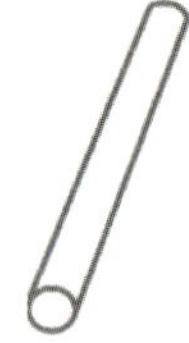

十个十个地数

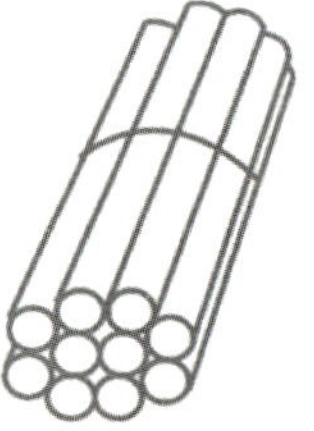

课题	百以内数的认识	总课时	4
第几课时	第 2 课时	课时内容	用物体量和计数器表示百以内数的组成

教康整合目标

教学目标：

知识技能：

A 组：知道百以内数的组成。

B 组：在教师引导下学习百以内数的组成。

C 组：跟读百以内数的组成。

数学思考：

A、B 组：通过观察、操作实物和计数器，说出百以内数字的组成。

C 组：在引导下观察、操作实物和计数器，尝试说出百以内数字的组成。

问题解决：

A 组：正确操作生活中的实物和计数器来表示百以内数。

B 组：尝试操作不同实物和计数器来表示百以内数。

C 组：在他人辅助下，摆一摆串珠、拨一拨计数器。

续表

<table>
<tr><td>情感态度：
A、B 组：能积极主动探索，参与数学学习活动，培养学生合作交流的意识。
C 组：体会课堂中动手操作的乐趣，并且从中品尝到学习数学的欢乐。
康复目标：
手眼协调：通过摆串珠、拨计数器来锻炼手眼协调能力</td></tr>
<tr><td>教学重难点</td></tr>
<tr><td>利用物体量和计数器来表示百以内数字的组成，理解百以内数的组成</td></tr>
<tr><td>学教具准备</td></tr>
<tr><td>计数器、百以内数字卡片、串珠、纽扣</td></tr>
<tr><td>教学过程</td></tr>
<tr><td>一、导入
1. 复习
（1）从 35 数到 68，再从 68 数到 87。
（2）出示数字卡片进行接数练习。
29（　　）39（　　）49（　　）59（　　）69（　　）79（　　）89（　　）99（　　）
2. 导入
师拿出计数器：同学们还认识这位老朋友吗?它是谁呀?
生：计数器。
师：计数器从右边起，第一位是什么位?个位上 1 颗珠子表示多少?第二位是什么位?十位上 1 颗珠子表示多少?
生：个位；个位上的一颗珠子表示 1 个一；十位；十位上的一颗珠子表示 1 个十。
师：那同学们猜一猜第三位是什么位呢？这个数位上的 1 颗珠子表示多少呢？
A 组生：百位。
师：我们上节课已经学习过百以内的数字了，今天我们来继续来认识它们。
师板书：百以内数的认识。
二、探究新知
1. 物体量表示百以内的数字
师：红红妈妈开了一个裁缝店，有一天，妈妈买回来两种颜色纽扣（课件出示纽扣图），红红一下就傻眼了！这么多啊！到底有多少粒啊？我们来帮红红整理一下吧！
师：同学们认真地观察一下，并数一数两种颜色的纽扣各自有多少粒呢?你是怎么数的呢?
A、B 组生：红色 40 粒，蓝色 34 粒。
师：你们是怎么数出来的?
师小结：我们可以一个一个地数，也可以十个十个地数。（课件出示）学生操作十个十个地数红色纽扣 40 粒。
师：根据之前的学习，我们可以知道数字 40 由几个十组成？
生：4 个十。
师板书：40 由 4 个十组成。
蓝色纽扣 34 粒，师：34 由几个十和几个一组成？
生：34 由 3 个十和 4 个一组成。
（抽 A、B 组学生一名重复操作，C 组跟读）</td></tr>
</table>

续表

<table>
<tr><td>
2. 计数器表示百以内的数字
师出示计数器，师：我们来用计数器表示一下数字吧！
师：数字 40 由 4 个十组成，我们在十位上拨几颗珠子？
生：4 颗。
师：个位上需要拨珠子吗？
生：不拨。
师追问：为什么个位上不用拨？
师引导生：因为个位上为 0，表示没有，所以不用拨珠子。
师小结：像这样的整十数，个位上是 0，都不用拨珠子。
34，由 3 个十和 4 个一组成，我们在十位上拨几颗珠子？个位上呢？
请 A 组学生两名在黑板上的计数器贴图上画一画；B 组两名学生操作计数器，并说一说；C 组学生跟读。
三、巩固练习
学生按 A—B—C 组的顺序依次完成活动。（及时给予学生强化物：奖品、星星、拥抱、口头表扬）（A 组独立完成，B 组尝试完成，C 组在辅助下完成）
（1）摆一摆：师分发串珠，摆出数字由几个十和几个一组成，并说一说。
（2）画一画：师分发计数器卡片，画圆圈来表示数字由几个十和几个一组成，并说一说。
（3）拨一拨：师分发计数器，拨一拨珠子来表示数字由几个十和几个一组成，并说一说。
四、总结课堂、课后小任务
（1）小结：
今天我们学习了用物体量和计数器来表示百以内的数字，几个十就在十位上放几颗珠子，几个一就在个位上放几颗珠子。
（2）小任务：
A、B 组在作业本上画一画数字的组成。
C 组在教师处或家长处读一读百以内数字的组成
</td></tr>
<tr><td>板书设计</td></tr>
<tr><td>
百以内数的认识
29（ ）
39（ ）　　40　　40 由 4 个十组成　　十位　个位
49（ ）
59（ ）
69（ ）
79（ ）
89（ ）　　34　　34 由 3 个十和 4 个一组成　　十位　个位
99（ ）
</td></tr>
</table>

课题	百以内数的认识	总课时	4
第几课时	第 3 课时	课时内容	利用计数器读数与写数

教康整合目标

教学目标：
知识技能：
A、B 组：知道并书写 100 和百以内数的读法。
C 组：跟读与描红 100 和百以内数的读法。
数学思考：
A、B 组：通过观察计数器，理解“百位”的含义，了解三个计数单位与三个数位的含义，掌握数位的排列顺序。
C 组：在引导下观察计数器，辨认三个数位，了解其含义。
问题解决：
A、B 组：知道“读数和写数，都从高位起”的基本规则，并能根据这一规则熟练地读和写百以内的数字。
C 组：在他人辅助下，根据“读数和写数，都从高位起”的基本规则读和写百以内的数字。
情感态度：
A、B 组：在解决趣味数学问题的过程中，增强学习数学的兴趣。
C 组：从直观、有结构的学具中感受大数目数量的变化

教学重难点

教学重点：理解“百位”的含义，了解三个计数单位与三个数位的含义，掌握数位的排列顺序。
教学难点：掌握“读数和写数，都从高位起”的基本规则，并能根据这一规则熟练地读和写百以内的数字

学教具准备

小棒、计数器

教学过程

一、导入
课件出示（遮住百位）计数器。
师：同学们还认识这位老朋友吗?它是谁呀?
生：计数器。
计数器从右边起，第一位是什么位？个位上 1 颗珠子表示多少？第二位是什么位？十位上 1 颗珠子表示多少?
个位，个位上的一颗珠子表示 1 个一；十位，十位上的一颗珠子表示 1 个十。
师揭开贴纸：今天我们也要认识计数器的新的一部分，从右边起，第三位是什么位？想一想百位上一颗珠子表示多少？我们待会儿再来揭开神秘面纱。
师：我们这节课利用这位老朋友来写一写百以内的数字，进一步认识百以内的数字。师板书：百以内数的认识。
二、探究新知
1. 教学两位整十数的写法与读法（课件出示）
引入：同学们，我们上节课用物体量和计数器表示百以内的数字。现在你们能用计数器来写和读百以内的数字吗?

续表

教学整十数的写法与读法。课件出示数字50。
说一说：5个十是50。
计数器上拨一拨：5个十就在十位上拨5个珠子。
写一写：师边讲解，课件边出示步骤：从高位开始写，从十位再到个位。（板书）
先在十位上写5，表示5个十。
师追问：刚才我们在计数器上拨珠子时，个位上没有拨珠子。在写数时，个位上一个也没有，就在个位写0。数字0不但表示一个也没有，还起了占位的作用。
读一读：也从高位开始读，从十位再到个位。
读法教学：五十。（生读）
小练习：老师手上有7捆小棒，你知道它在计数器上应该怎样表示出来吗?这个数又该怎样写，怎样读呢?
师小结：整十数，有“几个十”就在计数器的十位上拨几颗珠子。写数的时候，有几个十就要先在十位上写几，再在个位上写0。读这个整十数时，十位上是几就读几十，个位上的0不用读。
2. 教学非整十数的写法与读法
课件出示数字44。在教师的语言提示下，请A组学生一名根据以上学习步骤完成学习。
说一说：4个十和4个一合起来是44。
拨一拨：4个十就在十位上拨4个珠子，4个一就在个位上拨4个珠子。
写一写：从高位开始写，从十位再到个位；先在十位上写4，表示4个十。再在个位上写4，表示4个一。
师：虽然同样都是数字“4”，但是放在不同的数位上表示的意思也不一样。十位上的“4”表示4个十，个位上的“4”表示个“一”。
读一读：四十四。（再次强调读数的时候，从高位起，十位上有几就读几十，个位上有几就读几）
小练习：黑板上数字52，你知道它在计数器上应该怎样表示出来吗？这个数又该怎样写，怎样读呢?
师小结：非整十数，有“几个十”就在计数器的十位上拨几颗珠子，有“几个一”就在计数器的个位上拨几颗珠子。写数的时候，有几个十就要在十位上写几，有几个一就要在个位上写几。
3. 认识“百位”，教学“100”的读写
师课件出示（遮住百位）计数器，我们现在来揭开神秘面纱啦!（伴随音乐）
百位，百位上的一颗珠子表示一个百。
师小结：计数器的数位排列方式：从右边起，依次是个位、十位、百位；个位上的一颗珠子表示一个一，十位上的一颗珠子表示一个十，百位上的一颗珠子表示一个百。
师课件呈现小棒图：演示一十一十的数法，将10捆小棒合起来。也就是10个十。
根据以前我们学习过的个位满十要向十位进一的道理，十位满十，应该向哪一位进一呢?（百位）
师问：10个十是多少?引出学生说出：10个十是一百。
教学“100”的读、写。（从高位开始写和读：百位上为1，十位与个位上都是一个也没有，所以还应该用0来占位。）
三、巩固练习
（1）课件出示计数器，学生依据计数器上珠子的变化来读数和写数。
（2）找一找错误并改一改。
（设计意图：巩固练习可以把问题及时暴露出来并得到解决，课后小任务就能够避免或减少许多错误，从而提高课后小任务的效率和质量。）

续表

<table>
<tr><td>四、总结课堂、布置作业
（1）总结：
我们今天学习了利用计数器来写两位数时，注意先写十位上的数，再写个位上的数，要从高位写起。整十数，有“几个十”就在计数器的十位上拨几颗珠子。写数的时候，有几个十就要先在十位上写几，再在个位上写 0。读这个整十数时，十位上是几就读几十，个位上的 0 不用读。
非整十数，有“几个十”就在计数器的十位上拨几颗珠子，有“几个一”就在计数器的个位上拨几颗珠子。写数的时候，有几个十就要先在十位上写几，有几个一就要先在个位上写几。
“100”的读、写。从高位开始写和读：百位上为 1，十位与个位上都是一个也没有，所以还应该用 0 来占位。
（2）课后小任务：
A 组、B 组：看计数器图片写数字，并写出读作什么。
C 组：抄写百以内数字的读法</td></tr>
<tr><td>板书设计</td></tr>
<tr><td>百以内数的认识

书写规则：从高位开始写，从十位再到个位

50（五十）　44（四十四）　100（一百）

数位上无珠子，则用数字 0 来占位</td></tr>
</table>

<table>
<tr><td>课题</td><td>百以内数的认识</td><td>总课时</td><td>4</td></tr>
<tr><td>第几课时</td><td>第 4 课时</td><td>课时内容</td><td>百以内数的顺序</td></tr>
<tr><td colspan="4">教康整合目标</td></tr>
<tr><td colspan="4">教学目标：
知识技能：
A、B 组：能正确将百以内数进行排序，理解百以内数的序数。
C 组：在引导下，完成百以内数的排列顺序。
数学思考：
A 组：通过观察百数表，发现百以内数的排列规律。
B 组：在引导下观察百数表，尝试说出百以内数的排列规律。
C 组：跟着教师观察百数表，跟说出百以内数字的排列规律。
问题解决：
A 组：根据百以内数的排列规律，自主完成一张百数表。
B 组：根据百以内数的排列规律，与他人合作完成一张百数表。
C 组：在教师引导下，填写百数表的“拐弯数”。
情感态度：
A、B 组：培养自主探究能力和发展逻辑思维能力。
C 组：在课堂活动中与同学合作，增强团队合作精神</td></tr>
</table>

续表

教学重难点
教学重点：能独立完成百以内数字的排列顺序；理解百以内数的序数。 教学难点：理解百以内数字的排列规律
学教具准备
百数表、教材、数字卡片（填空）
教学过程
一、导入 复习唱数数字 1 ~ 100。再唱数 55 ~ 100。 师：我们已经学习了数字 1 ~ 100 ，那你们知道它们是怎样排列的吗？今天同学们就和老师一起来学习数字 1 ~ 100 的数序。板书课题：百以内数的认识（齐读）。 二、探究新知 （1）完成百数表。 课件出示空白百数表，师生一起填数字卡片。 （2）观察百数表，如图 1 所示。找规律。

行数										
1	1	2	3	4	5	6	7	8	9	10
2	11	12	13	14	15	16	17	18	19	20
3	21	22	23	24	25	26	27	28	29	30
4	31	32	33	34	35	36	37	38	39	40
5	41	42	43	44	45	46	47	48	49	50
6	51	52	53	54	55	56	57	58	59	60
7	61	62	63	64	65	66	67	68	69	70
8	71	72	73	74	75	76	77	78	79	80
9	81	82	83	84	85	86	87	88	89	90
10	91	92	93	94	95	96	97	98	99	100
列数	1	2	3	4	5	6	7	8	9	10

图 1　百数表

师：横着看，十位上的数都相同，个位上的数字逐渐多 1 直到 9。

竖着看，个位上的数都相同，十位上的数字逐渐多 1 直到 9。

抽 A 组、B 组学生说一说。

抽 C 组学生跟读百以内的数字。

（设计意图：让学生通过从左到右横着看，再到从上往下竖着看，仔细观察来找出 1~100 的排列顺序和规律，提高学生的探索与观察能力。）

三、巩固练习

教师出示填空数字卡片，贴于黑板上，师生共同完成。

学生按 A—B—C 组的顺序依次完成活动。（及时给予学生强化物：奖品、星星、拥抱、口头表扬）（A 组独立完成，B 组尝试完成，C 组在辅助下完成）

续表

四、总结课堂、课后小任务

（1）今天我们一起学习了百以内数字的排列顺序。

师：横着看，十位上的数都相同，个位上的数字逐渐多 1 直到 9。

竖着看，个位上的数都相同，十位上的数字逐渐多 1 直到 9。

（2）按照 A、B、C 分组，制作百数表

板书设计

百以内数的认识

横着看，十位上的数都相同，个位上的数字逐渐多 1 直到 9

竖着看，个位上的数都相同，十位上的数字逐渐多 1 直到 9

1	2	3	4	5	6	7	8	9	10
11	12	13			16			19	
21							28		
31			34			37			
	42			45				49	
51									
	62				66		68		
71		73				77			
81			84					89	
	92	93			96				

《“>” “=” “<”》教学设计

课题	“>” “=” “<”	总课时	2
第几课时	第 1 课时	课时内容	“>” “=” “<” 的含义

教康整合目标

教学目标：

知识技能：

A、B 组：知道符号“>”“=”“<”，并理解其表示的意义。

C 组：指认符号“>”“=”“<”。

数学思考：

A、B 组：根据“>”“<”的特点，记住这两个符号开口的方向。

C 组：根据“>”“<”的特点，感受这两个符号开口的方向。

问题解决：

A、B 组：在活动中，用“>”“=”“<”符号来比较数字的大小。

C 组：感知数字大小的比较，可以用“>”“=”“<”符号来表示。

情感态度：

A、B 组：培养学生的观察和形象思维能力。

C 组：有兴趣地参与课堂活动

续表

教学重难点

教学重点：根据“>”“<”的特点，记住这两个符号开口的方向。

教学难点：认识“>”“=”“<”，并理解其含义

学教具准备

数学符号卡片、数字卡片、圆圆板

教学过程

一、导入

今天老师给同学们带来了三个小伙伴，看！（课件出示“>”“=”“<”）

有一个符号是不是我们见过呀！那就是“=”，还有两个我们没有见过。它们三个可以帮我们解决一些有关数量关系的问题。今天我们就请“>”“=”“<”这三个小伙伴帮帮我们完成本节课的内容。师板书：>、=、<。

二、探究新知

（一）巩固“=”

教师出示等号(=)卡片，问：这是谁呀？你们见过它吗？在哪里见过呢？它表示什么意思呢？

师板书：等号（=）

师：我们在加减算式中见过它，表示两边的数量关系相同。

课件出示：小乌龟3只，小鱼3只。　3 ? 3　3=3（小乌龟和小鱼的数量一样多。）

（二）认识“>”“<”

1. 认识“>”

师出示“>”卡片：这是大于号，可以表示数字的大小。

师板书教读，生跟读。

师：为了方便同学们记忆“>”，我们要记住“>”的开口方向：开口朝着大数笑。

生：大于号。

现在我们用“>”来比一比数字大小

课件出示数卡8和数卡4，哪边数大？哪边数小？用什么符号来表示它们的数量关系呢？

8大4小　8 ? 4　8>4　（8大于4）生读

2. 认识“<”

师出示“<”卡片：这是小于号，可以表示数字的大小。

师板书教读，生跟读。

师：为了方便同学们记忆“<”，我们要记住“<”的开口方向：屁股撅给小数瞧。

生：小于号。

现在请同学们自己试一试用“<”来比一比数字大小。

课件出示数卡8和数卡4，换位置，问：哪边数大？哪边数小？用什么符号来表示它们的数量关系呢？为什么？

4小8大　4 ? 8　4<8　（4小于8）生读

师小结：我们认识了“>”和“<”，我们要利用口诀来记住这两个符号。

大于号：开口朝着大数笑；小于号：屁股撅给小数瞧。（集体念口诀）

小练习：请学生来快速反应“>”和“<”。

三、巩固练习

“练一练”。（及时给予学生强化物：奖品、星星、拥抱、口头表扬）

学生按A—B—C组的顺序依次练习，（A组独立完成，B组尝试完成，C组在辅助下完成）

（1）课件出示9个红圆圆板和5个黄圆圆板，想想它们中间应该摆什么符号，为什么？

续表

（2）贴一贴：黑板上出示数字6和9，数字8和2，数字5和5，想想它们中间应贴什么符号？

（3）画一画：出示数字8和9，7和5，4和4，想想它们中间应画什么符号？

四、小结

这节课我们认识了可以表示数字大小关系的“>”“=”“<”，并学会了在练习中运用。还收获了一个口诀帮助我们记忆：大于号，开口朝着大数笑；小于号，屁股撅给小数瞧。

五、作业

（1）抄写大于号“>”、等于号“=”和小于号“<”。

（2）练习题。

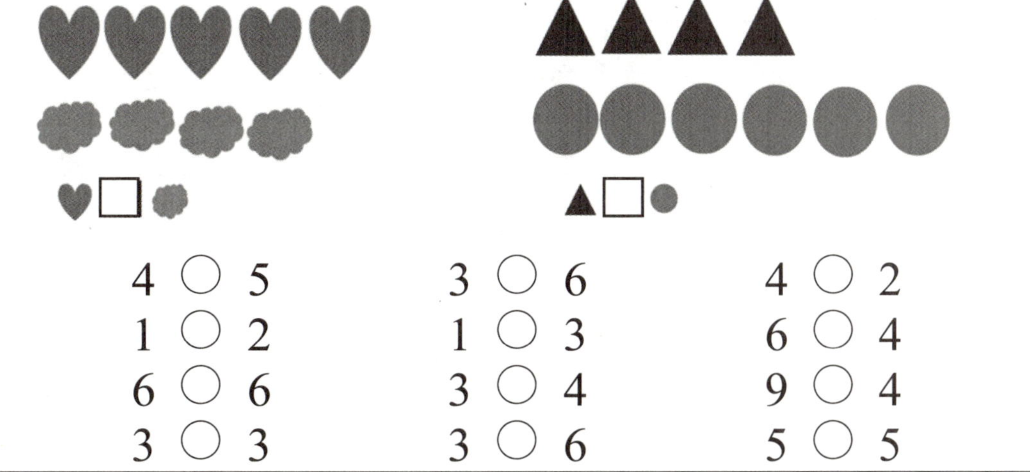

板书设计

>、=、<

= 等于号	> 大于号	< 小于号
5=5	8>2	6<9
4=4	7>5	8<9

课题	“>”“=”“<”	总课时	2
第几课时	第2课时	课时内容	比较百以内数的大小

教康整合目标

教学目标：

知识技能：

A组：自主用“>”“=”“<”符号表示百以内数字的大小关系。

B组：尝试用“>”“=”“<”符号表示百以内数字的大小关系。

C组：跟着教师读出百以内数字的大小关系。

数学思考：

A、B组：通过参与情境活动，学习比较百以内数字的大小关系的方法。

续表

C 组：在引导下参与活动，感知百以内数字的大小关系。

问题解决：

A 组：应用比较方法解决实际生活中的数的大小问题。

B 组：在引导下，完成课堂活动数的大小的比较。

C 组：与教师一起合作，读出百以内数的大小关系。

情感态度：

A、B 组：从数学课堂活动中总结出比较大小的方法，提高学生的总结概括能力。

C 组：感受数学课堂活动的魅力，培养与他人合作的团队意识

教学重难点

会用“>”“=”“<”表示百以内数字的大小关系，掌握比较方法

学教具准备

符号卡片

教学过程

一、导入

（1）复习

出示符号“>”“<”卡片。

大于号：开口朝着大数笑；小于号：屁股撅给小数瞧。（师板书集体念口诀）

（2）出示 10 以内的数字，抽学生填写“>”“=”“<”。

师：我们已经学习比较 10 以内数的大小了，那百以内数字，我们又怎样比较呢？今天我们就来继续学习用“>”“=”“<”表示百以内数字之间的大小关系。

二、探究新知

1. 一位数和两位数比较大小

师出示课件熊大和熊二问：熊有几只？（2 只）我们班有多少个同学？（14 个）熊和人数比较，谁多谁少呢？

数字 2 所表示的数量少，数字 2 小；数字 14 所表示的数量多，数字 14 大。所以 2<14。熊少我们班人数多。

2. 两位数比较大小

师：熊大和熊二为森林里的树浇水，比赛谁浇的树多。

（1）第一天：熊大浇了 56 棵树，熊二浇了 24 棵树。它们谁浇的树多呢？请同学们帮帮它们比较一下。说说自己是怎样比的。

学生汇报，交流不同的比较方法。

方法一：在数位顺序表中 24 在前面，56 在后面；前面数字小，后面数字大； 24<56。熊大浇的树多，熊二浇的树少。

方法二：数字的组成。24 是由 2 个十和 4 个一组成；56 是由 5 个十和 6 个一组成；2 个十比 5 个十少；因此在十位上 2<5，所以 24<56。熊大浇的树多，熊二浇的树少。

师小结：数字 24 和数字 56 都是两位数，我们可以通过数数的方法比较大小；还可以先比十位上的数，十位上的数字大则该数就大。

（过渡语：师问如果十位上的数字一样，我们又应该怎样比较大小呢？看！熊大和熊二第二天浇水就发生了这样的事情。）

（2）第二天：熊大浇了 41 棵树，熊二浇了 48 棵树。它们谁浇的树多呢？怎样比较的呢？（生小组合作比大小）

续表

<table>
<tr><td>方法一：在数位顺序表中 41 在 48 的前面，所以 41<48。熊二浇的树多，熊大浇的树少。
方法二：41 和 48 的十位都是 4，表示 4 个十，不能比较出谁大谁小，再看个位，41 的个位是 1，48 的个位是 8，所以 41<48。熊二浇的树多，熊大浇的树少。
师小结：（1）数数，数位顺序表中前面数字小，后面数字大。
（2）一位数与两位数比较大小：一位数小于两位数。
（3）两位数比较大小：先比较十位上的数，若是十位上的数字相同，再比较个位上的数字。
（设计意图：利用孩子最喜欢的、最感兴趣的东西，如动画片，激发他们的好奇心，引起强烈的学习欲望。）
三、巩固练习
（1）比较下列两数的大小。
5（　　）45　　54（　　）59　　78（　　）34
（2）在（　　）里填上数字。
① 58>（　　）　② （　　）<100　③ 71>（　　）
四、小结
这节课堂你收获了什么？（比较百以内的数的方法）
（1）数数，数位顺序表中前面数字小，后面数字大。
（2）一位数与两位数比较大小：一位数小于两位数。
（3）两位数比较大小：先比较十位上的数，若是十位上的数字相同，再比较个位上的数字。
五、课后小任务
回家后把家人的年龄记下来，然后互相比较一下他们的年龄的大小</td></tr>
<tr><td>板书设计</td></tr>
<tr><td>>、=、<

=　等于号　　>　大于号　　<　小于号
5（　　）45　　54（　　）59　　78（　　）34</td></tr>
</table>

第三章

培智学校学生整数运算的教学

第一节 关于运算的基本知识

运算能力是课标提出的 7 个核心概念之一。[①]运算的一般含义是根据已知量按照数学法则算出未知量。[②]运算能力主要是指能够根据法则和运算律正确地进行运算的能力。儿童运算能力发展始于整数运算，考虑到培智学校学生的智力问题，在各个版本的培智生活数学教科书中，通常仅教授整数部分的运算，并与整数的认识相融合。培养培智学生运算能力有助于学生理解运算的算理，寻求合理简洁的运算途径解决问题[③]，发展学生的形象与抽象思维。

一、学科基础知识

整数运算的内容较多，包括加、减、乘、除运算以及四则混合运算，计算方式涉及口算、笔算、估算与简便运算，运算数据涉及一位数、两位数乃至多位数，知识技能方面则包含运算法则、运算性质与运算定律等内容及相关运算技能训练。[④]培智学校学生普遍存在智力发展方面的限制，其记忆、理解、逻辑等能力都较差，因而其在学习整数运算之前对于运算未有相应的认识，但对数字有初步的认识。[⑤]培智学校学生在日常生活中会遇到相当多运算的问题，比如丈量估算、钱币使用、物资分配等。培智学校学生日后数学学习、融入社会以及独立生活都将与运算思维的发展水平有关，运算思维甚至将直接影响培智学校学生的生活质量，因此在培智生活数学学习中，无论是学习时间还是学习内容，运算的学习都占据着重大的份额。

在小学数学中的“整数”概念通常指自然数，在自然数基数理论基础上建立整数加、减、乘、除四则运算相互之间的联系密切。[⑥]运算是指依照数学法则，求出一个算题或算式的结果

① 马云鹏.关于数学核心素养的几个问题[J].课程·教材·教法，2015（9）.
② 郜舒竹.数学的观念、思想和方法[M].北京：首都师范大学出版社，2004.
③ 中华人民共和国教育部.培智学校义务教育生活数学课程标准（2016 年版）[S].北京：人民教育出版社，2018.
④ 孙国春.小学数学教学设计[M].上海：复旦大学出版社，2019.
⑤ 张慧.培智学校智力障碍学生加减运算思维表现研究[D].沈阳：辽宁师范大学，2015.
⑥ 孙国春.小学数学教学设计[M].上海：复旦大学出版社，2019.

的过程。[①]各种运算分别可以用一个符号表示，这类符号统称为运算符号，分别为“+”“-”“×”“÷”。在整个运算中数学规定了加法和减法为一级运算，乘法与除法为二级运算。一般而言同级运算从左到右依次进行，不同运算级别在统一算题中要先算高级运算，再算低级运算。[②]

从集合论角度看，整数加法是求两个不相交的有限集合并集基数的运算；减法是加法的逆运算，即设集合 C、A 是两个有限集合，且集合 A 是集合 C 的一个子集，他们的基数分别是 c、a，那么 c-a 就是集合 C 与集合 A 差集的基数。[③]乘法是相同加数和的简便运算；除法是乘法的逆运算，从集合的角度看，假设集合 C 是一个有限集合，能够分解成为 b 个具有相同基数 a 的子集 A，那么 c ÷ a=b。[④]自然数的除法也可以用连减表示。

根据课标，培智小学整数运算主要包括加、减运算两个部分，其中 10 以内、20 以内加减法，这个部分知识强调借助演示口算，整个运算过程“像加法、减法、点数、接着数”是蕴含其中的核心思想；多位数的加减法重视笔算、估算以及简便运算的教学，但这些笔算必须建立在学生已学计算尤其是口算基础上。

二、整数运算的课程目标

在课标中，整数运算内容分布在两个学段，目标按照知识技能、数学思考、问题解决、情感态度四个维度进行分布，每个知识点之间均联系紧密，一个知识的学习不足都将会直接影响后续的学习。该部分的知识技能蕴含的“关键能力与必备品格”是当前数学课标所关注的数学核心素养。两个学段在课标中的目标如下。[⑤]

第一学段：

（1）经历从日常生活中抽象出数的过程，体会“加”和“减”的意义，能计算 10 以内的加法和减法。

（2）在教师的指导下，通过观察、比较、操作等方法发现简单问题，并尝试解决运算问题。

（3）经历与他人合作交流，解决简单运算问题的过程。

（4）在他人的引导下，感受参与数学运算学习活动的乐趣。

（5）在他人的引导下，感受数学运算活动中的成功。

（6）感受整数运算与日常生活的紧密联系。

第二学段：

（1）经历从日常生活中抽象出数的过程，能计算百以内的加法和减法；能借助计算器辅助进行百以内的加法、减法计算。

---

① 郭锡涛.小学初中数学词典[M].广州：科学普及出版社广州分社，1982.

② 郭锡涛.小学初中数学词典[M].广州：科学普及出版社广州分社，1982.

③ 张奠宙，孔凡哲.小学数学研究[M].北京：高等教育出版社，2009.

④ 韩琎琎，陈蒲晶，陈英和.儿童数概念发展的影响因素：表面相似性效应与标签效应[J]. 心理发展与教育，2010，5.

⑤ 中华人民共和国教育部.培智学校义务教育生活数学课程标准（2016 年版）[S].北京：人民教育出版社，2018.

（2）进一步发展数感。

（3）在教师的引导下，运用一些数学知识，尝试解决日常生活中和简单计算有关的问题。

从各学段目标可知，课标有三个特点：第一个特点，强调生活化，要求学生经历从生活中直观化、具体化的运算情境逐渐抽象出数的运算。第二个特点，差异化，新课程目标强化尊重学生的个体差异，给予不同程度的学生不同的支持，比如有些孩子独立完成，有些孩子需要在“教师的引导下完成”。第三个特点，强化学生的主体地位，新课程标准充分肯定了学生的主体地位，强调要引导学生通过观察、操作、思考和合作交流等活动，进行数学知识的学习，感悟数学思想方法，提高数学学习兴趣。

三、整数运算的课程内容①

第一学段：

（1）借助实际情境和操作，理解“加”和“减”的实际意义。

（2）认识“+”“-”“=”三种符号，知道加、减法算式中各部分的名称。

（3）能口算和笔算 10 以内的加法、减法和加减混合运算。

（4）能用 10 以内的加减法解决生活中的简单问题。

第二学段：

（1）能进行 20 以内的加法和减法的计算。

（2）能进行 20 以内的连加、连减和加减混合运算。

（3）能进行百以内的加法和减法的计算。

（4）能进行百以内的连加、连减和加减混合运算。

（5）认识计算器，掌握使用计算器进行加减运算的操作步骤。

（6）能用计算器进行 100 以内的加减计算。

可见，培智学校学生整数运算的教学内容安排，第一学段学习的重点是帮助学生建立数的组成、加减法的概念以及 10 以内数的加减运算；第二学段学习侧重两位数、三位数的笔算，理解运算的法则。从整个课程标准教材编写建议看，“生活情境—提出问题—解决问题—归纳总结规律”是整数运算的主要呈现模式。运算法则的教学一方面要强调点数的作用，重视生活情境的引入，比如“得数是 3 的加法，先通过点数来进行，逐渐过渡到数的组成这一整群计算”；另一方面注重转化为已有的运算法则。如“20 以内的进位加法，主要通过凑数转化为 10 以内的加法来进行计算；20 以内的退位减法通过拆数转化为 10 以内的加减法进行计算”，可以看出转化的思想在整个培智整数教育中均有着重要的意义，贯穿了知识的始终，运算的法则内容则通过转化建立了其内在的联系。

① 中华人民共和国教育部.培智学校义务教育生活数学课程标准（2016 年版）[S].北京：人民教育出版社，2018.

第二节　培智学校学生整数运算教学设计

《得数是 2 的加法》教学设计

<table>
<tr><td>课题</td><td>得数是 2 的加法</td><td>总课时</td><td>3</td></tr>
<tr><td>第几课时</td><td>第 1 课时</td><td>课时内容</td><td>1 和 1 合起来是 2</td></tr>
<tr><td colspan="4">教康整合目标</td></tr>
<tr><td colspan="4">教学目标：
知识技能：
A 组：（1）学生能独立将 2 个物体分成 2 份。
（2）学生能够独立把 1 个物体和 1 个物体合起来。
（3）学生能够独立说出 1 和 1 组成 2。
B 组：（1）学生能够在教师语言提示下把 1 个物体和 1 个物体合起来。
（2）学生能够在教师语言提示下说出 1 和 1 组成 2。
C 组：学生能跟读 1 和 1 组成 2。
问题解决：
学生能用得数是 2 的加法解决生活中的问题。
数学思考：
学生能用 1 和 1 组成 2 思考问题。
情感态度：
A、B 组：学生能养成良好的书写习惯。
C 组：学生能在操作学习 1 和 1 组成 2 的过程中体会到乐趣。
康复目标：认知、动作康复</td></tr>
<tr><td colspan="4">教学重难点</td></tr>
<tr><td colspan="4">学生能用动作演示“合起来”的含义。
学生能说出 2 的组成</td></tr>
<tr><td colspan="4">学教具准备</td></tr>
<tr><td colspan="4">书本、小棒、苹果、圆纸片、树的卡片、苹果卡片等</td></tr>
<tr><td colspan="4">教学过程</td></tr>
<tr><td colspan="4">一、导入
（1）呈现 2 本书，引导学生观察老师手里的书本，数一数有多少本。
（2）呈现 2 根小棒，引导学生观察老师手里的小棒，数一数有多少根。
（3）每组分发 2 个苹果、2 个橘子，两人一组分别数一数自己手里的苹果、橘子的数量。
（设计意图：复习导入，培智学校学生的加法运算要经历从逐一加减到按整群加减的发展过程，因此巩固学生按物点数和说出总数能力，可以为新的学习奠定良好的基础。）
二、探究新知
（1）给学生一人分发 2 根小棒，请学生自己分一分，能分成几份。</td></tr>
</table>

续表

<table>
<tr><td>

（2）教师请学生展示分的结果，并板书。如图 1 所示。

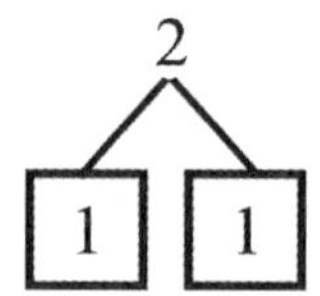

图 1　分的结果

（3）最后引导学生读一读分的结果。2 可以分成 1 和 1。

（4）教师演示，一只手拿着一本书，让学生说出用几来表示，并在书的图片下面板书 1；另一只手也拿一本书，让学生说出用几来表示，也在书的图片下面板书 1。两手合在一起手里一共有两本书，在 1 和 1 的上方画树杈并写上数字“2”。

（5）学生演示，A 组学生独立用分发的小棒进行演示，B 组学生在教师语言提示下用苹果进行演示。

C 组学生跟读 1 和 1 组成 2。

（设计意图：学生是主体，教师是主导，学生是学习的主要参与者，在此过程中学生通过自己分一分，参与 2 的分解的过程，知道 2 可以分成 1 和 1，同时学生参与演示合起来，充分理解 2 的组成。由于培智学校学生个体差异大，因此整个教学均体现出分层的特点。）

三、巩固练习

（1）用苹果演示，让学生说一说 1 和 1 合起来是 2。

（2）用树的卡片演示，让学生说一说 1 和 1 合起来是 2。

（3）用苹果卡片演示，让学生说一说 1 和 1 合起来是 2。

（4）要求学生看着 2 的组成填一填。

四、小结

请学生说一说 2 的组成和分解。

五、随堂练习

A、B 组：（1）说一说 2 的分解与组成。
（2）完成 2 的组成的填空。

C 组：指着跟读 2 的组成。

（设计意图：2 的分解与组合属于数字认识的教学内容，也是得数是 2 的加法的前备技能，根据学生的学习程度，有差别地设计练习题，可促进每个孩子在原有基础上的进步，进一步巩固强化知识，为得数是 2 的教学奠定基础。）

</td></tr>
<tr><td>板书设计</td></tr>
<tr><td>

得数是 2 的加法

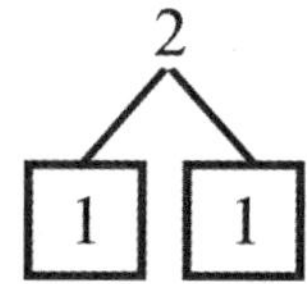

</td></tr>
</table>

<table>
<tr><td>课题</td><td>得数是 2 的加法</td><td>总课时</td><td>3</td></tr>
<tr><td>第几课时</td><td>第 2 课时</td><td>课时内容</td><td>得数是 2 的加法</td></tr>
<tr><td colspan="4">教康整合目标</td></tr>
<tr><td colspan="4">教学目标：
知识技能：
A 组：（1）学生能够独立说出得数是 2 的加法含义。
（2）学生能说出加法的各个部分名称，正确率 80%以上。
（3）学生能说出“+”和“=”的含义。
B 组：（1）学生能够在教师语言提示下说出得数是 2 的加法含义。
（2）学生能在教师语言提示下说出加法的各个部分名称，正确率 80%以上。
（3）学生能在教师的动作提示下说出“+”和“=”的含义
C 组：能模仿跟读 1+1=2。
数学思考：
A、B 组：尝试独立表达自己对“+”的看法。
C 组：尝试跟说对“+”看法。
问题解决：
A、B 组：独立尝试用 1+1=2 解决生活中的问题。
C 组：在教师语言提示下尝试用 1+1=2 解决生活中的问题。
情感态度：
A、B 组：养成良好的书写“+”的习惯。
C 组：养成用扭扭棒正确塑形“+”的习惯。
康复目标：言语、认知、动作康复</td></tr>
<tr><td colspan="4">教学重难点</td></tr>
<tr><td colspan="4">学生能够通过演示，理解得数是 2 的加法含义</td></tr>
<tr><td colspan="4">学教具准备</td></tr>
<tr><td colspan="4">书本、小棒、苹果、圆纸片、树的卡片、苹果卡片等</td></tr>
<tr><td colspan="4">教学过程</td></tr>
<tr><td colspan="4">一、导入
（1）用两本书展示合并的过程。
（2）引导学生说一说 2 的分解与组成，并在学生说的时候写出 2 的组成。（C 组学生跟读 2 的组成）
（设计意图：培智学校学生以机械记忆为主，遗忘速度快，不能有效提取已有的知识，复习可以帮助学生再现学过的知识，为新知识学习做准备。）
二、探究新知
（1）教师演示，原来有一本书，又拿来一本书，现在一共有两本书。
（2）分给学生小棒，引导学生分小组演示，边演示边说。
（3）教师演示，原来有一张圆纸片贴在黑板上，引导学生说出用数字几表示，并在它下面写上数字 1，又拿来一张圆纸片贴在黑板上，引导学生说出用数字几表示，也在它下面写上数字 1。合起来一共有几张纸片，引导学生说出用数字几表示，在下面写上数字 2。</td></tr>
</table>

续表

（4）引导学生说出 1 表示黑板上原来有一张圆纸片，1 表示又拿来一张圆纸片，2 表示黑板上一共有 2 张圆纸片。 （5）引导学生说出当合起来，求一共时，要用加法，加法里面有个符号就是“+”，引导学生将“+”放在两个数字 1 中间，现在两边数量一样多，用一个符号表示就是“=”，并写上“=”。得出算式 1+1=2。 （6）告诉学生 1+1=2 就是加法算式，读作 1 加 1 等于 2。 （7）引导学生看，加号前面的数叫加数，加号后面的数也叫加数，等号后面的数叫和。如图 1 所示。 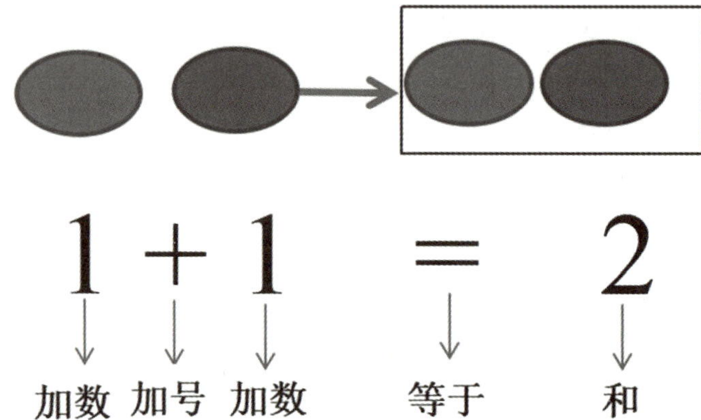 1 + 1 = 2 加数 加号 加数 等于 和 图 1　得数是 2 的加法 （设计意图：培智学校学生以直观形象思维为主，不断的演示操作，可以有效提高其对知识的理解，数学本身也要求重视算理的教学，要求学生知其然，而知其所以然，因此次环节的设计目的在于强调算理的教学与得数是 2 的计算过程。） （8）引导学生书空“+”和“=”。 （9）引导学生练习描红“+”和“=”。 （10）引导学生试写“+”和“=”。（A、B 组学生用笔进行试写，C 组学生用扭扭棒扭出“+”和“=”） （设计意图：书写的教学分为示范—书空—描红—试写—独立书写几个步骤，培智学校学生由于其自身原因，精细动作能力差异较大，因此不能做统一要求，需要进行分层设计，让每个孩子在这一过程中都体会到成就感。） 三、巩固练习 （1）分给学生苹果，学生来演示并说一说，板书 1+1=2。（C 组学生跟读该算式） （2）引导学生用树的卡片、苹果的卡片先摆一摆，再说一说 1 和 1 组成 2。加法算式 1+1=2。 （3）写一写“+”和“=”。 四、小结 （1）告诉学生 1 和 1 合起来是 2，可以用加法算式表示：1+1=2。 （2）加法里有个符合是加号，用“+”表示，还有个等号，用“=”表示。 五、课后小任务 A、B 组：（1）学生摆一摆，说一说 2 的组成。 （2）说一说得数是 2 的加法算式的算理。 C 组：（1）学生能用橡皮泥摆一摆 1+1=2 的算式。 （2）在本上写一写“+”和“=”

续表

板书设计
得数是 2 的加法 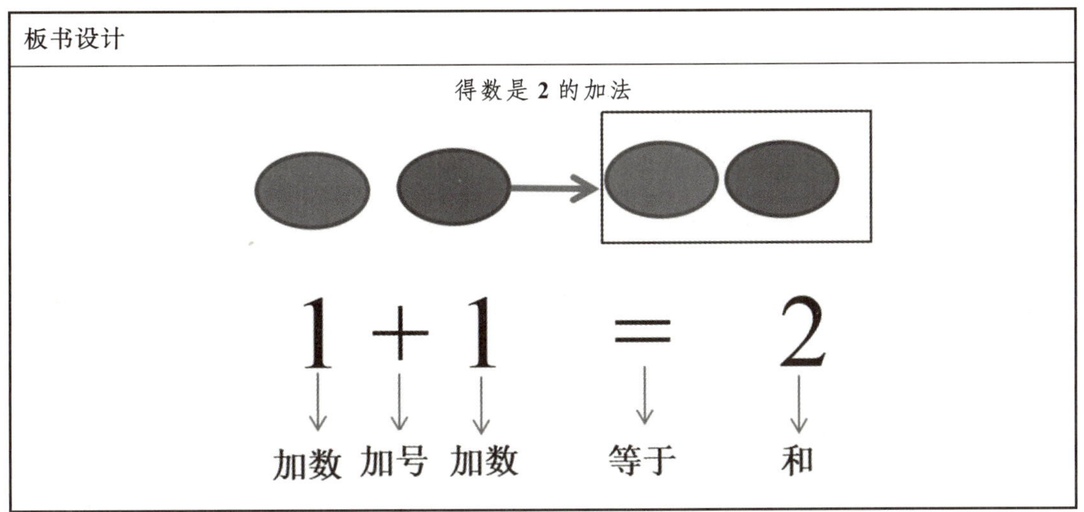

课题	得数是 2 的加法	总课时	3
第几课时	第 3 课时	课时内容	得数是 2 的加法

教康整合目标

教学目标：

知识技能：

A、B 组：（1）借助情境列出算式 1+1=2。

（2）学生能正确说出 1+1=2 的算理。

（3）学生能正确书写 1+1=2 的加法算式。

C 组：学生能正确贴出 1+1=2 的算式。

数学思考：

A 组：学生能尝试表达 1+1=2。

问题解决：

A 组：学生能发现生活中的 1+1=2 的问题，并能解决。

情感态度：

A、B 组：学生能养成正确书写 1+1=2 的习惯。

C 组：学生能在学习 1+1=2 过程中体会到乐趣。

康复目标：言语、认知、动作康复

教学重难点

学生能够借助情境，列出 1+1=2 的算式。

学生能正确说出算理

学教具准备

小圆片、小棒、雪花片、苹果模型等

续表

教学过程
一、导入 （1）抽学生说一说 2 的组成。 （2）填一填，如图 1 所示。 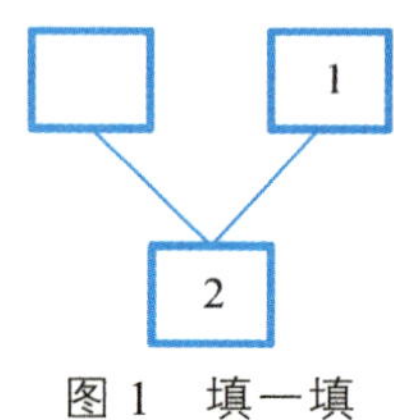 图 1　填一填 （3）全班齐读 2 的组成。 （设计意图：培智学校学生以机械记忆为主，遗忘速度快，不能有效提取已有的知识，复习可以帮助学生再现学过的知识，为新知识学习做准备。） 二、练一练 1. 操作小棒，体验合并 （1）教师引导学生拿出小棒，演示合一合。 （2）请学生说一说 2 的组成。 （3）引导学生写出算式 1+1=2。 （4）抽学生说一说 1+1=2 的算理。 （5）引导学生读一读算式 1+1=2。 2. 通过添加，进一步理解加法 （1）教师先拿出 1 个小圆片贴在黑板上，请小朋友拿出 1 个小圆片贴在黑板上。 （2）请学生自己写出算式 1+1=2。 （3）请 C 组学生用数字贴贴出算式 1+1=2。 （4）请学生说一说算理。1 表示原来有 1 个小圆片，1 表示又拿来 1 个小圆片，2 表示一共有 2 个小圆片。 3. 生活情境演练，强化知识 （1）教师呈现照片，1 个小朋友在教室扫地，又进来 1 个小朋友扫地。（A、B 组提出问题，并写出算式，C 组根据老师提的问题，用数字贴贴出算式。） （2）引导学生提出问题。一共有多少个小朋友在扫地？ （3）学生自主写出算式 1+1=2（个）。 （4）引导学生说一说 1 和 1 组成 2，所以 1+1=2。 （5）抽学生说一说算理。1 表示原来有 1 个小朋友在扫地，1 表示又来了一个小朋友，2 表示一共有 2 个小朋友在扫地。 （设计意图：通过实物合一合演示—动手贴一贴—生活情境提问解决，一步一步引导学生练习前面所学的知识，进一步熟悉 2 的组成以及 1+1=2 这一算式，对 C 组精细动作较弱的孩子，采用数字贴贴算式，充分考虑学生的差异性，力求让每个孩子在其现有能力基础上有所进步。） 三、巩固练习 （1）换成苹果模型，学生来演示并说一说，板书 1+1=2。（C 组学生用数字贴贴算式） （2）分小组，两人一组，用雪花片演示合一合，并写出算式 1+1=2，并说一说算理。（C 组学生用数字贴贴算式）

续表

四、小结 （1）这节课大家学到了什么？ （2）1+1=2 可以用来表示 1 和 1 合起来是 2 的过程。 五、课后小任务 A、B 组：（1）学生在生活中提出得数是 2 的加法的问题，并写出算式。 （2）在本子上写 1+1=2 五次。 C 组：学生能用数字贴摆一摆 1+1=2 的算式
板书设计
得数是 2 的加法 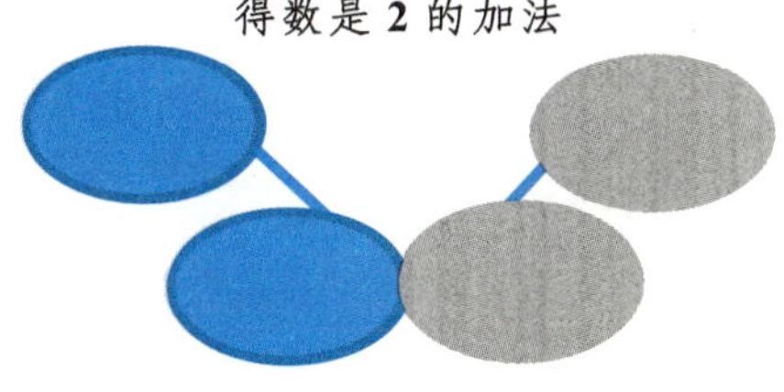 **1 + 1 = 2**

《2 减几》教学设计

课题	2 减几	总课时	3
第几课时	第 1 课时	课时内容	2 的分解
教康整合目标			
教学目标： 知识技能： A、B 组：（1）学生能独立将 2 个物体分成 2 份。 （2）学生能够独立说出 2 可以分成 1 和 1。 C 组：（1）学生能够在教师语言提示下将 2 个物体分成 1 个物体和 1 个物体。 （2）学生能够在教师语言提示下说出 2 可以分成 1 和 1。 数学思考： A、B 组：尝试独立表达自己对 2 的分解的看法。 C 组：尝试跟说 2 的分解的看法。 问题解决： A、B 组：独立尝试用 2 的分解解决生活中的问题。 C 组：在教师语言提示下尝试用 2 的分解解决生活中的问题。 情感态度：体会学习 2 的分解的乐趣。 康复目标：认知、动作康复			

续表

教学重难点
学生能用实物演示分的含义。 学生能说出 2 的分解
学教具准备
小棒、盒子、书本、雪花片、吸管、糖果等
教学过程
一、导入 （1）教师呈现 2 本书，引导学生观察老师手里的书本，数一数有多少本。 （2）引导学生说有 2 本书，用数字 2 表示。 （3）在 2 本书下面写数字 2，并引导学生读一读 2 本书用数字 2 表示。 （4）引导学生思考，把 2 本书分给 2 位小朋友，怎么分？ （设计意图：学生前期已经学过点数 10 以内的数，并能够知道 1 和 1 组成 2，在复习的基础上进行分的教学，能进一步巩固学生按物点数和说出总数的能力，可以为新的学习奠定良好的基础。选用学生的书本进行导入，可以很好地将学生带入情境，又让学生思考怎么分给两位小朋友，更接近生活，容易调动学生的参与性和积极性。） 二、探究新知 1. 分书本 （1）给学生 2 本书，请学生分给 2 位小朋友，可以怎么分？（学生可能分一个小朋友 1 本书，也可能分的是一个小朋友 2 本，另一个小朋友没有。） （2）教师请学生展示分的结果。 （3）教师根据学生分的结果进行板书梳理。如图 1 所示。 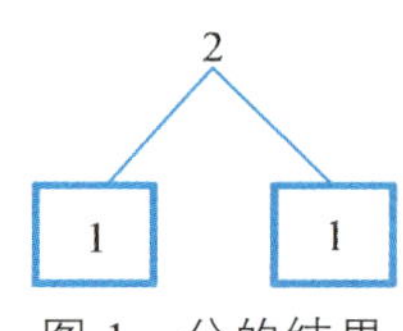 图 1　分的结果 （4）引导学生读一读分的结果。2 可以分成 1 和 1。 2. 分小棒 （1）教师出示 2 根小棒和 2 个盒子，引导学生说一说 2 根小棒怎么分到 2 个盒子里。 （2）学生演示，A、B 组学生独立用分发的小棒进行演示，分到 2 个盒子里，C 组学生在教师语言提示下进行演示。 （3）引导 A、B 组学生说一说分的结果，2 可以分成 1 和 1。C 组学生跟读 2 的分解。 （设计意图：学生是主体，教师是主导，学生是学习的主要参与者，在此过程中学生通过自己分一分，参与 2 的分解的过程，知道 2 可以分成 1 和 1，整个教学充分尊重了学生的发展特点，利用配对的方式进行分解，学生更能理解和掌握，大量地分发也可以提升孩子的粗大动作和认知水平。） 三、巩固练习 （1）分发 2 个雪花片和 2 个盒子，引导学生说一说 2 个雪花片分到 2 个盒子里有哪些分法。 （2）分发 2 个吸管和 2 个盒子，请学生说一说 2 个吸管分到 2 个盒子里有哪些分法。 （3）要求学生看着 2 的分解填一填。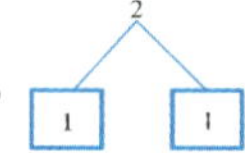

续表

（4）分发 2 个糖果和 2 个盒子，请 A、B 组学生分一分，并用数字卡片在黑板上贴出来。 四、小结 请学生说一说 2 的分解。 五、课后小任务 A、B 组：（1）说一说 2 的分解。 （2）完成 2 的组成的填空。 C 组：在教师语言提示下，说一说 2 的分解。 （设计意图：2 的分解属于数字认识的教学内容，也是 2 减几的前备技能，根据学生的学习程度，有差别地设计练习题，可促进每个孩子在原有基础上的进步，进一步巩固强化知识，为 2 减几教学奠定基础。）
板书设计
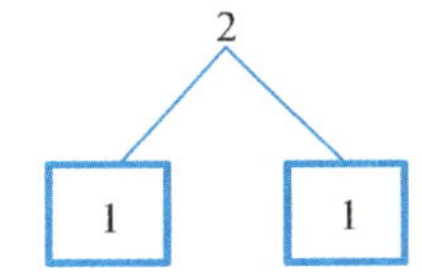

课题	2 减几	总课时	3
第几课时	第 2 课时	课时内容	2−1=1
教康整合目标			
教学目标： 知识技能： A、B 组：（1）学生能独立说出“−”的含义。 （2）学生能够独立列出 2−1=1 的算式。 （3）学生能够说出 2−1=1 的算理。 C 组：（1）学生能够在教师语言提示下说出“−”的含义。 （2）学生能够在教师语言提示下列出 2−1=1 的算式。 （3）学生能够在教师语言提示下说出 2−1=1 的算理。 数学思考： A、B 组：尝试独立表达自己对“−”的看法。 C 组：尝试跟说对“−”的看法。 问题解决： A、B 组：独立尝试用 2−1=1 解决生活中的问题。 C 组：在教师语言提示下尝试用 2−1=1 解决生活中的问题。 情感态度：养成良好的书写“−”的习惯。 康复目标：认知、动作康复			

续表

教学重难点

学生能说出减号的含义。

学生能列出 2−1=1 算式，并说出算理

学教具准备

小棒、盒子、盘子、小圆片等

教学过程

一、导入

（1）每人发 2 根小棒，2 个盒子，分一分，说一说。

（2）填一填。

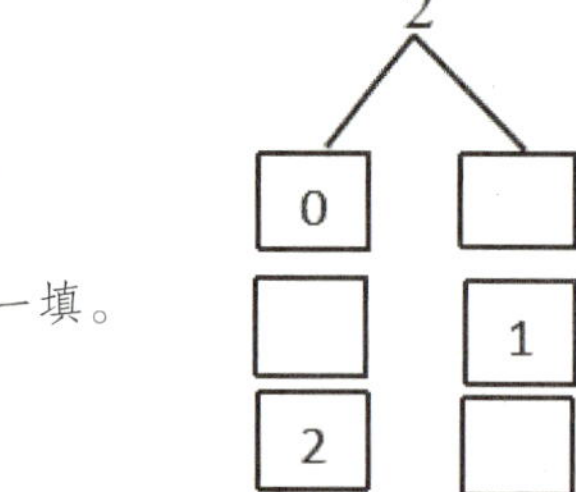

二、探究新知

1. 初步体会减法的含义

（1）教师拿出 2 根小棒放在盒子里，引导学生数一数，认一认。

（2）引导学生说出盒子里有 2 根小棒。

（3）教师拿走 1 根小棒，引导学生数一数盒子里还有几根小棒。

（4）引导学生说原来盒子里有几根小棒，拿走了几根小棒，盒子里还剩几根小棒。

师：是怎么知道盒子里只有 1 根小棒的？

生：看出来的。

师：除了看出来，还可以用什么方法？

2. 再次感知减法含义，建立减法概念

（1）教师拿出 2 个盘子，引导学生数一数。

（2）教师拿走 1 个盘子，引导学生说一说还有几个盘子。

生：还有 1 个盘子。

（3）教师示范引导学生看原来有 2 个盘子，在黑板上画出 2 个盘子，用数字 2 表示，拿走 1 个盘子（黑板上划掉 1 个盘子），用数字 1 表示，还有一个盘子，用数字 1 表示。

（4）引导学生想，除了上面这种方式，还可以怎么列式来算？

（5）教师提示，像这样原来有 2 个，拿走 1 个，求还剩多少个的问题，我们可以用减法来计算，减法里有个符号就是“−”，表示拿掉、去掉的意思。于是我们可以列出算式“2−1=1”。如图 1 所示。

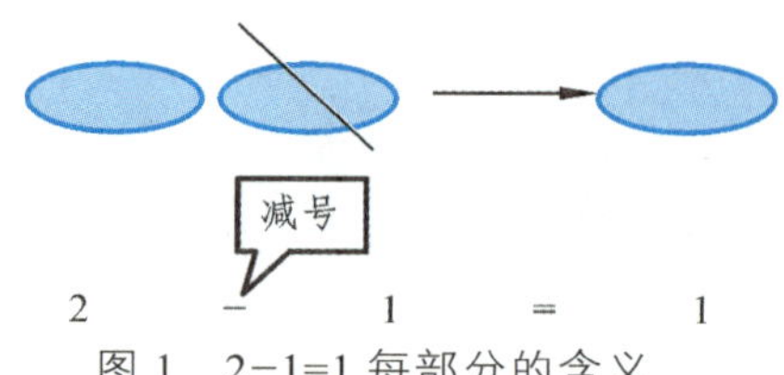

图 1　2−1=1 每部分的含义

续表

（6）引导学生说一说 2−1=1 每个部分的含义。2 表示原来有 2 个盘子，1 表示拿走了 1 个盘子，等号后面的 1 表示还剩 1 个盘子。

（7）引导学生想一想刚才那个小棒的问题可以怎么列式呢？教师再次一边画在黑板上，一边演示拿走的过程。如图 2 所示。

图 2　演示拿走一个小棒

生：2−1=1。

师：说一说各个部分的含义。

生：2 表示原来有 2 根小棒，1 表示拿走了 1 根小棒，1 表示还剩 1 根小棒。

（8）引导学生说一说“−”表示去掉、拿走的意思，书空“−”。

师：你们是怎么算出来 2−1=1 的？

生：数出来的。

师：还因为 2 可以分成 1 和 1，所以 2−1=1。

（设计意图：课标指出，要学生经历从生活中抽象出数的过程，体会减法的含义，因此在设计时从生活中常见的实物小棒入手进行演示，再从小棒过渡到盘子，让学生在演示操作中体会到，不管是盘子还是小棒，只要是拿掉、去掉这一本质问题，都用减法。减号也就是拿掉、去掉的意思。这是一个典型的上位概念的学习过程。）

三、巩固练习

（1）教师给每两个学生分发 2 个小圆片，A、B 组学生 2 人一组分一分，说一说怎么列算式。C 组学生在教师语言提示下列算式。

（2）两人一组，说一说“−”表示的意思。

四、小结

（1）A、B 组学生在教师引导下说出“求还剩多少时，用减法”。C 组跟读。

（2）齐说“−”表示去掉、拿掉的意思。

五、课后小任务

（1）写一写“−”。

（2）结合例题 1，回去跟爸爸妈妈说一说 2−1=1 的各个部分的含义

板书设计

2 减几

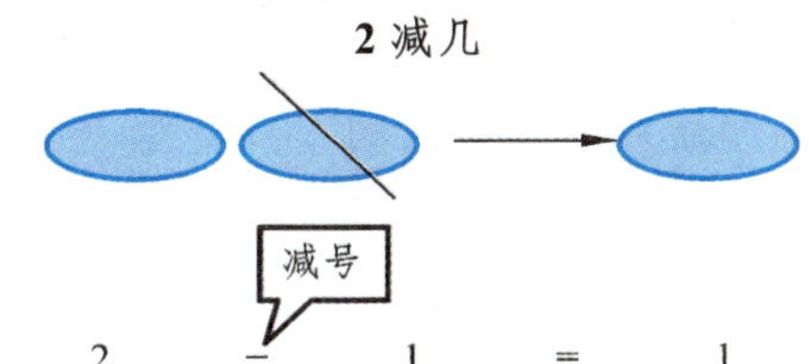

2 表示原来有 2 个盘子，1 表示拿走 1 个盘子，1 表示还剩 1 个盘子

课题	2 减几	总课时	3
第几课时	第 3 课时	课时内容	2−1=1 列式计算

教康整合目标

教学目标：

知识技能：

A、B 组：（1）学生能够结合生活情境独立列出 2−1=1 的算式，说出算理。

（2）学生能够说出 2−1=1 的各个部分的名称。

C 组：（1）学生能够在教师语言提示下，结合生活情境列出 2−1=1 的算式，说出算理。

（2）学生能够在教师语言提示下说出 2−1=1 的各个部分的名称。

数学思考：

A、B 组：尝试独立表达自己对减法的看法。

C 组：尝试跟说对减法的看法。

问题解决：

A、B 组：独立尝试用 2−1=1 解决生活中具体的问题。

C 组：在教师语言提示下尝试用 2−1=1 解决生活中的具体问题。

情感态度：养成良好的书写 2−1=1 算式的习惯。

康复目标：认知、动作康复

教学重难点

学生能结合生活情境提出问题并列式计算。

学生能说出 2−1=1 各个部分的名称

学教具准备

小棒、雪花片、PPT、生活照等

教学过程

一、导入

（1）每人分发 2 根小棒，学生自己分一分，说一说 2 可以分成几和几。

（2）教师出示“−”，引导学生说一说含义。

二、探究新知

1. 情境一

（1）教师出示 PPT，原来有 2 个雪花片，拿走 1 个雪花片。引导学生提出问题。

师：可以提出一个什么数学问题？

生：剩下几个雪花片？（教师提示下）

师：用什么方法计算？

生：2−1=1。

师：说一说各个部分的含义。

生：2 表示原来有 2 个雪花片，1 表示拿走 1 个雪花片，1 表示还剩 1 个雪花片。

师：怎么算出来的？

生：2 可以分成 1 和 1，所以 2−1=1。

（2）教师介绍 2−1=1 各个部分的名称。如图 1 所示。

续表

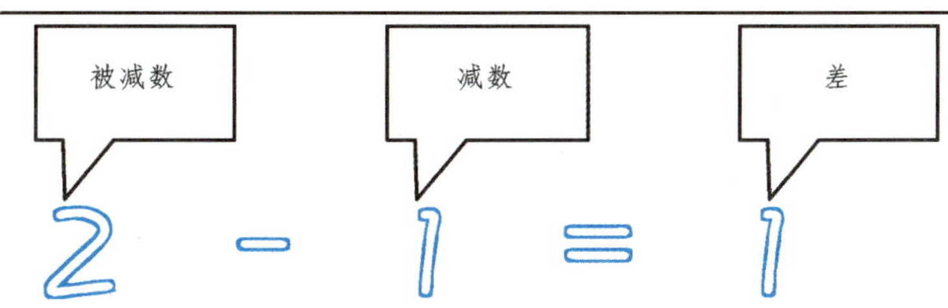 图 1　2−1=1 各部分名称 （3）学生大声读出各个部分的名称。 （4）书空 2−1=1，并引导学生在本子上书写 2−1=1（规范书写）。 2. 情境二 （1）出示一张生活照，2 个小朋友在教室里，出去了 1 个小朋友。 （2）引导学生提出数学问题并列式计算。 （3）抽学生说一说各个部分的含义。 （4）抽学生说一说各个部分的名称。 3. 情境三 （1）出示照片，操场上有 2 个小朋友在打篮球，1 个小朋友走开了。 （2）A、B 组独立提出问题，列式，C 组在老师语言提示下提出问题，列式。 （3）学生自由说一说各个部分的含义和名称。 （4）抽取 C 组学生上台指着照片说一说各个部分的含义和名称。 （设计意图：学生是主体，教师是主导。课堂教学应以引导学生发现问题，以解决问题为主线，而不是填鸭式教学。因此本设计通过大量生活的照片情境，引导学生发现问题，提出问题，解决问题，充分体现学生的主体性，帮助学生巩固、内化知识。） 三、巩固练习 （1）填一填：2−1=1 各个部分的名称。 （2）教师引导 A、B 组学生自主创设情境，提出问题，解决问题。 四、小结 （1）原来有多少个物品，拿掉、去掉几个物品，求剩下几个物品时用减法。 （2）“−”号表示去掉、拿掉的意思。 （3）2−1=1，2 表示被减数，1 表示减数，1 表示差。 五、课后小任务 （1）说一说 2−1=1 各个部分的名称。 （2）教师分发题单，有 2 个小朋友在吃饭，走了 1 个小朋友，要求 A、B 组自主提出问题并列式计算，C 组让父母提出问题，列式计算
板书设计
2 减几 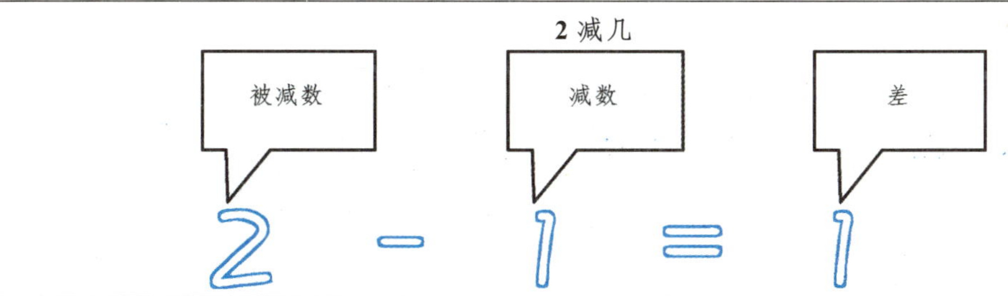

《10 加几》教学设计

课题	10 加几	总课时	2
第几课时	第 1 课时	课时内容	10 加几

教康整合目标

教学目标：

知识技能：

A 组：（1）学生能根据给定的图文列出加法算式。

（2）学生能够用整群加减的方法计算 10 加几。

（3）学生能说出加法算式中各部分的含义。

B 组：（1）学生能够在教师语言提示下列出加法算式。

（2）学生能够在教师语言提示下计算 10 加几。

（3）学生能跟说加法算式中各部分的含义。

C 组：学生能在教师动作提示下，利用点数计算 10 加几。

数学思考：

A 组：（1）学生能够根据情境思考加法的问题。

（2）学生能够上课积极发言，说出相应情境中的加法。

B 组、C 组：学生能够跟说情境中的加法问题。

问题解决：

A 组：学生能解决生活中遇到的 10 加几的问题，并能举例说明。

情感态度：

A 组：学生能够在 10 加几的学习中体验到快乐。

B、C 组：学生能够在教师的动作提示下，体会参与学习的快乐。

康复目标：认知、动作康复

教学重难点

学生能根据给定的图文列出加法算式。

学生能计算 10 加几

学教具准备

小红花、苹果图片、梨图片、小棒、雪花片、算式卡片、学生生活照

教学过程

一、导入

（1）计算下面的算式。

1+3=　　2+3=　　4+5=　　2+5=　　1+8=　　7+2=

（2）用小棒摆一摆 11～20 各数。

（3）填一填。

1 个十和 1 个一合起来是（　）。　1 个十和 3 个一合起来是（　）。

1 个十和 2 个一合起来是（　）。　1 个十和 4 个一合起来是（　）。

1 个十和 8 个一合起来是（　）。　1 个十和 9 个一合起来是（　）。

（设计意图：复习导入，加法运算很大程度上需要依赖学生点数能力与整群计算能力，通过复习帮助学生巩固 10 以内数的整群计算能力，同时通过动手操作，调动学生多感官，巩固数的组成，为接下来新的学习奠定良好的基础。）

续表

二、探究新知 1. 学习算式：10+1 （1）教师出示课件，展示苹果图片（左边 10 个苹果，右边 1 个苹果）。引导学生数一数，左边有几个苹果，右边有几个苹果。 生：左边有 10 个苹果，右边有 1 个苹果。 师：同学们这里一共有多少个苹果呢？可以怎样列式？ 生：10+1= 师：左边有 10 个苹果，右边有 1 个苹果，合起来一共是 11 个苹果。 （2）请同学说一说除了数一数，还可以怎么算？ （3）引导学生通过 11 的组成进行计算。10 表示 1 个十，1 表示 1 个一，1 个十和 1 个一合起来就是十一。 （4）引导学生说一说 10+1=11 各部分的含义。 2. 学习算式：1+10 （1）出示梨的图片，左边 1 个梨，右边 10 个梨。引导学生数一数左边有几个梨，右边有几个梨。 （2）引导学生提出数学问题。一共有多少个梨。 （3）引导学生列出加法算式 1+10=，并计算。 师：同学们是怎么算出来的？（点数，利用数的组成进行计算） 师：同学们说一说 1 表示什么？10 表示什么？11 表示什么？ （4）观察 1+10=11 和 10+1=11 的相同点和不同点。 （5）得出结论，加数位置改变，不影响计算结果。 （设计意图：通过一图两式的教学，帮助学生理解交换加数的位置和不变的算理。） 三、巩固练习 （1）教师出示雪花片，左边袋子 10 个，右边袋子 1 个。提出问题，一共有多少个雪花片？要求学生列式计算，然后说一说算式代表的含义。（A、B 组学生列出算式，用 11 的组成进行计算，C 组同学通过点数老师手上的雪花片进行计算。） （2）教师出示小红花，左边黑板贴 1 朵，右边贴 10 朵，请同学提出一个数学问题，并根据数学问题列式计算，说出算式含义。（A、B 组提出问题并列式，C 组跟说问题，点数出结果） （3）出示学生学习的生活照，10 个小朋友在看书，1 个小朋友在写字，请同学们提出数学问题，并根据数学问题列式计算，说算式含义。（A、B 组提出问题并列式，C 组跟说问题，点数出结果） 四、小结 （1）点数和数的组成都可以计算出 10 加几。 （2）加数交换位置，和不变。 五、课后小任务 A、B 组：（1）发放计算卡。4+3=　10+1=　1+10=　5+3=　6+3= （2）在生活中寻找一个 10 加几的数学问题，并列式计算。 C 组：跟说 10+1=11 和 1+10=11 的含义
板书设计
10 加几 10+1=11　　　　1+10=11 注：加数交换位置，和不变

课题	10 加几	总课时	2
第几课时	第 2 课时	课时内容	计数器计算

教康整合目标

教学目标：
知识技能：
A 组：（1）学生能说出数位代表的意思。
（2）学生能在计数器上正确拨出相应的数字。
（3）学生能根据图意列式并用计数器独立计算。
B 组：（1）学生能够在教师语言提示下说出数位代表的意思。
（2）学生能在教师的动作提示下拨出相应的数字。
（3）学生能在教师的语言提示下根据图意列式，并用计数器计算。
C 组：（1）学生能跟读出计数器表示的数字。
（2）学生能跟读所列加法算式。
（3）学生能用小棒点数计算 10 加几。
数学思考：
A 组：（1）学生能够根据情境思考加法的问题。
（2）学生能够上课积极发言，说出相应情境中的加法。
B、C 组：学生能够跟说情境中的加法问题。
问题解决：
A 组：学生能解决生活中遇到的 10 加几的问题，并能举例说明。
情感态度：
A 组：学生能够在 10 加几的学习中养成良好的计算习惯。
B、C 组：学生能够在教师的动作提示下，养成良好的计算习惯。
康复目标：言语、认知、动作康复

教学重难点

学生能够说出数位代表的意思。
学生能够用计数器进行计算 10 加几

学教具准备

计数器、口算卡片、计数器图片、小棒

教学过程

一、导入
（1）算一算。
1+3=　　2+4=　3+5=　　4+4+　　6+2=　　10+1=　　7+2=　　1+10=
（2）说一说 20 以内数的组成。
（设计意图：小步子、多重复是培智学生学习的重要方式，不断复习前期学习的知识，将知识点细化分解有利于学生知识的掌握吸收。）
二、探究新知
1. 学习 10+3=13
教师出示“10+3=”算式，在计数器上示范拨出相应的数字。10 表示 1 个十，在十位上拨 1 个珠子，加号表示增加的意思，3 表示 3 个一，在个位上拨 3 个珠子。合起来就是 1 个十 3 个一，就是 13。

续表

2. 学习 3+10=13 教师出示“3+10=”算式，指导学生在计数器上拨出相应的数字。3 表示 3 个一，在个位上拨 3 个珠子，10 表示 1 个十，在十位上拨 1 个珠子，加号表示增加的意思。合起来是 1 个十 3 个一，就是 13。（A、B 组学生通过拨计数器计算，C 组数小棒计算） 学生说一说算式表示的含义。（C 组学生跟说，A 组独立说，B 组学生在教师语言提示下说。） 教师引导学生观察 10+3=13 和 3+10=13 的相同点和不同点。引导学生说出加数交换位置，和不变。 3. 学习 10+4=14 教师出示计数器图片，左边是 1 个十，中间一个箭头，右边是 1 个十 4 个一的计数器图片。引导学生列式。 1 个十用数字 10 表示，4 个一用数字 4 表示，增加用加号表示，列出算式 10+4=14。 引导学生说一说算式的含义。 4. 学习 4+10=14 教师出示计数器图片，左图是 4 个一，中间一个箭头，右边是 1 个十 4 个一的计数器图片。引导学生列式。（A 组独立列出并计算，B 组在教师提示下列式计算，C 组跟读算式。） 引导学生说一说算式的含义。 引导学生说一说各数位的含义。（C 组学生跟说，A 组独立说，B 组学生在教师语言提示下说。） 教师引导学生观察 10+3=13 和 3+10=13，10+4=14 与 4+10=14 的相同点和不同点。引导说出加数交换位置，和不变。 （设计意图：培智学生以直观形象思维为主，不断地演示操作，可以有效提高其对知识的理解，数学本身也要求重视算理的教学，要求学生知其然，而知其所以然，因此本环节的设计目的在于掌握计数器计算的方法，同时重视算理的理解与掌握。） 三、巩固练习 （1）看人教版教材第 27 页练一练第 1 题图片，列式并在计数器上拨一拨，算一算。 （2）分发计算卡，两人一组在计数器上拨一拨，算一算。 10+1=　10+2=　10+3=　10+4=　10+5=　10+6=　10+7=　10+8=　10+9= 1+10=　2+10=　3+10=　4+10=　5+10=　6+10=　7+10=　8+10=　9+10= 四、小结 10 加几的计算除了用点数和数的组成来计算外，还可以用计数器进行计算。 五、课后小任务 回家跟爸爸妈妈一起拨一拨，算一算教材第 27 页第 2 题
板书设计
10 加几 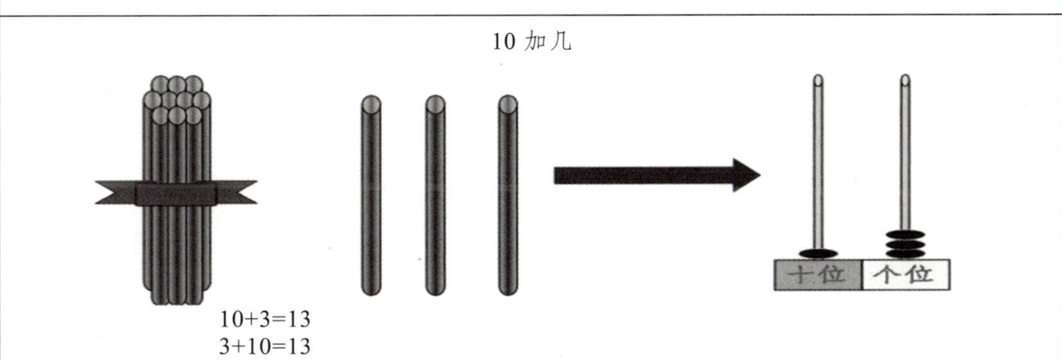

《20 以内不退位减法》教学设计

课题	20 以内不退位减法	总课时	4
第几课时	第 1 课时	课时内容	两位数减一位数不退位减法

教康整合目标

教学目标：

知识技能：

A 组：（1）学生能根据给定的图文列出减法算式。

（2）学生能够借助小棒或计数器正确计算出两位数减一位数不退位减法。

（3）学生能说出两位数减一位数不退位减法算式中各部分的名称。

B 组：（1）学生能够在教师语言提示下列出减法算式。

（2）学生能够在教师口头提示下用小棒或计数器计算两位数减一位数不退位减法。

（3）学生能跟说加减法算式中各部分的名称。

C 组：学生能在教师动作提示下，利用小棒计算两位数减一位数不退位减法。

数学思考：

A 组：（1）学生能够根据情境思考减法的问题。

（2）学生能够上课积极发言，说出相应情境中的减法。

B、C 组：学生能够跟说情境中的减法问题。

问题解决：

A 组：学生能解决生活中遇到的两位数减一位数不退位减法的问题，并能举例说明。

情感态度：学生能够在两位数减一位数不退位减法的学习中体验到快乐。

康复目标：认知、动作康复

教学重难点

（1）学生能根据给定的图文列出减法算式。

（2）学生能借助小棒或者计数器计算 20 以内不退位减法

学教具准备

小棒、计数器、课件

教学过程

一、导入

（1）计算下面的算式。

8−3=　　　5−2=　　　11+2=　　　12+4=

（2）用小棒摆一摆 11～20 各数。

（3）填一填。

11 里面有（　）个十（　）个一。　12 里面有（　）个十（　）个一。

13 里面有（　）个十（　）个一。　14 里面有（　）个十（　）个一。

18 里面有（　）个十（　）个一。　19 里面有（　）个十（　）个一。

（设计意图：复习导入，减法是加法的逆运算，相对加法，减法教学难度更大，因此前期的基础知识更为重要，通过复习帮助学生巩固 10 以减法和 20 以内加法以及点数能力，可以更好地巩固已学知识，为接下来新的学习奠定良好的基础。）

续表

二、探究新知

学习算式 12−2=10。

1. 实物演示，初探新知

（1）教师拿出小棒 12 根，引导学生数一数，说一说有多少根。

（2）教师拿走 2 根小棒，引导学生数一数，说一说拿走了几根，还剩几根。

生：拿走了 2 根，还剩 1、2、3……

师：前面我们学过求“还剩”可以用什么方法计算？

生：减法。

（3）教师在黑板上一边板书一边口述，列出算式。（12 根小棒用数字 12 表示，拿走 2 根用数字 2 表示，剩下 10 根用数字 10 表示，求剩下多少用减法，在 12 和 2 之间添上减号。）如图 1 所示。

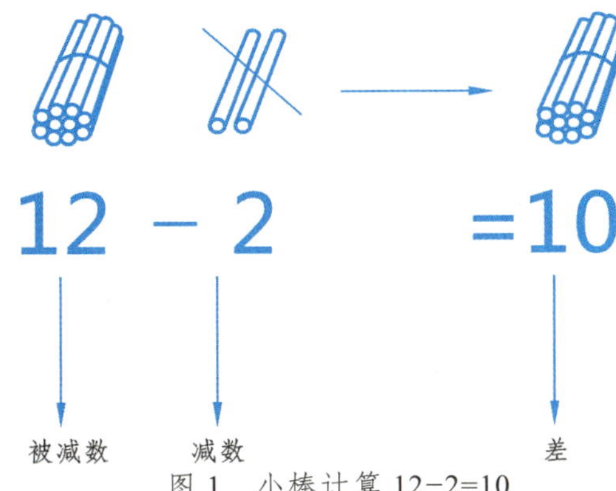

图 1　小棒计算 12−2=10

师：还记得各个部分的名称吗？

生：12 是被减数，2 是减数，10 是差。

师：我们是怎么算出来的？

生：数出来的。

师：除了数这种方式，我们还可以通过什么方式算呢？

（4）教师演示用计数器进行计算。（12 里面有 1 个十，2 个一，在十位上拨 1 个珠子，在个位上拨 2 个珠子，减去 2 就是从个位上拿走 2 个珠子，如图 2 所示。）

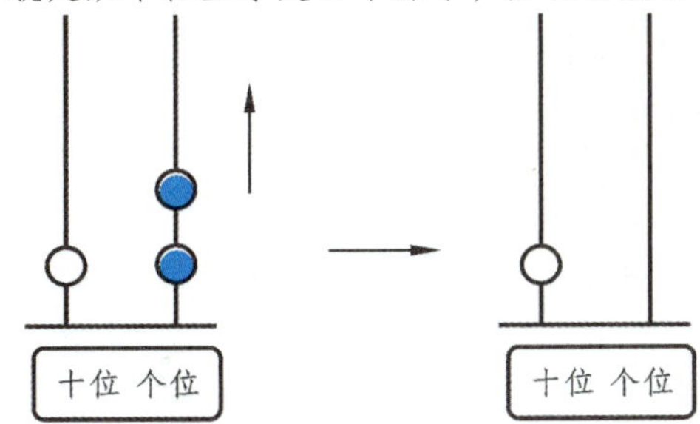

图 2　计数器计算 12−2=10

（5）教师引导总结，12−2=10，有两种方法可以计算，一种是用小棒数一数，另一种是用计数器拨一拨。

2. 情境演练，归纳方法

（1）教师出示课件，有 12 只鸭子在水里游泳，飞走了 2 只。

续表

（2）引导学生观察图片提出数学问题。 （3）教师先示范提出问题：还剩几只鸭子在水里游泳？ （4）引导学生列出算式：12−2= （5）引导学生想一想怎么计算。 生：可以通过数一数，还剩 12 只鸭子。 师：可以数一数，还可以借助小棒进行计算，请小朋友拿出小棒，自己试一试。 （6）教师示范，12 里面有 1 个十和 2 个一，拿出 1 捆小棒和 2 根小棒。减去 2 就是拿走两根小棒，还有一捆小棒，就是一个十，结果是 10。 （7）引导学生在计数器上进行计算。12 里面有 1 个十和 2 个一，在计数器十位上拨 1 个珠子，在个位上拨 2 个珠子，减去 2，就是在个位上拿掉 2 个珠子。十位上还有 1 个珠子，个位上没有珠子了，就是 10。 （8）抽学生说一说被减数、减数和差分别是哪些数字。 （9）引导学生观察两种计算方式的共同点和不同点。 （10）引导学生小结：两位数减一位数不退位减法，十位不变，只在个位减。 （设计意图：通过实物演示引入课题，以直观形象的方式让学生看到减法的计算过程，学生在经历中理解两位数减一位数不退位减法的算理，便于学生再现知识。） 三、巩固练习 （1）教师出示图片，有 14 个雪花片，圈走 2 个雪花片。（A 组独立列式，计算。B 组学生在老师口头提示下列出算式计算，C 组同学用小棒进行计算。） （2）教师出示小红花图片，黑板贴 13 朵，划掉 2 朵小红花。请同学提出一个数学问题，并根据数学问题列式计算。（A 组提出问题并列式计算，B 组在口头提示下列式计算，C 组跟说问题，用小棒计算出结果。） （3）出示学生学习的生活照，15 个小朋友在看书，出去了 2 个小朋友。请同学们提出数学问题，并根据数学问题列式计算，说一说算理。（A 组提出问题并列式，B 组在提示下列式并计算，C 组跟说问题，用小棒计算出结果，跟说算理）。 四、小结 （1）通过摆小棒和拨计数器均可以计算出两位数减一位数减法算式。 （2）两位数减一位数不退位减法，十位不变，只在个位减。 五、课后小任务 A 组：（1）发放计算卡。14−2=　　15−3=　　16−2=　　17−4= （2）在生活中寻找一个两位数减一位数的不退位减法问题，并列式计算。 B、C 组：跟说生活中的两位数减一位数减法问题
板书设计
两位数减一位数不退位减法 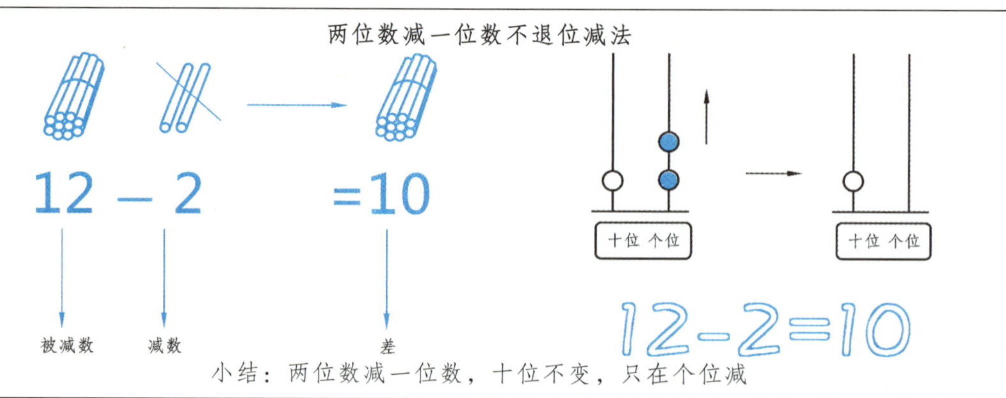 小结：两位数减一位数，十位不变，只在个位减

课题	20以内不退位减法	总课时	4
第几课时	第2课时	课时内容	两位数减一位数不退位减法（15以内数减几）

教康整合目标

教学目标：
知识技能：
A组：（1）学生能正确计算15以内数减几的不退位减法。
（2）学生能够借助小棒或计数器正确计算出15以内数减一位数不退位减法。
（3）学生能说出15以内数减一位数不退位减法计算过程。
B组：（1）学生能够在教师语言提示下正确计算15以内数减几的不退位减法。
（2）学生能够在教师口头提示下用小棒或计数器计算15以内数减一位数不退位减法。
（3）学生能跟说15以内数减一位数不退位减法计算过程。
C组：学生能在教师动作提示下，利用小棒计算15以内数减一位数不退位减法。
数学思考：
A组：（1）学生能够根据情境思考减法的问题。
（2）学生能够上课积极发言，说出相应情境中的减法。
B、C组：学生能够跟说情境中的减法问题。
问题解决：
A组：学生能解决生活中遇到的15以内数减一位数不退位减法的问题，并能举例说明。
情感态度：学生能够在15以内数减一位数不退位减法的学习中体验到快乐。
康复目标：认知、动作康复

教学重难点

学生能正确计算15以内数减几的不退位减法。
学生能说出15以内数减一位数不退位减法计算过程

学教具准备

小棒、计数器、课件

教学过程

一、导入
（1）计算下面的算式。
10−3=　　　12−2=　　　11+2=　　　12+4=
（2）用小棒摆一摆11～20各数。
（3）跟着教师说一说10以内数的组成，并自己说一说各数的组成。
二、探究新知
（一）学习算式11−1=10
1. 实物演示，初探新知
（1）教师拿出小棒11根，引导学生数一数，说一说有多少根。
（2）引导学生说一说11的组成。
（3）教师拿走1根小棒，引导学生数一数，说一说拿走了几根，还剩几根。
生：拿走了2根，还剩1、2、3……
师：前面我们学过求“还剩”可以用什么方法计算？
生：减法
（4）给学生思考的时间，然后请学生列出算式。
（5）教师在黑板上一边板书一边口述，列出算式11−1=10。

续表

<table>
<tr><td>
2. 情境演练，归纳方法
通过情境演练，巩固算式 11－1=10 的计算方法。
（二）学习算式：15−4=11
1. 用小棒计算
（1）教师出示课件，有 15 朵小红花，圈走 4 朵。
（2）引导学生数一数有多少朵小红花，并说一说 15 的组成。
（3）引导学生列出算式 15−4=
（4）引导学生拿出小棒计算。（15 里面有 1 个十，5 个一，先拿出一个十和 5 个一数量的小棒，减去 4 个就是拿走 4 根小棒，还剩 1 个十，1 个一。C 组学生可以自己再数一数小棒。）
（5）教师板书 15−4=11。引导学生说，在计算 15−4 时，先计算 5 减 4 等于 1，再算 10 加 1 等于 11。
2. 用计数器计算
师：还记得减法算式中各个部分的名称吗？
生：15 是被减数，4 是减数，11 是差。
师：我们是怎么算出来的？
生：用小棒算出来的。
师：除了数这种方式，我们还可以通过什么方式算呢？
（1）教师演示用计数器进行计算。（15 里面有 1 个十，5 个一，在十位上拨 1 个珠子，在个位上拨 5 个珠子，减去 4 就是从个位上拿走 4 个珠子。）
（2）教师引导总结，15−4=11，有两种方法可以计算，一种是用小棒，另一种是用计数器拨一拨。
（3）引导学生说一说计算过程，十位不变，个位数字相减。（A、B 组自由说一说，C 组学生跟说。）
（设计意图：通过实物演示引入课题，以直观形象的方式让学生看到减法的计算过程，学生在经历中理解 15 以内数减一位数不退位减法的算理，便于学生再现知识。）
三、巩固练习
（1）教师出示图片，有 14 根小棒，圈走 2 根小棒，教师提出问题，学生列式计算。（A 组独立列式，计算。B 组学生在老师口头提示下列出算式计算，C 组同学用小棒进行计算。）
（2）教师出示教室图片，教室里有 13 个小朋友，出去 2 个小朋友。请同学提出一个数学问题，并根据数学问题列式计算。（A 组提出问题并列式计算，B 组在口头提示下列式计算，C 组跟说问题，用小棒计算出结果。）
（3）拨一拨，填一填。
教师出示 14－3 的小棒图和计数器图片，学生根据图片动手摆小棒、计数器计算得出 14－3=11。（A 组自主摆小棒，拨计数器完成，B 组在教师口头提示下完成，C 组在教师动作提示下用小棒摆一摆。A、B 组一边摆，一边说出计算过程，C 组跟说计算过程）。
四、小结
（1）通过摆小棒和拨计数器均可以计算出 15 以内数减一位数减法算式。
（2）两位数减一位数不退位减法，十位不变，只把个位相减。
五、课后小任务
A、B 组：（1）发放计算卡。14−2=　　15−3=　　12−2=　　11−1=
（2）在生活中寻找一个 15 以内数减一位数的不退位减法问题，并列式计算。
C 组：用小棒计算。14−2=　　15−3=
</td></tr>
</table>

续表

板书设计
十几（15 以内数）减一位数不退位减法 11−1=10 15−4=11 小结：十几（15 以内数）减一位数，十位不变，只在个位相减

课题	20 以内不退位减法	总课时	4
第几课时	第 3 课时	课时内容	两位数减整十数不退位减法
教康整合目标			
教学目标： 知识技能： A 组：（1）学生能根据给定的图文列出减法算式。 （2）学生能够借助小棒或计数器正确计算出两位数减整十数不退位减法。 （3）学生能说出两位数减整十数不退位减法算式中各部分的含义。 B 组：（1）学生能够在教师语言提示下列出减法算式。 （2）学生能够在教师口头提示下用小棒或计数器计算两位数减整十数不退位减法。 （3）学生能跟说加减法算式中各部分的含义。 C 组：学生能在教师动作提示下，利用小棒计算两位数减整十数不退位减法。 数学思考： A 组：（1）学生能够根据情境思考减法的问题。 （2）学生能够上课积极发言，说出相应情境中的减法。 B 组、C 组：学生能够跟说情境中的减法问题。 问题解决： A 组：学生能解决生活中遇到的两位数减整十数不退位减法的问题，并能举例说明。 情感态度：学生能够在两位数减整十数不退位减法的学习中体验到快乐。 康复目标：认知、动作康复			
教学重难点			
学生能根据给定的图文列出减法算式。 学生能借助小棒或者计数器计算两位数减整十数不退位减法			
学教具准备			
小棒、计数器、课件			

续表

教学过程
一、导入 （1）教师拿出13个雪花片，引导学生说一说，数一数，然后拿走2个雪花片，问还有多少个雪花片。 生：边数边说，还有11个雪花片。 师：可以列算式：13−2=11（个）。 师：那老师有13个雪花片，拿走10个雪花片，还有多少雪花片呢？ 生：还有3个。 师：你是怎么知道的？ 生：数的。 （2）引导学生用列算式的方式计算：13−10= （3）引导学生想一想13−10=这个算式怎么计算？（引入新课，两位数减整十数不退位减法） （设计意图：复习导入，创设情境，帮助学生回顾上节课知识点，同时自然地引出本节课的知识点，便于学生前、后知识之间的联系。） 二、探究新知 1. 学习算式13−10=3 （1）教师示范演示13−10=3的计算方法，用小棒和用计数器两种形式。（一边演示，一边用语言描述过程。）如图1所示。 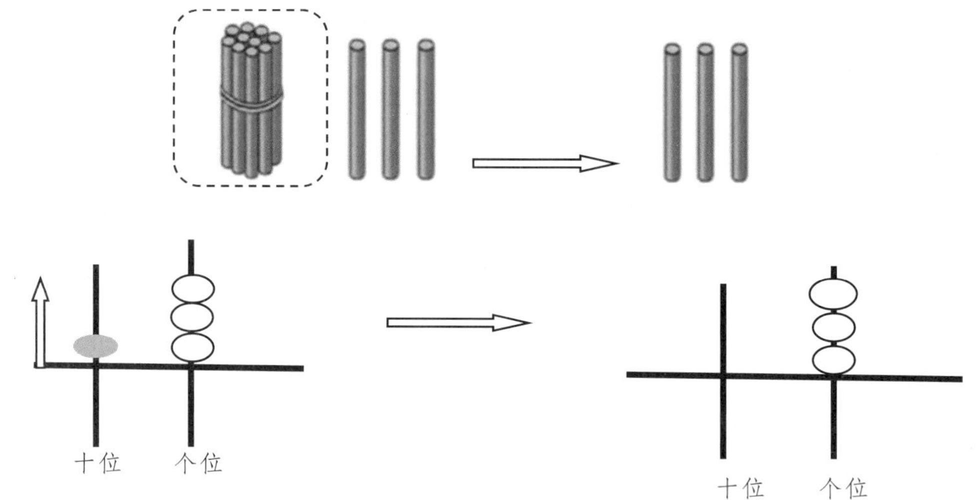 图1　13−10=3计算方法 （2）教师引导学生自己再用小棒摆一摆，用计数器拨一拨。 （3）抽学生用小棒摆一摆，用计数器拨一拨。 （4）引导学生说一说各个部分的名称和含义。（13是被减数，表示原来有13个雪花片，10是减数，表示拿走10个雪花片，3是差，表示还剩3个雪花片。） （5）齐读算式的名称和含义。 （6）教师引导总结，13−10=3，有两种方法可以计算，一种是用小棒数一数，另一种是用计数器拨一拨。 （7）引导学生比较两种计算方式的相同和不同，得出结论：两位数减整十数不退位减法，只在十位相减，个位不变。

续表

2. 情境演练，归纳方法。 （1）教师出示课件，有 12 个气球，飞走了 10 个。 （2）引导学生观察图片提出数学问题。 （3）教师先示范提出问题：还剩几个气球？ （4）引导学生列出算式：12−10= （5）引导学生想一想怎么计算。 生：可以通过数一数，还剩 2 个气球。 师：可以数一数，还可以借助小棒进行计算，请小朋友拿出小棒，自己试一试。 （6）教师示范，12 里面有 1 个十和 2 个一，拿出 1 捆小棒和 2 根小棒。减去 10 就是拿走两根小棒，还有 2 根小棒，就是 2。 （7）引导学生在计数器上进行计算。12 里面有 1 个十和 2 个一，在计数器十位上拨 1 个珠子，在个位上拨 2 个珠子，减去 10，就是在十位上拿掉 1 个珠子，还剩 2 个一，就是 2。 （8）引导学生说一说被减数、减数、差分别是哪些数字，表示什么含义。 （9）引导学生观察两种计算方式的共同点和不同点。 （10）引导学生小结：两位数减整十数不退位减法，只在十位相减，个位不变。 （设计意图：通过生活情境和实物演示相结合，分析比较不同的算式，最后归纳出结论，知识迁移自然，学生对于基本算理的理解更加充分，利于对抽象算理知识的学习。） 三、巩固练习 （1）拨一拨，填一填。 14−10=　　13−10=　　15−10=　　16−10= （A 组独立计算。B 组学生在老师口头提示下计算，C 组学生在教师动作提示下计算。） （2）看图完成算式。 教师出示小红花图片，黑板贴 13 朵，划掉 10 朵小红花。请同学提出一个数学问题，并根据数学问题列式计算。（A 组提出问题并列式计算，B 组在口头提示下列式计算，C 组跟说问题，在动作提示下计算出结果。） 四、小结 （1）通过摆小棒和拨计数器均可以计算出两位数减整十数不退位减法算式。 （2）两位数减整十数不退位减法，只在十位相减，个位不变。 五、课后小任务 用小棒或计数器摆一摆、拨一拨计算。并说一说各个部分的名称和含义。 14−10=　　15−10=　　16−10=　　17−10=
板书设计
两位数减整十数不退位减法 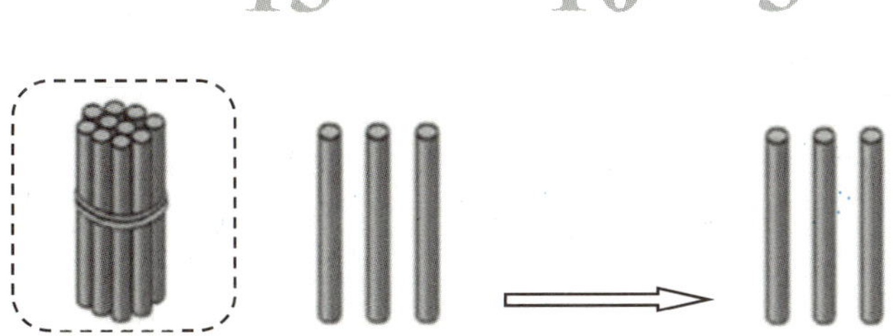

续表

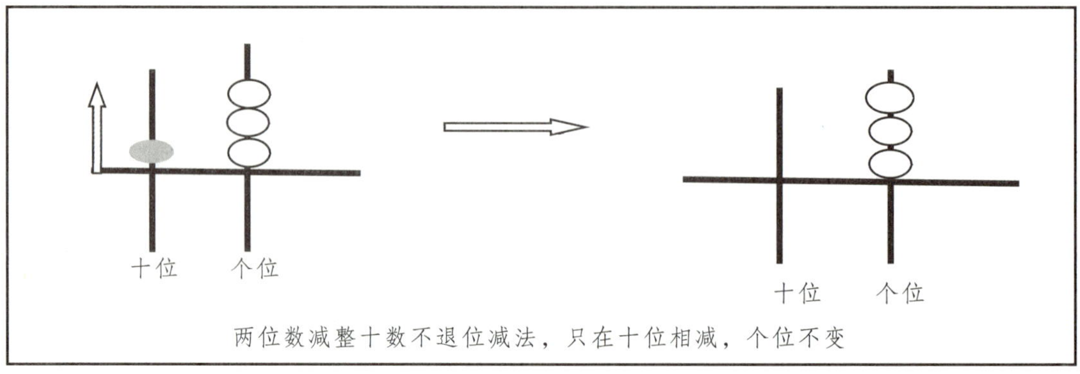

两位数减整十数不退位减法，只在十位相减，个位不变

课题	20以内不退位减法	总课时	4
第几课时	第4课时	课时内容	两位数减整十数不退位减法

教康整合目标

教学目标：

知识技能：

A组：（1）学生能够借助小棒或计数器正确计算出两位数减整十数不退位减法，说出计算过程。

（2）学生能说出两位数减整十数不退位减法算式中各部分的含义。

B组：（1）学生能够用小棒或计数器计算两位数减整十数不退位减法。

（2）学生能说出两位数减整十数不退位减法算式中各部分的含义。

C组：（1）学生能在教师动作提示下，利用小棒计算两位数减整十数不退位减法。

（2）学生能跟说两位数减整十数不退位减法算式中各部分的含义。

数学思考：

A组：（1）学生能够根据情境思考减法的问题。

（2）学生能够上课积极发言，说出相应情境中的减法。

B、C组：学生能够跟说情境中的两位数减整十数不退位减法问题。

问题解决：

A组：学生能解决生活中遇到的两位数减整十数不退位减法的问题。

情感态度：学生能够在两位数减整十数不退位减法的学习中体验到快乐。

康复目标：认知、动作康复

教学重难点

学生能够借助小棒或计数器正确计算两位数减整十数不退位减法，说出计算过程。

学生能解决生活中遇到的两位数减整十数不退位减法的问题

学教具准备

小棒、计数器、课件

续表

教学过程
一、导入 （1）摆一摆或用计数器计算下列算式，并说一说计算过程。 14−10=　　13−10=　　15−10=　　12−10= （2）跟着老师说一说 20 的组成。 （3）拿出小棒和计数器摆一摆、拨一拨 11～20 各数。 （设计意图：复习导入，先回顾上节课所学知识，帮助学生再现 15 以内数减整十数的小棒和计数器计算方法，通过摆一摆、拨一拨充分调查学生多感官，激活已有的知识。） 二、探究新知 1. 学习算式：18−10=8 （1）教师示范演示 18−10=8 的计算方法，用小棒和计数器两种形式。（一边演示，一边用语言描述过程。）如图 1 所示。 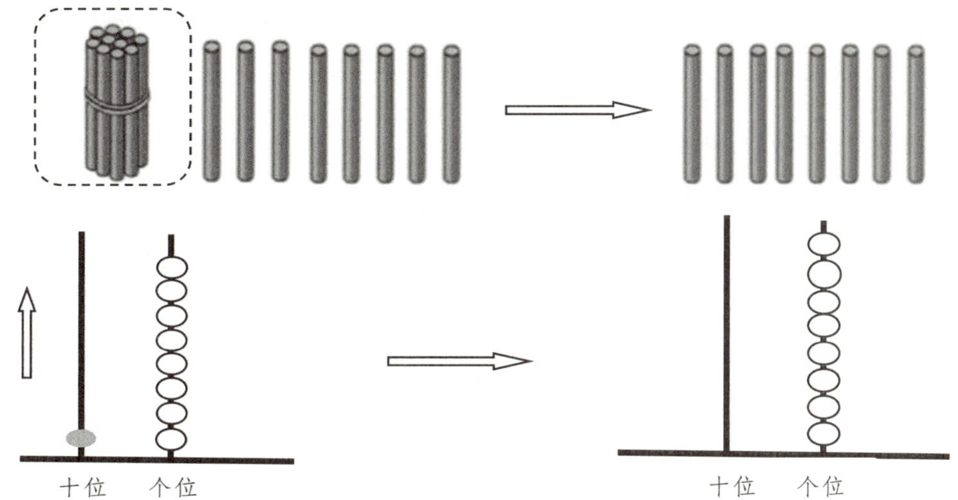 图 1　18−10=8 的计算方法 （2）教师引导学生自己用小棒摆一摆，用计数器拨一拨。 （3）抽学生用小棒摆一摆，用计数器拨一拨。 （4）引导学生说一说各个部分的名称和含义。（18 是被减数，表示原来有 18 个雪花片，10 是减数，表示拿走 10 个雪花片，8 是差，表示还剩 8 个雪花片。） （5）齐读算式的名称和含义。 （6）教师引导总结，18−10=8 有两种方法可以计算，一种是用小棒数一数，另一种是用计数器拨一拨。 （7）引导学生比较两种计算方式的相同和不同，得出结论：两位数减整十数不退位减法，只在十位相减，个位不变。 2. 情境演练，归纳方法。 （1）教师出示课件，有 18 只羊，走了 10 个。 （2）引导学生观察图片提出数学问题。 （3）教师先示范提出问题：还剩几只羊？

续表

（4）引导学生列出算式：18−10= （5）引导学生想一想怎么计算。 生：可以通过数一数，还剩8只羊。 师：可以数一数，还可以借助小棒进行计算，请小朋友拿出小棒，自己试一试。 （6）教师示范，18里面有1个十和8个一，拿出1捆小棒和8根小棒。减去10就是拿走两根小棒，还有8根小棒，就是8。 （7）引导学生在计数器上进行计算。18里面有1个十和8个一，在计数器十位上拨1个珠子，在个位上拨8个珠子，减去10，就是在十位上拿掉1个珠子，还剩8个一，就是8。 （8）引导学生说一说被减数、减数、差分别是哪些数字，表示什么含义。 （9）引导学生观察两种计算方式的共同点和不同点。 （10）引导学生小结：两位数减整十数不退位减法，只在十位相减，个位不变。 （设计意图：通过生活情境和实物演示相结合，分析比较不同的算式，最后归纳出结论，知识迁移自然，学生对于基本算理的理解更加充分，利于对抽象算理知识的学习。） 三、巩固练习 （1）拨一拨，填一填。 18−10=　　17−10=　　16−10=　　15−10= （A组独立计算，B组学生在老师口头提示下计算，C组学生在教师动作提示下计算。） （2）看图完成算式。 教师出示小鸭子图片，有小鸭子16只，游走了10只。请同学提出一个数学问题，并根据数学问题列式计算。（A组提出问题并列式计算，B组在口头提示下列式计算，C组跟说问题，在动作提示下计算出结果）。 四、小结 （1）通过摆小棒和拨计数器均可以计算两位数减整十数不退位减法算式。 （2）两位数减整十数不退位减法，只在十位相减，个位不变。 五、课后小任务 用小棒或计数器摆一摆、拨一拨计算。并说一说各个部分的名称和含义。 16−6=　　17−10=　　15−10=
板书设计
两位数减整十数不退位减法 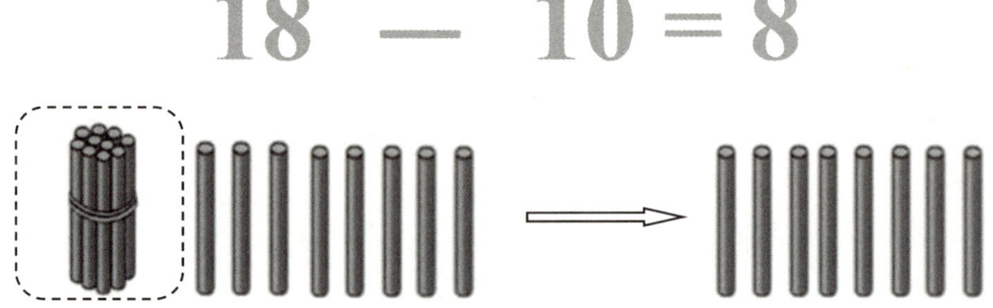

续表

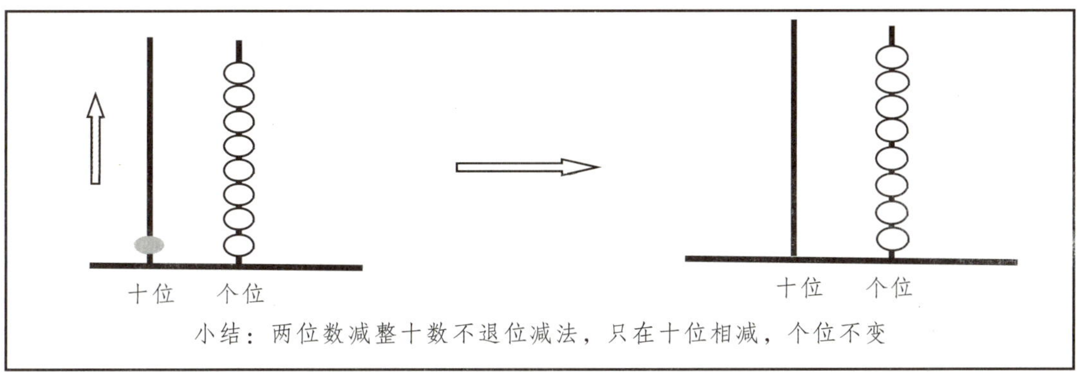

小结：两位数减整十数不退位减法，只在十位相减，个位不变

《百以内不退位减法》教学设计

课题	百以内不退位减法	总课时	2
第几课时	第 1 课时	课时内容	两位数减两位数不退位减法
教康整合目标			
教学目标： 知识技能： A 组：(1) 学生能根据给定的图文列出减法算式。 (2) 学生能够借助小棒或计数器正确计算出两位数减两位数不退位减法。 (3) 学生能说出两位数减两位数不退位减法算式中各部分的含义。 B 组：(1) 学生能够在教师语言提示下列出减法算式。 (2) 学生能够在教师口头提示下用小棒或计数器计算两位数减两位数不退位减法。 (3) 学生能跟说加减法算式中各部分的含义。 C 组：学生能在教师动作提示下，利用小棒计算两位数减两位数不退位减法。 数学思考： A 组：(1) 学生能够根据情境思考减法的问题。 (2) 学生能够上课积极发言，说出相应情境中的减法。 B、C 组：学生能够跟说情境中的减法问题。 问题解决： A 组：学生能解决生活中遇到的两位数减两位数不退位减法的问题，并能举例说明。 情感态度：学生能够在两位数减两位数不退位减法的学习中体验到快乐。 康复目标：认知、动作康复			
教学重难点			
学生能根据给定的图文列出减法算式。 学生能借助小棒或者计数器计算两位数减两位数不退位减法			
学教具准备			
小棒、计数器、雪花片、课件			

续表

教学过程
一、导入 （1）教师拿出23个雪花片，引导学生数一数，然后拿走1个雪花片，问还剩多少雪花片。 （2）请学生上台列式，其他同学在下面列式计算。 （3）教师出示正确答案：23−1=22（个）。 （4）教师提问：要是拿走11个雪花片，问还剩多少雪花片，又该怎么列式？ 生：23−11=。 师：怎么计算？（引出两位数减两位数减法课题） （设计意图：创设情境复习导入，利用先行组织者策略，为学生搭建支架，帮助孩子一步步过渡到新的知识上，学生将在教师的引导下，自然而然进入新的教学内容，实现新旧知识之间的迁移。） 二、探究新知 学习算式：23−11=12 （1）教师引导学生先自己用小棒摆一摆进行计算。 （2）教师示范用小棒进行计算。（13里面有1个十，3个一，拿出1捆小棒和3根小棒，减去11就是拿走1个十，1个一，就剩2个一，就是2。）如图1所示。 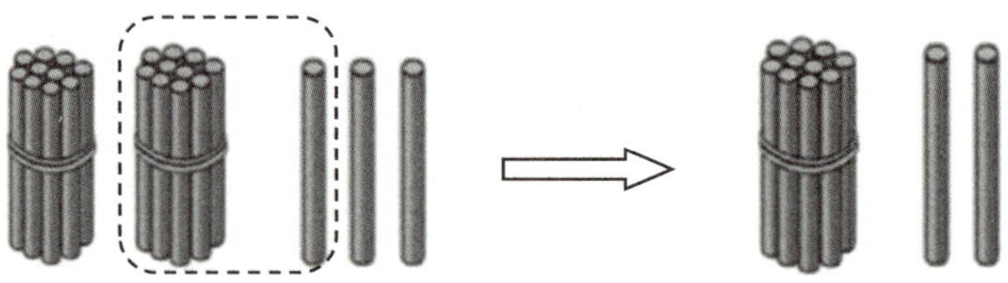 图1　用小棒计算23−11=12 （3）教师引导学生自己拿出计数器拨一拨，算一算。 （4）教师示范用计数器拨一拨，算一算。（23里面有2个十和3个一，在十位上拨2个珠子，在个位上拨3个珠子，减去11，从十位上拿走1个珠子，个位上拿走1个珠子。）如图2所示。 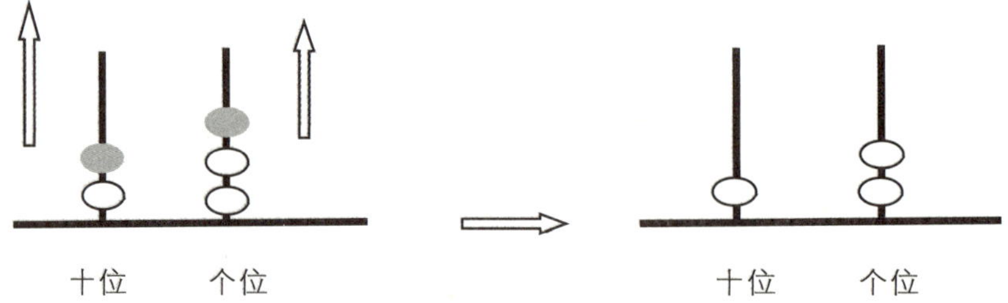 图2　用计数器计算23−11=12 （5）教师抽学生用计数器拨一拨，说一说操作过程。 （6）引导学生看两种计算方式的相同点和不同点。 （7）引导总结算理：两位数减两位数不退位减法，个位与个位相减，十位与十位相减。 （设计意图：通过实物演示引入课题，以直观形象的方式让学生看到减法的计算过程，学生在经历中理解两位数减两位数不退位减法的算理，便于学生再现知识。） 三、巩固练习 （1）教师出示图片，有34个气球，飞走了12个气球。（A组独立列式计算，B组学生在老师口头提示下列出算式计算，C组同学用小棒进行计算。）

续表

<table>
<tr><td>（2）教师出示小红花图片，黑板上贴 43 朵，划掉 11 朵小红花。请同学提出一个数学问题，并根据数学问题列式计算。（A 组提出问题并列式计算，B 组在口头提示下列式计算，C 组跟说问题，用小棒计算出结果。）
（3）出示学生学习的生活照，26 个小朋友在做作业，出去了 12 个小朋友。请同学们提出数学问题，并根据数学问题列式计算，说一说算理。（A 组提出问题并列式，B 组在提示下列式并计算，C 组跟说问题，用小棒计算出结果，跟说算理。）
四、小结
（1）通过摆小棒和拨计数器均可以计算出两位数减两位数减法算式。
（2）两位数减两位数不退位减法，个位与个位相减，十位与十位相减。
五、课后小任务
A 组：（1）发放计算卡。44−22=　　25−13=　　36−12=　　37−14=
（2）在生活中寻找一个两位数减两位数的不退位减法问题，并列式计算。
B、C 组：跟说生活中的两位数减两位数减法问题</td></tr>
<tr><td>板书设计</td></tr>
<tr><td>两位数减两位数不退位减法
23 − 11 = 12
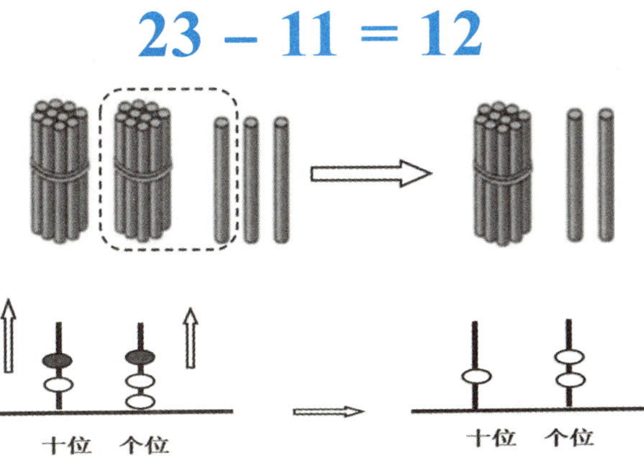

小结：两位数减两位数不退位减法，个位与个位相减，十位与十位相减</td></tr>
</table>

<table>
<tr><td>课题</td><td>百以内不退位减法</td><td>总课时</td><td>2</td></tr>
<tr><td>第几课时</td><td>第 2 课时</td><td>课时内容</td><td>列竖式计算两位数减两位数不退位减法</td></tr>
<tr><td colspan="4">教康整合目标</td></tr>
<tr><td colspan="4">教学目标：
知识技能：
A、B 组：（1）学生能根据给定的图文列出减法算式。
（2）学生能够列竖式计算出两位数减两位数不退位减法。
（3）学生能说出列竖式计算两位数减两位数不退位减法算理。
C 组：（1）学生能在教师口头提示下，利用小棒计算两位数减两位数不退位减法。</td></tr>
</table>

续表

<table>
<tr><td>
（2）学生能跟说算理。
数学思考：
A 组：（1）学生能够根据情境思考减法的问题。
（2）学生能够上课积极发言，说出相应情境中的减法。
B、C 组：学生能够跟说情境中的减法问题。
问题解决：
A 组：学生能解决生活中遇到的两位数减两位数不退位减法的问题。
情感态度：
A、B 组：学生能养成良好的列竖式习惯。
C 组：学生能够在两位数减两位数不退位减法的学习中体验到快乐。
康复目标：认知、动作康复
</td></tr>
<tr><td>教学重难点</td></tr>
<tr><td>
学生能根据给定的图文列出减法算式。
学生能借助小棒或者计数器计算两位数减两位数不退位减法
</td></tr>
<tr><td>学教具准备</td></tr>
<tr><td>小棒、计数器、课件</td></tr>
<tr><td>教学过程</td></tr>
<tr><td>
一、导入
（1）拨一拨，算一算。
23−11=　　　31−11=　　　24−12=　　　24−14=
（2）根据教师创设的情境，列式计算。
① 教师画出 33 根小棒，引导学生数一数，然后拿走 12 根小棒，问还剩多少根小棒。
② 请学生上台列式，其他同学在下面列式计算。
③ 教师出示正确答案：33−12=11。
④ 教师提问：通过什么方式计算的？
生：数的、计数器拨的。
师：还可以怎么计算？（引出列竖式计算两位数减两位数减法课题）
（设计意图：先通过拨一拨调动学生的兴趣，回顾上节课知识，再通过演示操作，帮助学生形象地理解情境并列式计算，通过设疑—答疑，自然引领学生学习新的知识。）
二、探究新知
学习算式：33−12=21
（1）教师引导学生用小棒摆一摆，算一算。
师：33 里面有 3 个十，3 个一，引导学生拿出 3 个十数量的小棒和 3 个一数量的小棒，减去 12 怎么拿？
生：拿走 12 根。
师：对，12 里面有 1 个十和 2 个一，于是从 3 个十里面拿走 1 个十，从 3 个一里面拿走 2 个一，还剩几个十？几个一？
生：还剩 2 个十和 1 个一，就是 21。
（2）教师明确计算过程，先算个位 3 减 1 等于 2，再算十位 30 减 10 等于 20。
（3）示范 33−12=21 的竖式计算方法。（先明确写出个位和十位，33 个位上是 3，十位上是 3，12 个位上是 2，十位上是 1，个位与个位对齐，十位与十位对齐，从个位算起，个位与个
</td></tr>
</table>

续表

<table>
<tr><td>
位相减，十位与十位相减。）如图 1 所示。

十位	个位		十位	个位
3	3	→	3	3
− 1	2		− 1	2
			2	1

图 1　33−12=21 竖式计算

（4）引导学生理清算理：列竖式计算，个位与个位对齐，十位与十位对齐，从个位算起，个位与个位相减，十位与十位相减。

（5）引导学生试一试，并说一说计算过程。（A、B 组学生列竖式试一试，说一说，C 组学生摆小棒算一算，并跟说计算过程。）

（设计意图：列竖式要求数位要对齐，因此教师花大量的时间引导学生用小棒摆一摆，就是分清楚数字所在的数位，为列竖式做准备，接着教师将数位先写在黑板上，提示十位和个位的位置，引导学生个位十位一一对应，对理清算理“个位与个位相减，十位与十位相减”有非常重要的作用。）

三、巩固练习

（1）摆一摆，算一算。（引导 C 组学生利用小棒计算，并跟说计算过程）

44−12=　　22−10=　　23−11=　　43−12=

（2）列竖式计算。（A、B 组学生列竖式计算，并说一说算理）

52−11=　　45−13=　　64−13=　　26−11=

四、小结

（1）今天大家学到了什么？

（2）列竖式计算两位数减两位数不退位减法，分清个位与十位，个位与个位对齐，十位与十位对齐，从个位算起，个位与个位相减，十位与十位相减。

五、课后小任务

A、B 组根据情境，提出生活问题，列式，并用列竖式的方式计算。

如：桌子上有 22 颗糖果，拿走 11 颗糖果，还剩多少颗？

C 组：回家读一读两位数减两位数不退位减法算理
</td></tr>
<tr><td>板书设计</td></tr>
<tr><td>
列式计算两位数减两位数不退位减法

33　−　12　=　21

十位	个位		十位	个位
3	3	→	3	3
− 1	2		− 1	2
			2	1

小结：分清个位与十位，个位与个位对齐，十位与十位对齐，从个位算起，个位与个位相减，十位与十位相减
</td></tr>
</table>

《20以内数进位加法》教学设计

课题	20以内数进位加法	总课时	1
第几课时	第1课时	课时内容	9加几

教康整合目标

知识技能：

A组：（1）学生能根据给定的图文列出加法算式。

（2）学生能用凑十法计算加法算式。

（3）学生能说出凑十法算理。

B组：（1）学生能够根据给定的图文列出加法算式。

（2）学生能在老师的口头提示下，用凑十法计算加法算式。

C组：（1）学生能跟读加法算式。

（2）学生能用点数的方式计算九加几的算式。

数学思考：

A组：（1）学生能够根据情境思考加法的问题。

（2）学生能够上课积极发言，说出相应情境中的9加几。

B、C组：学生能够跟说情境中的9加几问题。

问题解决：

A组：学生能解决生活中遇到的9加几的问题。

情感态度：学生能够在学习9加几中体验到快乐。

康复目标：认知、动作康复

教学重难点

学生能根据给定的图文列出加法算式。

学生能计算9加几

学教具准备

小星星、苹果图片、梨图片、小棒、雪花片、算式卡片、学生生活照

教学过程

一、导入

（1）计算下面的算式。

1+8=	2+7=	3+6=	4+5=
8+1=	7+2=	6+3=	5+4=

（2）用小棒摆一摆10以内各数。

（3）填一填。

1个一和9个一合起来是（　　）。　2个一和8个一合起来是（　　）。

3个一和7个一合起来是（　　）。　4个一和6个一合起来是（　　）。

5个一和5个一合起来是（　　）。

（设计意图：通过复习导入，巩固学生9的分解与组合、10以内各数以及其组合的知识，为9加几的教学做准备。）

二、探究新知

1. 学习算式：9+2

教师出示课件，展示苹果图片（左边有9个苹果，右边有2个苹果）。

续表

（1）引导学生数一数，左边有几个苹果，右边有几个苹果。
生：左边有 9 个苹果，右边有 2 个苹果。
师：同学们这里一共有几个苹果呢？可以怎样列式？
生：9+2=
师：左边有 9 个苹果，右边有 2 个苹果，合起来一共是 11 个苹果。
（2）请同学说一说除了数一数，还可以怎么算？
（3）教师示范凑十法，如图 1 所示。（在示范过程中边讲解边用小棒演示，多问 9 离 10 差多少，强化 10 的概念）

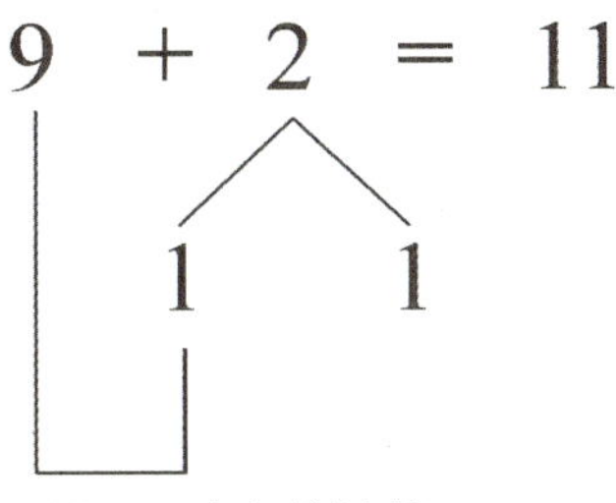

图 1　凑十法计算 9+2

（4）引导学生通过凑十法进行计算。9 比 10 差多少，差 1，因此将 2 分成 1 和 1，先用 9 加 1，然后加上剩下的 1，就等于 11。
（5）引导学生用小棒摆一摆凑十法，要求学生一边动手操作，一边叙述操作过程。
（6）教师用多媒体再次演示每一步操作过程，使每一个数及其对应的实物能够一起出现，以便那些习惯于视觉学习的学生抓住关键。
（7）引导学生说一说 9+2=11 的算理。
2. 学习算式：2+9
（1）出示梨的图片，左边有 2 个梨，右边有 9 个梨。引导学生数一数左边有几个梨，右边有几个梨。
（2）引导学生提出数学问题。一共有多少个梨？
（3）引导学生列出加法算式 2+9=，并计算。
师：同学们是怎么算出来的？（点数，利用数的组成进行计算）
师：同学们，除了点数还可以用什么方法计算？
（4）引导学生用凑十法进行计算。（9 离 10 差多少，差 1，因此将 2 分成 1 和 1，先用 9 加 1，然后加上剩下的 1，就等于 11）
（5）观察 2+9=11 和 9+2=11 的相同点和不同点。
（6）巩固加法交换律，加数位置改变，不影响计算结果。
（7）引导 A 组学生自己总结凑十法计算方法（拆小数，看大数，大数凑十，再加余数）。B、C 组学生跟读。
（设计意图：强化学生对计数单位十的认识，形成十的建模过程，不断地演示操作，将抽象的数字计算先外化为可操作的实物，然后内化为计算过程；同时闪烁操作也充分利用了部分学生的视觉优势，通过操作让学生能及时抓住计算关键，防止关键信息遗失。）
三、巩固练习
（1）教师出示雪花片，左边袋子里有 9 个，右边袋子里有 2 个。提出问题，一共有多少个雪花片？要求学生列式计算，然后说一说算式代表的含义。（A、B 组学生列出算式，A 组独立用凑十法进行计算，B 组在教师语言提示下用凑十法进行计算，C 组同学通过点数老师手上的雪花片进行计算。）
（2）教师出示小星星，黑板左边贴 2 个小星星，右边贴 9 个小星星，请同学提出一个数学问题，并根据数学问题列式计算，说算式含义。（A、B 组提出问题并列式，A 组独立用凑十法进

续表

行计算，B组在教师语言提示下用凑十法进行计算，C组跟说问题，点数出结果。） （3）出示学生学习的生活照，9个小朋友坐在第一排，2个小朋友坐在第二排，请同学们提出数学问题，并根据数学问题列式计算，说出算式含义。（A、B组提出问题并列式，A组独立用凑十法进行计算，B组在教师语言提示下用凑十法进行计算；C组跟说问题，点数出结果。） 四、小结 凑十法：拆小数，看大数，大数凑十，再加余数。 五、课后小任务 A、B组：（1）发放计算卡，要求用凑十法进行计算。 9+1=　9+2=　1+9=　2+9=　9+3= （2）在生活中寻找一个9加几的数学问题，列式并说一说怎么用凑十法进行计算。 C组：跟读9+2=11和2+9=11的算式
板书设计
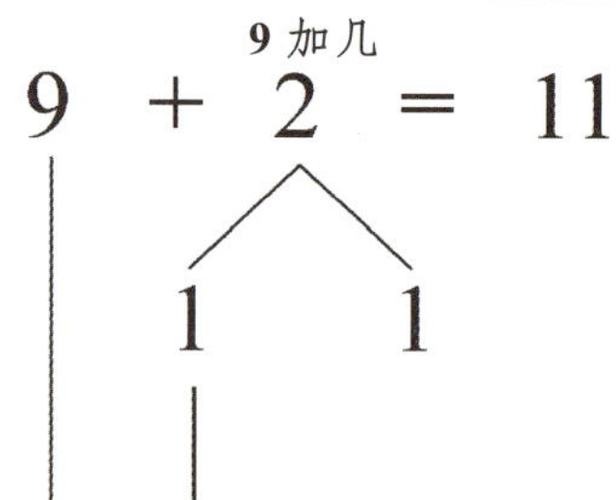 凑十法：拆小数，看大数，大数凑十，再加余数

《百以内不进位加法》教学设计

课题	整十数加整十数	总课时	2
第几课时	第1课时	课时内容	整十数加整十数
教康整合目标			
知识技能： A、B组：（1）学生能借助小棒计算整十加整十。 （2）学生能说出整十加整十的算理。 C组：（1）学生能在教师的口头提示下，用小棒计算整十加整十。 （2）学生能在老师的口头提示下，说出整十加整十的算理。 数学思考： A、B组：学生能够根据情境思考整十加整十的问题。 C组：学生能够跟说整十加整十的问题。 问题解决： A组：学生能解决生活中遇到的整十加整十的问题。 情感态度：学生能够在学习整十加整十中体验到快乐。 康复目标：认知、动作康复			

续表

教学重难点
学生用小棒和数的组成计算整十数加整十数。 学生能说出整十数加整十数的算理
学教具准备
小棒、课件
教学过程
一、导入 （1）拿出小棒，跟着老师一十一十地数到100。 （2）填一填。 10、20、（ ）、40、（ ）、60、70、（ ）、90、100。 （3）填一填。 1个十组成（ ），2个十组成（ ），3个十组成（ ），4个十组成（ ）， 5个十组成（ ），6个十组成（ ），7个十组成（ ），8个十组成（ ）， 9个十组成（ ），10个十组成（ ）。 （设计意图：通过复习导入，巩固学生对整十数的组合的知识。） 二、探究新知 1. 学习算式：40+20= 教师出示课件，展示图书情境，左边有40本书，右边有20本书，一共有多少本书？ （1）引导学生读题并把关键字40、20、一共圈出来。 师：求一共用什么方法计算？ 生：加法。 师：列出算式：40+20= （2）请同学说一说怎么计算。 （3）教师用小棒一边提问一边操作示范40+20=60的计算。（40里面有几个十？4个十，拿出4捆小棒，20里面有几个十？2个十，拿出2捆小棒，加法表示合起来，求一共。把4捆小棒和2捆小棒合起来，变成6捆小棒，就是6个十，结果为60。） （4）引导A、B组学生自己边说边操作40+20=60，C组学生在教师口头提示下操作。 （5）教师出示课件。如图1所示。 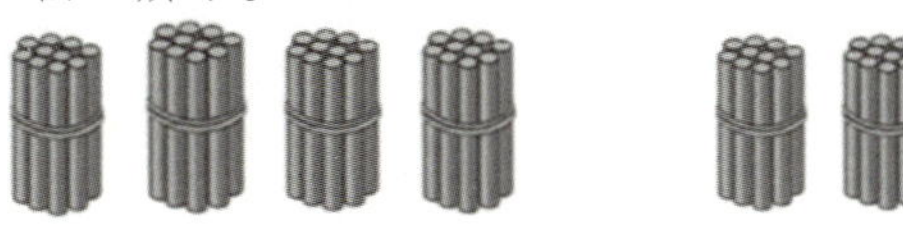 图1 小棒演示40+20=60 2. 自主学习算式：20+40= （1）出示课件，展示图书情境，左边有20本书，右边有40本书，一共有多少本书？ （2）引导学生自主列出算式20+40=，并计算。 （3）抽学生演示计算过程。 （4）引导学生总结：整十数加整十数，个位不变，只把十位上的数相加。 （5）学生齐读整十数加整十数算理。 （设计意图：强化学生对整十数的组成的认识，通过不断操作，内化计算过程，整个教学注重学生多感官调动，有利于学生兴趣的调动。）

续表

三、巩固练习

借助小棒操作，计算下列算式，并说一说算理。

20+40=　　40+20=　　10+20=　　20+30=　　30+40=

四、小结

（1）用小棒计算整十数加整十数，先拿出对应的小棒，然后合在一起数，数出多少就是多少个十。

（2）整十数加整十数，个位不变，只把十位上的数相加。

五、课后小任务

发放计算卡，要求用小棒摆一摆进行计算。（A、B 组自主完成，C 组在父母口头提示下完成）

3+4=　　2+3=　　3+3=　　2+4=

30+40=　　20+30=　　30+30=　　20+40=

板书设计

整十数加整十数

40 + 20 =60

整十数加整十数，个位不变，只把十位上的数相加

课题	整十数加整十数	总课时	2
第几课时	第 2 课时	课时内容	列竖式计算

教康整合目标

知识技能：

A、B 组：（1）学生能借助竖式计算整十加整十。

（2）学生能说出列竖式计算整十加整十的过程。

C 组：（1）学生能在教师的口头提示下，列竖式计算整十加整十。

（2）学生能在老师的口头提示下，说出列竖式计算整十加整十的过程。

数学思考：

A、B 组：学生能够思考整十数加整十数的列竖式问题。

C 组：学生能够跟说整十数加整十数列竖式的问题。

问题解决：

A 组：学生能用列竖式解决整十数相加的问题。

情感态度：学生能够养成列竖式的好习惯。

康复目标：认知、动作康复

续表

教学重难点
学生能用列竖式的方式计算整十数加整十数。 学生能说出列竖式计算整十数加整十数的过程
学教具准备
小棒、课件
教学过程
一、导入 （1）拿出计数器，跟着老师一十一十地在计数器上拨到 100。 （2）填一填。 10 里有（　　）个十，20 里有（　　）个十，30 里有（　　）个十，40 里有（　　）个十，50 里有（　　）个十，60 里有（　　）个十，70 里有（　　）个十，80 里有（　　）个十，90 里有（　　）个十，100 里有（　　）个十。 二、探究新知 1. 学习算式：40+30= 教师出示课件，展示图书情境，左边有 40 本书，右边有 30 本书，一共有多少本书？ （1）引导学生读题并把关键字 40、30、一共圈出来。 师：求一共用什么方法计算？ 生：加法。 师：列出算式：40+30= （2）请同学说一说怎么用列竖式的方式进行计算。 （3）教师示范演示，数位对齐，十位对十位，个位对个位，从个位算起，0 加 0 等于 0，4 加 3 等于 7，于是就等于 70。如图 1 所示。 $$\begin{array}{r} 40 \\ +\quad 30 \\ \hline 70 \end{array}$$ 图 1　40+30 竖式 （4）抽学生说一说列竖式的方法。 （5）带领学生一起说一说列竖式的方法。 2. 自主用列竖式的方式计算算式：30+40= （1）出示课件，展示图书情境，左边有 30 本书，右边有 40 本书，一共有多少本书？ （2）引导学生自主列出算式 30+40=，并用列竖式方式计算。 （3）抽学生在黑板上书写计算过程，其他学生在本子上写。 （4）引导学生总结：列竖式计算整十数加整十数，十位与十位对齐，个位与个位对齐，从个位算起，个位不变，只把十位上的数相加。 （5）学生齐读列竖式计算整十数加整十数的计算过程。 （设计意图：在教学中大量让学生自主思考参与，有利于调动学生积极性，与不断的演练相结合，也能及时发现问题、解决问题，将列竖式计算过程印在学生脑袋里，也能为后期两位数加法奠定良好的基础。）

续表

三、巩固练习 列竖式计算下列算式，并说一说算理。（A、B 组独立完成，C 组在教师口头提示下完成） 20+40=　　40+20=　　10+20= 四、小结 （1）用小棒计算整十数加整十数，先拿出对应的小棒，然后合在一起数，数出多少就是多少个十。 （2）列竖式计算整十数加整十数，十位与十位对齐，个位与个位对齐，从个位算起，个位不变，只把十位上的数相加。 五、课后小任务 发放计算卡，要求用列竖式方式进行计算。（A、B 组自主完成，C 组在父母口头提示下完成） 30+40=　　20+30=　　30+30=　　20+40=
板书设计
整十数加整十数 40+30=70 $\begin{array}{r} 40 \\ +\ 30 \\ \hline 70 \end{array}$ 列竖式计算整十数加整十数，十位与十位对齐，个位与个位对齐，从个位算起，个位不变，只把十位上的数相加

《两位数加一位数不进位加法》教学设计

课题	两位数加一位数不进位加法	总课时	1
第几课时	第 1 课时	课时内容	两位数加一位数不进位加法
教康整合目标			
知识技能： A、B 组：（1）学生能用正确的方式计算两位数加一位数不进位加法。 （2）学生能总结出两位数加一位数不进位加法的算理。 C 组：（1）学生能在教师的口头提示下，计算两位数加一位数不进位加法。 （2）学生能在老师的口头提示下，说出两位数加一位数不进位加法的算理。 数学思考： A、B 组：学生能够感受两位数加一位数不进位加法在生活中的作用。			

续表

C组：学生能够跟说两位数加一位数不进位加法在生活中的作用。 问题解决： A组：学生合作解决两位数加一位数不进位加法的问题。 情感态度：学生能够养成计算两位数加一位数不进位加法的好习惯。 康复目标：认知、动作康复
教学重难点
学生能用正确的方式计算两位数加一位数。 学生能说出两位数加一位数的算理
学教具准备
小棒、计数器、课件
教学过程

一、导入

（1）拿出计数器，跟着老师一十一十地在计数器上拨到100。

（2）算一算。

20+20=　　30+20=　　30+40=　　40+50=　　43+5=

二、探究新知

1. 学习算式：24+3=

教师出示课件，左边有24个月饼，右边有3个月饼，一共有多少个月饼？

（1）引导学生读题并把关键字24、3、一共圈出来。

师：求一共用什么方法计算？

生：加法。

师：列出算式：24+3=

（2）请同学说一说怎么计算。

生：用小棒。

师：可以用小棒计算。教师演示计算过程。（先拿出2个十和3个一数量的小棒，再拿出3个一数量的小棒，合在一起，一共是2个十，7个一，就是27。）如图1所示。

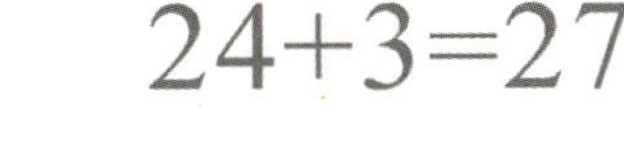

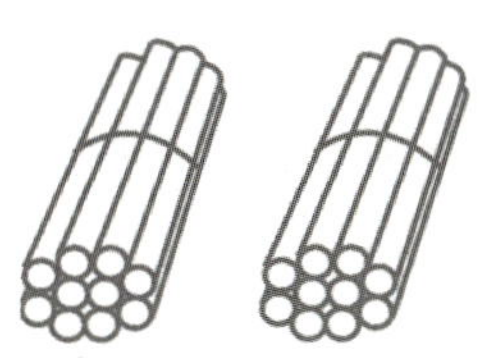

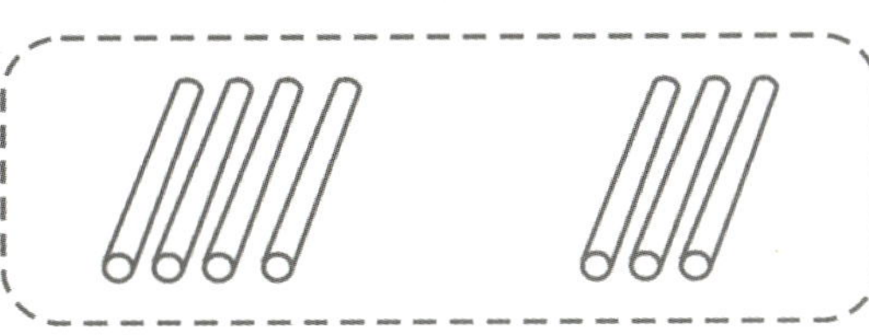

图1　小棒计算24+3=27

（3）学生分小组用小棒进行摆一摆，计算。

（4）引导学生想一想还可以用什么方法进行计算。

（5）教师演示计数器上计算。（拨24颗珠子，再在个位上拨3颗珠子，合起来数一数，就是27）如图2所示。

续表

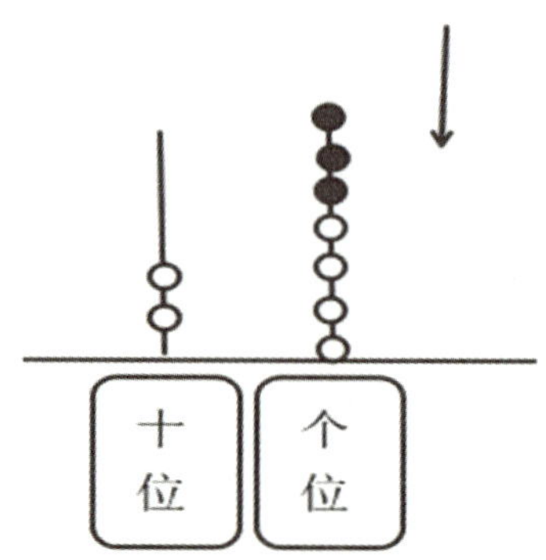

图 2　计数器计算 24+3=27

（6）抽学生上台演示计数器的计算方式。
（7）带领学生一起说一说用计数器是如何进行计算的。
（8）引导学生比较用小棒和计数器计算有什么相同点和不同点。
2. 用小棒和计数器算一算：35+4=
（1）出示课件，展示情境，左边有 35 本书，右边有 4 本书，一共有多少本书？
（2）引导学生自主列出算式 35+4=，并用小棒和计数器进行计算。
（3）抽学生在黑板上展示计算过程。
（4）引导学生比较计数器和小棒计算有什么相同点。
3. 用小棒和计数器算一算：43+5=
（1）引导学生看 43 里有几个十，几个一，5 里面有几个一。
（2）引导学生在计数器上拨出 43，再引导学生拨出 5。
（3）引导学生数一数计数器上的珠子，得出结果。
（4）引导学生用小棒进行计算，看看结果是否一样。
（5）引导学生观察两种计算方式的相同点和不同点，总结出：两位数加一位数，十位不变，只把个位数相加。
（设计意图：小棒与计数器均是计算百以内数加法的基本方法，通过教师演示操作，学生合作练习，可以不断将算理外化，在不断外化练习过程中，又逐渐内化。通过三个不同算式的操作，引导学生逐渐发现不管是用计数器还是小棒，计算的结果是一样的，而且都是个位上的数相加，十位数不变，这样学生就可以自然地掌握这一算理。）
三、巩固练习
计算下列算式，并说一说算理。（A、B 组独立完成，C 组在教师口头提示下完成）
25+3=　　42+2=　　15+2=　　36+3=
四、小结
两位数加一位数，十位不变，只把个位数相加。
五、课后小任务
发放计算卡，用自己喜欢的方式进行计算。（A、B 组自主完成，C 组在父母口头提示下完成）
34+4=　　23+3=　　33+4=　　26+3=

续表

板书设计
两位数加一位数不进位加法 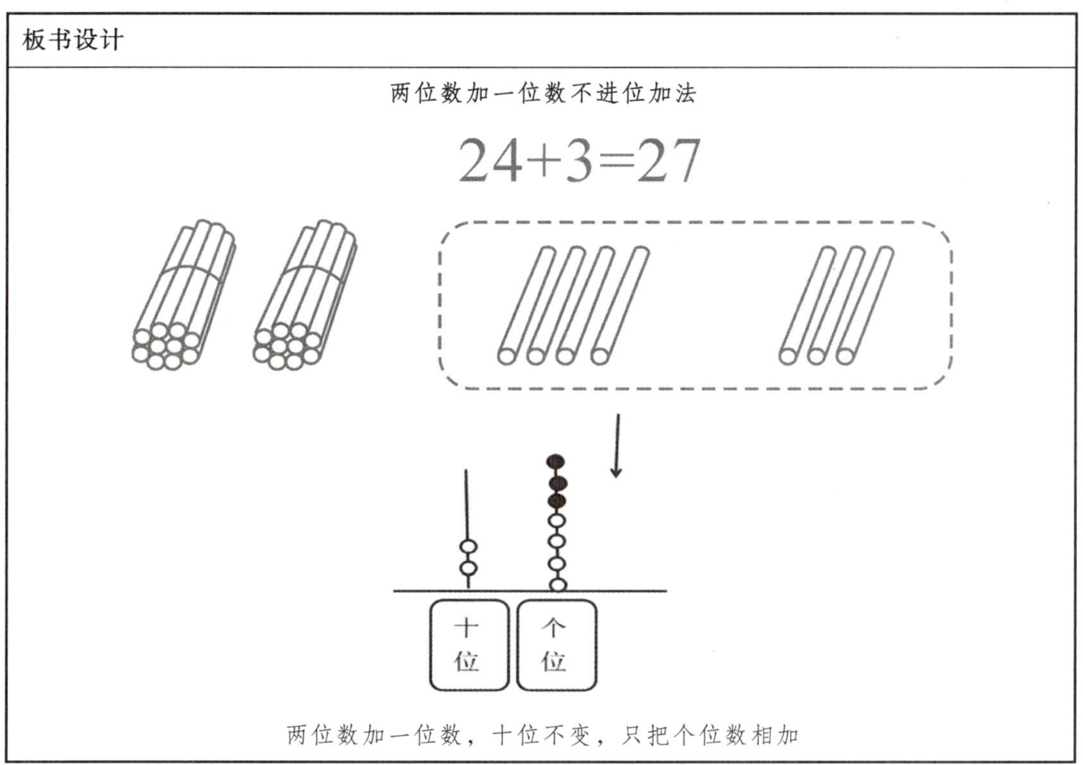 两位数加一位数，十位不变，只把个位数相加

《两位数加两位数进位加法》教学设计

课题	两位数加两位数进位加法	总课时	1
第几课时	第 1 课时	课时内容	进位加法

教康整合目标

知识技能：

A、B 组：（1）学生能正确计算两位数加两位数进位加法。

（2）学生能总结出列竖式计算两位数加两位数进位加法算理。

C 组：（1）学生能在教师的口头提示下，正确计算两位数加两位数进位加法。

（2）学生能在老师的口头提示下，说出列竖式计算两位数加两位数进位加法的算理。

数学思考：

A、B 组：学生能感受两位数加两位数进位加法在生活中的作用。

C 组：学生能够跟说两位数加两位数进位加法在生活中的作用。

问题解决：

A 组：学生能用两位数加两位数进位加法解决生活中的问题。

情感态度：学生能够养成好的列竖式计算两位数加两位数进位加法的习惯。

康复目标：认知、动作康复

续表

教学重难点
学生能正确计算两位数加两位数进位加法。 学生能总结出两位数加两位数进位加法算理
学教具准备
小棒、计数器、课件
教学过程

一、导入

计算下面的算式。

20+30=	30+4=	24+10=	35+24=	24+6=
40+20=	40+5=	33+10=	34+12=	22+8=

二、探究新知

1. 学习算式：23+57=

教师出示课件，一班有 23 人，二班有 57 人，两个班一共有多少人？

（1）引导学生读题并把关键字 23、57、一共圈出来。

师：求一共用什么方法计算？

生：加法。

师：列出算式：23+57=，怎么计算？

生：用小棒、列竖式。

（2）教师演示用小棒和列竖式进行计算。如图 1 所示。

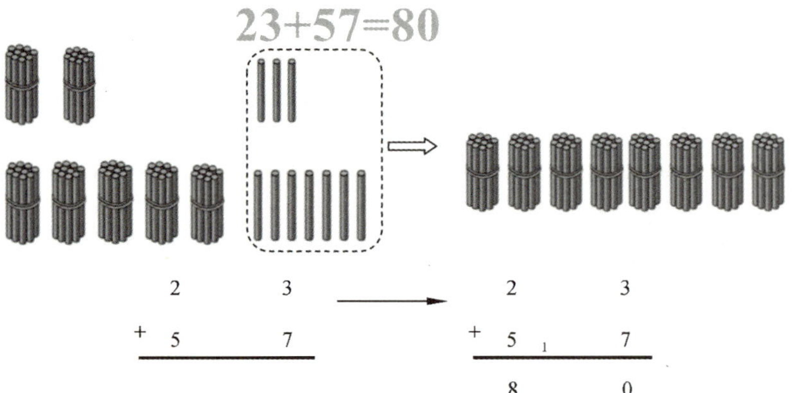

$$\begin{array}{r} 2\quad 3 \\ +\ 5\quad 7 \\ \hline \end{array} \longrightarrow \begin{array}{r} 2\quad 3 \\ +\ 5_{1}\quad 7 \\ \hline 8\quad 0 \end{array}$$

图 1　用小棒和列竖式计算

（3）抽 C 组学生用小棒演示 23+57 的计算过程，A、B 组学生列竖式进行计算。

（4）引导学生说一说怎么计算。

（5）总结出算理：两位数加两位数进位加法，数位对齐，从个位算起，个位与个位相加，十位与十位相加，满十进一。

2. 计算算式：35+26=

（1）出示课件，一个班男生有 35 人，女生有 26 人，全班一共有多少人？

（2）引导学生列出算式 35+26=，并用小棒和列竖式方式计算。

（3）两人一组，一人用棒演示，一人列竖式。

（4）抽两组学生上台展示。

（5）引导学生总结：两位数加两位数进位加法，数位对齐，从个位算起，个位与个位相加，十位与十位相加，满十进一。

续表

（6）学生齐读两位数加两位数进位加法算理。 （设计意图：培智学校学生以形象思维为主，大量的直观演示可以帮助学生理解抽象的概念，两位数加两位数的进位加法是在两位数加一位数进位加法基础上进行的教学，学生已经有一定的基础，教师只需要稍加引导就可以达到知识的迁移，但培智学校学生迁移能力较差，因此仍然需要操作演示，帮助孩子理解。） 三、巩固练习 （1）用小棒摆一摆，算一算下列算式，并说一说算理。 26+46=　　　　24+28=　　　　16+25= （2）列竖式计算下列算式。（A、B 组独立完成，C 组在教师口头提示下完成） 47+46=　　　　38+35= 四、小结 两位数加两位数进位加法，数位对齐，从个位算起，个位与个位相加，十位与十位相加，满十进一。 五、课后小任务 发放计算卡，要求用列竖式方式进行计算。（A、B 组自主完成，C 组在父母口头提示下完成） 35+46=　　　　26+38=
板书设计
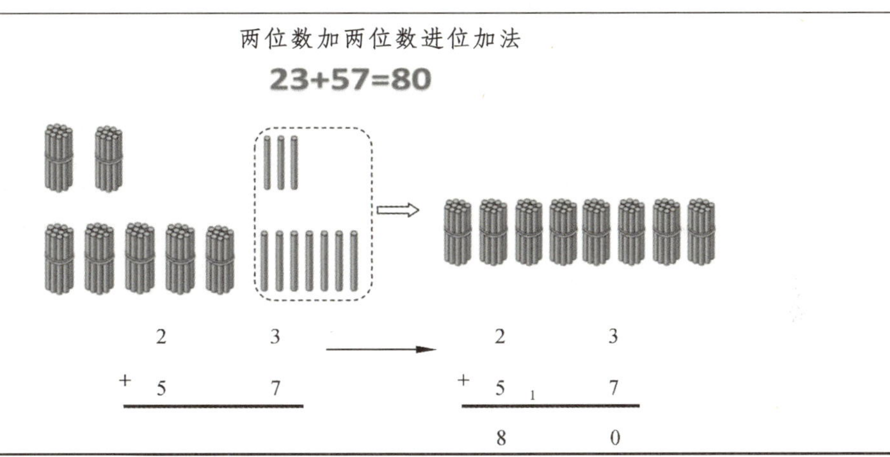

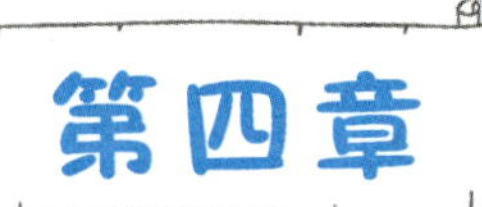

第四章 培智学校学生图形与几何的教学

第一节　关于图形与几何的基本知识

空间几何能力是人类需要具备的基础能力之一，是小学几何初步知识教学中的一项主要任务，也是课标中的一项重要内容。空间观念主要是指根据物体特征抽象出几何图形，根据几何图形想象出所描述的实际物体，想象出物体的方位和相互之间的位置关系等。几何直观主要是指利用图形描述和分析问题，借助几何直观可以把复杂的数学问题变得简明、形象，有助于厘清解决问题的思路，预测结果。①空间几何能力与想象力密不可分，培养初步的空间观念是发展空间想象力的基础。培智学校学生在感知觉统合、智力方面存在异常和缺陷，无法进行正常的想象和空间转换，对其空间几何能力要求不高，仅在于感知几种基本几何图形（体）外观特征与度量、位置方位认识，且都是从实体出发再到抽象学习。通过对空间几何的学习，利于培智学生的抽象思维能力发展，感受几何图形知识与生活的关系，帮助学生解决生活问题。

一、学科基础知识

几何图形，即从实体中抽象出的各种图形，可以帮助人们有效地刻画错综复杂的世界。人从出生开始就以自我为中心认识与外界事物的关系，通过体验世界的空间特点来认识世界，而图形与几何就是人从现实具体事物中分解和抽象出形状和空间关系的认知对象。②生活中到处都有几何图形，我们所看见的一切都是由点、线、面等几何图形组成的，在培智学生的图形与几何教学中只涉及几种简单的图形、几何体的认识以及位置方位学习，因其智力受损而选择与他们生活密切相关且必需的空间几何内容，发展其基本的空间抽象能力。

图形与几何的主要内容包括现实世界中的物体、几何体和平面图形的形状、大小、位置

① 中华人民共和国教育部.培智学校义务教育生活数学课程标准（2016 年版）[S].北京：人民教育出版社，2018.

② 方燕红，尹观海.8—18 岁智力障碍儿童空间方位概念的发展[J].中国特殊教育，2014，1.

关系及其变换[①]，统筹为四个维数空间，包括零维点空间、一维线空间、二维平面空间、四维立体空间。

1. 图形

图形包括平面图形和立体图形。其中平面图形包括直线、射线、线段、圆形、正方形、长方形、三角形、梯形、椭圆形，立体图形包括球体、长方体、正方体、圆柱体。对图形大小进行比较、度量、变换产生了几何学，一是测量，主要内容有长度、周长、面积、体积、重量，二是变换，主要有平移、旋转、对称（轴对称和中心对称）。

2. 空间几何

空间是广阔的，任何物体都存在于一定的空间中，都占有一定位置，从而就形成了相互位置的关系。[②]它包括了东、西、南、北等方向和上、下、前、后、左、右、里、外等基本位置。

培智学校学生空间知觉能力、视觉分辨与记忆能力、心理旋转操作差，不能完全完成对图形与几何知识的学习，根据生活经验和积累接触了部分几何图形和空间位置，因此培智教材只涵盖了部分空间几何内容，如空间和平面基本图形的认识、图形的性质、简单分类与度量、空间位置等，这样不仅符合了培智学生发展特点，也适应了培智学生的生活所需。

二、课标中的要求

图形与几何在课标中是安排在第三部分、第五部分的内容，也是培智学生必需的基础知识之一。主要内容有空间和平面的基本图形，包括其简单性质、分类、度量、图形的轴对称等，其次是位置认识。将知识内容融入三个学段中去学习掌握，并且按照知识技能、数学思考、问题解决、情感态度四个维度去安排每个学段的目标内容，每个学段目标内容之间由易到难，从实体直观到图形、空间的抽象延伸，层层递进发展培智学生的空间几何能力，是一个整体安排，也与培智学生的生活密切相关。现将图形与几何在学段目标中的内容梳理如下。[③]

第一学段（1～3 年级）：

（1）经历从实际物体中抽象出简单几何体（球）和平面图形的过程，了解简单几何体（球）和常见的平面图形，初步形成识图能力、空间观念。

（2）在教师的指导下，通过观察、比较、操作等方法发现几何图形，并尝试配对。

（3）经历与他人合作交流解决实体抽象出几何图形问题的过程。

（4）在他人的引导下，感受参与数学几何图形学习活动的乐趣和成功。

（5）感受数学与日常生活的紧密联系。

---

① 柳笛.培智学校数学课程与教学[M].上海：华东师范大学出版社，2016.

② 柳笛.培智学校数学课程与教学[M].上海：华东师范大学出版社，2016.

③ 中华人民共和国教育部.培智学校义务教育生活数学课程标准（2016 年版）[S].北京：人民教育出版社，2018.

第二学段（4 ~ 6 年级）：

（1）经历从实际物体中抽象出平面图形的过程，了解一些常见平面图形的基本特征，具有一定的识图能力，进一步发展数感和空间观念。

（2）在教师的引导下，运用一些数学知识，尝试描述日常生活中和几何图形有关的现象和问题。

（3）体验与他人合作交流解决辨别几何图形问题的过程。

（4）对身边与数学有关的一些事物有好奇心，初步体会数学在日常生活中的价值。

通过梳理得知，课标是从培智学生特点出发，分段递进学生图形与几何的能力培养，从教学过程去经历、体验实体与图形几何的关系，给予学生知识难点学习的过渡和支持，如在他人的引导下感受知识、合作完成任务等。以感受、了解为主，强调从感知现象和特点去培养学生基本的图形与空间能力，降低了目标难度和教学压力。同时重视教学过程和学生的情感态度，在教学活动中去学习，通过观察、合作、操作等方法交流问题，重在感受学习数学的成功与快乐，体验数学与生活的联系。

三、教材中的内容安排

第一学段（1 ~ 3 年级）：

（1）通过实物和模型初步认识球体及其特征。

（2）认识生活中的长方形、正方形、三角形、圆等平面图形。

（3）直观辨认平面图形长方形、正方形、三角形，按照特征简单分类。

（4）以自身为参照物，在生活环境中确定和辨别上、下、前、后物体方位。

第二学段（4 ~ 6 年级）：

（1）通过观察、触摸初步认识梯形、半圆形。

（2）会用多种图形进行简单拼图。

（3）认识左、右，感知左、右的位置关系，尝试确定物体相对应的位置关系，学会用语言描述位置关系及方位。

由此可分析出，培智学校义务教育数学教材小学阶段的安排，重点在第一学段，帮助学生从实体出发兼顾特征学习，再过渡到抽象平面图形圆形、长方形、正方形、三角形；难点在第二学段，由自身为中心过渡到以客体为中心，通过参照物学习空间关系，并且增加了语言表达学习。新教材重视生活经验的引入和直观呈现，如学习球体、长方形等，均用生活中的物品皮球、门、书本、红领巾等让学生去感知归纳，再迁移到抽象平面图形的认识，最后再让学生进行直观辨认和简单分类；其次遵循了学生动作—理解—语言—表达的认知能力发展过程和学习模式，如认识空间方位左、右，该内容放在第二学段中年级，学生从低年级开始发展先上、下、里、外、前、后，再左、右的方位知觉规律，新教材也是从一年级开始安排上、下、里、外等位置的学习，到四年级才能更好地学习左、右；对几何图形如圆形、长方形等的学习，教材课文呈现都是实体观察感知—动手摸、摆—文字学习—语言或动作表达出

名称及特征，表明教学遵循客观事物本身的发展规律，以学生特点为主合理安排学习内容。

第二节 培智学校学生图形与几何教学设计

《认识图形一》教学设计

课题	认识图形——球体	总课时	3
第几课时	第 1 课时	课时内容	初步认识球
教康整合目标			
教学目标： 知识技能： A、B 组：正确指认出球。 C 组：在他人辅助下指认球。 数学思考： A 组：触摸球体尝试说出球的特征：圆圆的。 B 组：通过球类活动说出各类球的名称。 C 组：看到球体说出名称“球”。 问题解决： A 组：通过球类活动初步判断出球体。 B 组：通过引导，找出课堂上的球。 C 组：能参与进行球类活动。 情感态度： A 组：感受数学里的球体与日常生活的联系。 B 组：在活动中感受数学的乐趣，激发学习球体的兴趣。 C 组：感受球类活动带来的快乐，提高参与学习活动的兴趣。 康复目标： 语言：（1）能清晰地说出“皮球”“拍球”等词、句。 （2）在辅助或提示下构音说“球”“拍球”。 （3）能用手势或肢体表达出对应词语			
教学重难点			
重点：正确指认出球。 难点：归纳出所有球类物体的特性——球体。球是圆的			
学教具准备			
篮球、足球、乒乓球等各类常见球类物品，篮筐，积木，香蕉，水杯，视频			

续表

教学过程
一、导入 游戏导入："奇妙的口袋"。 师：老师这里有一个魔法口袋，可以变出一些好玩的东西，同学们想玩吗？ 教师拿出口袋，玩游戏"奇妙的口袋"。玩法：老师先摸出一个物品，请学生说出是什么。然后请学生上台摸口袋里的物品，展示，大家观察并说出是什么，直到摸出乒乓球、小圆球。 师：对，这是乒乓球、小球，它们都是球体，那球是什么样子的呢？今天我们就一起来认识它吧。 板书课题并读一读：球。 （设计意图：通过游戏活动变魔术引入课题，为学生创设一种奇幻的情境，激发学生的探知兴趣，同时也能集中注意力观察物品，对球体有个初步的感官印象。） 二、探究新知 （一）初步感知球 1. 认识各类球 （1）教师播放课前录制好的本班学生和本校学生进行球类体育活动的视频，引导学生观察，并提问：他们在做什么？手里拿的是什么？ 学生观察回答：他们在拍球、踢球等。 这是球、篮球、足球、乒乓球等。 师：同学们说对了，有双明亮的眼睛。他们进行的都是球类活动，在锻炼身体，现在我们仔细认识一下球类吧。 （2）教师介绍各种球类名称，球类活动。 归纳：这些都是球。教师重点教学指认、读"球"。 康复训练：圆唇练习，会发舌尖送气音"q"，构音训练"qiu"。 2. 观察球的特征 师：老师今天也带来了很多球，我们一起来感受一下，看看、摸摸它们。 （1）教师展示实物球（篮球、足球、乒乓球），先带着学生观察篮球，说出球的特征：圆圆的、光滑的（没有凸出、尖的），边说边摸一摸篮球，亲身感受球的特征。 （2）教师依次呈现足球、乒乓球，让学生说一说、摸一摸球的特征。 3. 判断球体 教师将各类大小不一的球和其他物品（积木、香蕉）放在讲桌上，请学生依次判断哪些是球？是什么球？ 归纳：篮球、足球、乒乓球、皮球……都是球。并教学指认、读各类球。 （二）在活动中了解球的基本特征 师：同学们知道这些球是怎么玩的吗？想玩吗？ （1）教师将学生分为2人一组，把皮球发给学生，让学生再次摸一摸球，说出球和球的名称。 （2）教师示范球类活动，学生再模仿玩球。如拍球、滚球。 （3）游戏活动以2人或以上为一组进行抱球比赛，在活动中感受球的特征。 归纳：球是圆圆的、光滑的，可以用来进行活动，锻炼身体，比如拍球、滚球等。 （设计意图：从学生的生活实际出发进入教学，便于学生理解球的数学知识，将实物带进教室，学生通过亲身触摸、感受，能更深刻地认识球、学习球的特征。每个环节注重对重点知识的概括归纳教学，有利于学生学习、巩固重难点知识，培养其概括抽象能力。） 三、巩固练习 （1）找一找。 教师将各类大小不一的球和其他物品（积木、香蕉、水杯）放在篮筐里，请学生拿出球，并

续表

<table>
<tr><td>说出是什么球。
（2）游戏比赛。
请 A、B、C 组各 1 名同学，每人一个篮筐，将地面上物品中的各类球捡进自己的筐里，多者获胜。最后让学生说出自己筐里的是什么球，球的特征。
（设计意图：此环节学生通过活动对本节课的数学知识进行练习、巩固，同时进行教学检测，方便教师掌握课堂的教学情况，计划下节课的教学内容。）
四、小结
（1）小结比赛和全班学生表现，并进行奖励。（奖励课下玩几分钟球。）
（2）老师展示手中的球，带着学生指认球，说球的名称、特征和玩法。
（设计意图：将奖励内容与教学知识联系起来，对知识进行了再次巩固，教师也可以对未掌握的学生进行课下个别化辅导，节约课堂教学时间。）
五、课后小任务
A、B 组：指认出书上的球，说出球的名称。和同学一起玩球类活动。
C 组：家长辅助孩子找出书上或实物器具中的球。与家长或同学一起玩球类活动。
（设计意图：学生能力发展不同，任务要针对性布置，达到练习巩固目的，充分利用家长、同伴资源，帮助学生完成内容，有利于激发学生学习乐趣，体验学习的快乐。）</td></tr>
<tr><td>板书设计</td></tr>
<tr><td>球

篮球

足球
圆的、光滑的</td></tr>
</table>

<table>
<tr><td>课题</td><td>认识图形——球体</td><td>总课时</td><td>3</td></tr>
<tr><td>第几课时</td><td>第 2 课时</td><td>课时内容</td><td>球的特征</td></tr>
<tr><td colspan="4">教康整合目标</td></tr>
<tr><td colspan="4">教学目标：
知识技能：
A、B 组：在活动中认识球，正确指认出球。
C 组：在他人辅助下正确指认出球。
数学思考：
A 组：说出球的特征：圆的、光滑的、会滚动。
B 组：通过观察、动手操作活动能说出球的部分特征。
C 组：借助他人的辅助，在活动过程中感受球的特征。</td></tr>
</table>

续表

问题解决：

A 组：利用球体特征正确区分出球的图形。

B 组：会用球的特征自主进行球体活动。

C 组：在辅助下参与球类的操作活动。

情感态度：

A 组：在活动中感受球体知识与日常生活的联系，建立学习兴趣。

B 组：在活动中感受玩球的乐趣，激发学习数学兴趣。

C 组：在活动中感受学习的乐趣，体验球类活动的快乐。

康复目标：

语言：（1）能清晰地说出“踢球”“圆的、会滚动”等词、句。

（2）构音说出“踢球”“圆的、会滚动”等词、句。

动作：（1）能用肢体完成运走、踢走、转动球的动作。

（2）在辅助下用肢体完成抱住、踢动、转动球的动作

教学重难点

重点：正确指认出球，说出球的具体特征。

难点：区分、辨认球，说出球的具体特征：圆的、光滑的、会滚动

学教具准备

皮球、足球、实心球、地球仪、图片、其他物品

教学过程

一、导入

出示 PPT，请学生找出学习过的球体，认读球：篮球、足球、皮球、乒乓球。（毛巾、杯子、苹果不是球）

师：同学们很聪明，都找对了，你们是怎么知道它们是球的呢？

教师引导学生回答，不能说出时给予行为提示。复习上节课初步感知的球体特征：圆圆的、光滑的。

师：今天我们通过玩一玩来再次认识球，感受球的特征。

（设计意图：用图片呈现球体不仅是对上节课学习的实物进行剥离，复习巩固，同时为本节课的知识做引导铺垫。）

二、探究新知

1. 进一步学习球的特征：圆的、光滑的、会滚动

（1）教师拿出足球请学生说出名称，再摸一摸球的表面，然后放在地上示范踢动足球。请 2 名学生上台感受，其中一名要将足球踢到指定线外。

（2）教师拿出地球仪，请学生摸一摸、动一动，然后教师沿着不同方向转动地球仪。最后请每个学生摸并转动地球仪。

归纳及康复训练：清晰地说出“球是圆的、光滑的”。

（3）滚球比赛。将学生分成 3 人一组，用手扶动或推动皮球向前滚动，先到达终点者获胜，不能做到的家长或老师协助。

归纳及康复训练：清晰地说出“球会滚动”。

用肢体完成运走、踢走、转动球的动作。

续表

2. 球的抽象学习 （1）教师呈现其他图片请学生指认、说出球，粘贴在黑板上。 （2）带着学生归纳：皮球、篮球、小球都是球；积木、桌子、脸盆不是球。如图 1 所示。 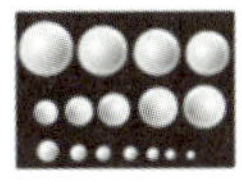 球　　不是球 图 1　哪些是球 （3）开小火车指认哪些是球，哪些不是球，球的特征：圆圆的、光滑的、会滚动。 （设计意图：游戏是孩子的天性，将球的特征学习放在活动中，让特殊孩子通过感官实践去获得知识，能帮助学生理解特征知识，减少学习抽象知识的困难，寓教于乐，寓教于学。从实物到图片的学习过程遵循了由实体到抽象的客观规律。） 三、巩固练习 （1）游戏活动。在篮筐中放入球和长方体、正方体、圆柱体等立体图形，学生分组将篮筐中的球找出，并放到一定距离之外的指定位置，最先放完者获胜。 （2）蒙住学生的眼睛，请学生从篮筐中摸出球。 （设计意图：把生活中的实物与数学学科知识联系起来，将物品转化为几何知识的学习，培养学生从立体图形中区分出球的能力。蒙住眼睛能够让学生在脑海中想象、复现球的特征，升华为知识技能，也能加深印象和形成区分、辨认球的标准。） 四、小结。 （1）老师点评活动，并进行球体特征的强化巩固学习。 （2）复习黑板上的知识。 （设计意图：利用活动中的球体再次讲解，增强学生对球的形象记忆，巩固所学知识。） 五、课后小任务 A、B 组：（1）和同学一起玩球类活动，说出球的特征。 （2）找出生活中的球。 C 组：（1）指认出书上、身边的球，说出球的名称。 （2）和家长或同学一起玩球类活动。 （设计意图：A、B 组要重点巩固球的特征，能从生活中区别出球体。C 组巩固指认出球，会玩球类活动，增加他们的课间娱乐活动。）
板书设计
球的特征 圆的　　光滑的　　会滚动 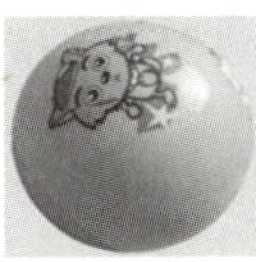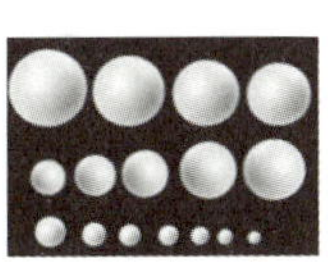 球　　不是球

课题	认识图形——球体	总课时	3
第几课时	第 3 课时	课时内容	进一步认识球

教康整合目标

教学目标：

知识技能：

A、B 组：在活动或生活中正确指认出球。

C 组：正确指认出教学活动中的球。

数学思考：

A、B 组：看到球的图形可以说出球的特征。

C 组：借助球认出球的图形。

问题解决：

A 组：借助球体画出球的平面图形。

B 组：在活动和操作过程中应用到球。

C 组：通过活动、操作正确区分出球。

情感态度：

A 组：在活动中体验成功的快乐，感受球与生活的联系。

B 组：培养动手操作的能力，体验成功的快乐，喜欢数学课堂。

C 组：感受活动的快乐，喜欢数学课堂。

康复目标：

精细动作：（1）能独立用五指揉搓橡皮泥成球体。

（2）能用五指将橡皮泥揉搓成近似球体。

（3）在辅助下用掌心交叉转动橡皮泥，揉成近似球体

教学重难点

重点：巩固球的特征，应用球。

难点：通过活动、操作能区分球

学教具准备

橡皮泥，大小不一的各类球：篮球、足球、乒乓球、花球，大小篮筐

教学过程

一、导入

抢答题：看谁找得又对又快。

教师 PPT 出示图片，让学生指认出球的图片，判断对错，根据能力和异质情况，引导学生说出或者比画出球的名称、特征。

板书：球的特征

圆的、光滑的、会滚动

（设计意图：通过抢答提高学生的课堂兴奋度和积极性，以学生的能力和异质情况提问、巩固知识，照顾学生的差异，体现以学生为主的教学模式。）

二、探究新知

1. 认识汤圆

师：同学们，元宵节你们会吃什么？

PPT 出示汤圆的图片，让学生指认这是什么？说出它的特点。

续表

把桌椅重新组合在一起，学生围坐在四周，教师和家长分坐在学生中间，教师拿出汤圆模型发给学生，学生观察、滚动小汤圆。（教师和家长引导观察说出汤圆的外形特征。）

师：大家观察一下，汤圆是什么样子的？

生：圆圆的；像一个球……

师：元宵节我们要吃汤圆，那汤圆是怎么做的呢？先看视频学习。

播放老师做汤圆的视频。

2. 学做汤圆

师：现在我们来动手学做汤圆吧，回家了就可以煮汤圆吃。

（1）教师用橡皮泥分小步子演示搓汤圆的步骤。

揪出橡皮泥—放在手心—双手搓动—关注橡皮泥形状—做成圆的。

（2）师生亲手操作搓汤圆。

（3）教师巡回指导，收集学生作品，让学生再次观察，自己滚动小汤圆。

（4）点评作品中哪些是球，哪些不是球？为什么，引导学生归纳球的特征，区分出球。

小结：带着学生整理器具，清理桌面。将球类物品放一筐，其他器具放另一筐，学习初步的分类整理。

康复训练：用五指捏出适量橡皮泥，灵活捻动成型，掌心交叉转动橡皮泥揉成近似球体。

（设计意图：以生活中的情境为线索，引导学生动手制作汤圆和整理器具，在操作中学习、应用球的特征，感受球与生活的联系，数学源于生活。一年级加入精细动作训练可以延展学生以后的数学操作能力。）

三、巩固练习

师：刚才同学们表现得很好，老师奖励大家玩投球游戏吧。

（1）投球比赛。教师将大小不一的各类球放在大筐中，在对面适当距离放几个小筐，请学生将各类球分类投放到对应筐中。如篮球、足球、乒乓球、花球。

再请学生一起说出各个球筐中的球类名称，归纳：都是球。

（不能投放的学生借助他人辅助或抱过去放。）

（2）找图片。出示各种不同的物品图片，请每个学生正确说出或指认出球，粘贴在黑板上，再在正确的图形下面画“√”，教师视情况演示做法。如图 1 所示。

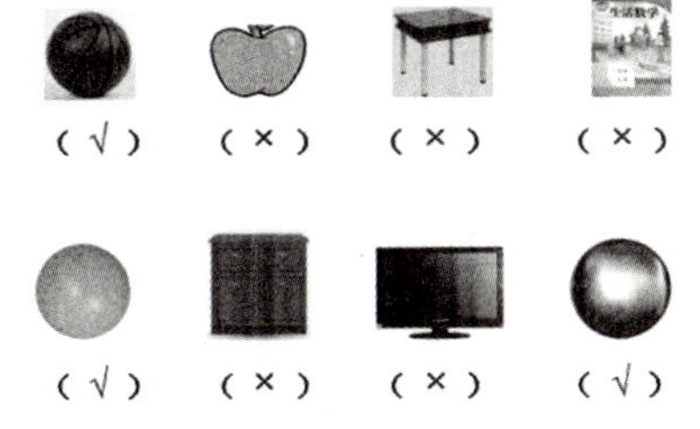

图 1　哪些是球

（3）学生自行完成课本第 19 页练习题，如图 2 所示。

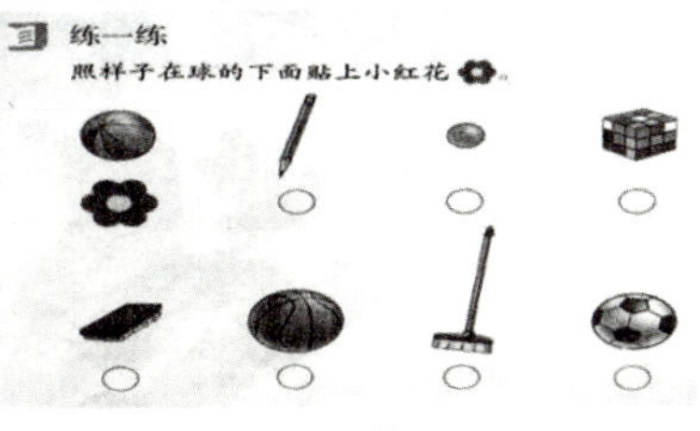

图 2　练习

续表

（设计意图：把球与其他物品混合，巩固学习区分、辨认球，从实物抽象到图片的练习，让学生的思维发展，将知识进行深化，尝试学习按要求做题。） 四、复习、总结球形知识 师：同学们，今天你们学习了哪些知识？ 五、课后小任务 A 组：（1）作业卡上在球的下面画“√”，并说出球的名称。 （2）在球的特征下画“√”，并说一说。 B 组：（1）作业卡上在球的下面画“√”，并说出球的名称、特征。 （2）找出生活中的球。 C 组：（1）作业卡上指认出球并画“√”。 （2）找出生活中的球，与家长或同学一起玩球类活动。 （设计意图：注重差异化练习安排，帮助学生达到各自的目标，B、C 组的学生以体验式练习为主，重视生活、过程性的练习和检测评价。）
板书设计
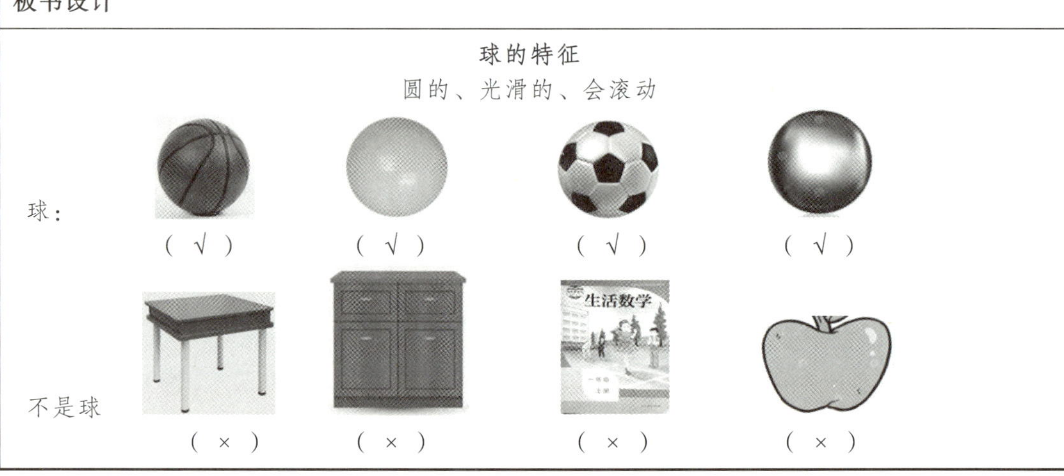

《认识图形二》教学设计

	认识图形——圆形	总课时	3
第几课时	第 1 课时	课时内容	圆形
教康整合目标			
教学目标： 知识技能： A 组：认识圆形，指认出圆形的物品。 B 组：感受生活情境中的圆形物体，指认圆形的物品。 C 组：感受生活中的圆形物品。			

续表

<table>
<tr><td>数学思考：
A、B 组：从圆形物品中初步判断出圆形图形。
C 组：根据圆形物品说出圆形名称。
问题解决：
A 组：通过观察、触摸等发现圆形物体的形状特点。
B、C 组：通过配对类比找出活动中的圆形物品。
情感态度：
A 组：感受日常生活的圆形物品与图形的联系。
B 组：培养学生的观察能力，感受生活中的圆形物品。
C 组：能参与课堂圆形教学活动，培养学习观察的能力。
康复目标：
语言：（1）能清晰地说出“圆形”“大圆”“小圆”“4 个圆”。
（2）在辅助或提示下构音说词语“圆形”“大圆”“小圆”。
（3）能用手势或肢体表达出对应词语</td></tr>
<tr><td>教学重难点</td></tr>
<tr><td>重点：初步感知圆形，指认出圆形物品。
难点：建立圆形表象，从物品上抽离出平面图形圆形。</td></tr>
<tr><td>学教具准备</td></tr>
<tr><td>圆盘、圆碗、视频、圆杯、黑板擦、三角体正方体积木</td></tr>
<tr><td>教学过程</td></tr>
<tr><td>一、导入
师：昨天我们去逛了超市，里面有很多东西，大家还记得吗？
播放学生逛超市的视频，货架上摆放着各种圆形餐具。学生观察，指出或说出自己看到的物品，并在教师的引导下找到和说出盘子、碗。
二、探究新知
（一）借助生活经验初步感知圆形
师：盘子和碗上的圆形在哪里呢？
播放 PPT，标出圆盘、圆碗的圆形轮廓，再反复演示从物品上抽离出圆形的动画效果，教授本节课的重点。
（二）建立圆形表象
1. 直观感受圆形
师：老师今天也带来了盘子和碗，我们一起来摸一摸它们。
（1）教师拿出大小不一的圆盘、圆碗，给每个学生摸一摸轮廓，初步用手感知圆形的实体形状——圆的。
（2）教授本节课的重点：这是圆形，是圆的。让学生一边摸一边说“圆形”。
板书课题并粘贴图形，指认和教读“圆形”。
语言康复：圆唇、展唇练习，通过嘟嘴吹气、双唇夹笔的方式加强唇的肌肉力量和控制。再听和模仿老师的口型说出词语“圆形、圆圆的”。
（设计意图：播放学生去逛超市的视频，提高他们的课堂兴趣、积极性，圆形餐具给学生建立圆形的具体印象和经验，初步认识其特点，为本节课知识奠定基础。）</td></tr>
</table>

续表

2. 大小圆

师：这两个圆盘哪个大呢？

学生利用生活经验回答或指认。

（1）教师一手拿一个圆盘，让学生观察指出哪个大？引导学生说一说大圆、小圆。

（2）呈现 PPT，告知学生大的圆是大圆，小的圆是小圆，动画将大小圆分类，教学大圆、小圆。如图 1 所示。

学生学习认识大圆、小圆。

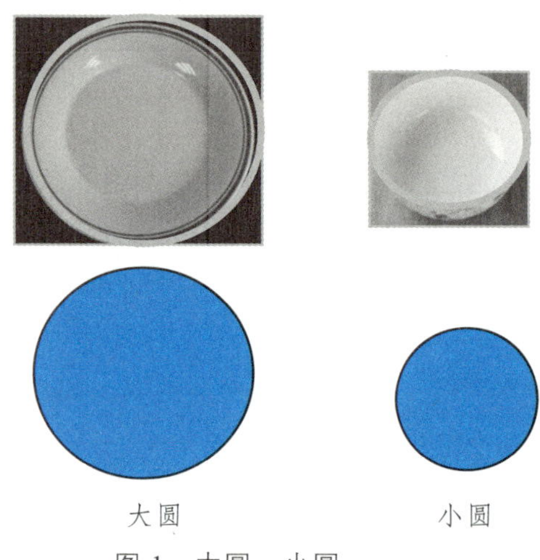

图 1　大圆、小圆

3. 数一数

师：有谁知道这里一共有多少个圆呢？

教师带着学生一起点数，有 4 个圆形。重复数，教认圆形，说出“4 个圆形”。

归纳小结：这些都是圆形，它们是圆圆的。

语言康复：先圆唇、展唇练习说圆形，然后一边指示图形一边点数辅助，数出 4 个圆形。最后跟着老师仿说句子“有 4 个圆形”。

（设计意图：通过看、比、数的视觉活动，慢慢渗透给学生抽象的圆形知识概念，从具体事物平缓过渡到抽象图形上，归纳出本节课的主题：圆形是圆圆的。）

三、巩固练习

师：我们认识了圆形，那你们能找出圆形的物品吗？一起来找一找。

（1）找一找。

教师在讲桌上摆放出各种常见物品：三角形和正方体积木、圆盘、圆碗、圆杯、黑板擦，带着学生挑出圆形物品：圆盘、圆碗、圆杯。

先请 A、B 组学生自己找，老师再带着 C 组学生和大家进行订正。找到圆盘、圆碗、圆杯时边比画出圆形边教读“圆形”。

（2）指一指。

呈现 PPT，让每个学生指认圆形物品、圆形平面图，教师同时对每个学生进行圆形的抽离辅助，教读、指认圆形。

（设计意图：学生通过多感官初步感知圆形后，要学会利用特点去寻找匹配的物品，进行配对练习，在练习中老师通过比画帮助学生观察、抽离出图形，为圆形的概念建立提供辅助作用。）

四、小结

（1）复习课题。

（2）总结归纳：今天的这些物品都有圆圆的形状，这是圆形。

续表

五、课后作业 A、B 组：（1）说一说圆形的名称。 （2）找一找校园里的圆形物品。 C 组：（1）练习说“圆形”“圆的”。 （2）和家长一起找一找校园里的圆形物品。 （设计意图：针对本节课的知识进行练习，说圆形的名称，尝试在身边寻找圆形的物品，为下节课的教学积累经验。）
板书设计
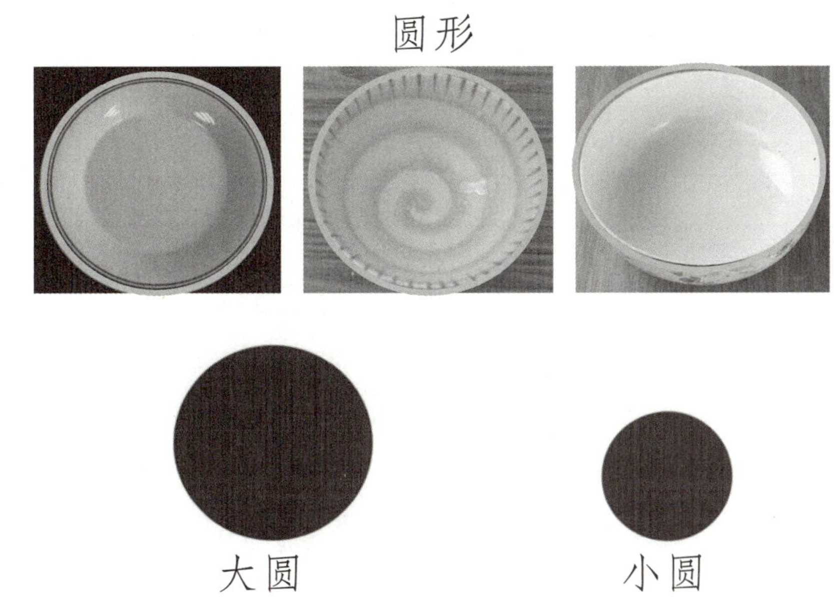

课题	认识图形——圆形	总课时	3
第几课时	第 2 课时	课时内容	认识圆形
教康整合目标			
教学目标： 知识技能： A 组：能从图中指出圆的图形，说出圆形名称。 B 组：指认出物品上的圆形，说出圆形名称。 C 组：指认出活动中的圆形物品。 数学思考： A 组：通过活动能说出圆形的特征：圆圆的。 B 组：通过观察、动手操作等活动过程感知圆形的特征。 C 组：借助他人辅助在活动过程中感受圆形的特征。			

续表

<table>
<tr><td>问题解决：
A 组：能比画出圆形。
B、C 组：通过圆形物品的类比指认出圆形。
情感态度：
A 组：感受生活物品与圆形的联系，培养学生的观察能力。
B 组：培养学生的观察能力，在活动中感受圆形带来的乐趣。
C 组：感受学习圆形的快乐，培养学习观察的能力。
康复目标：
语言：（1）能清晰地说出词语“圆形”“圆圆的”“多、少、大小圆”。
（2）构音说出词语“圆形”“圆圆的”。
动作：（1）能独立握笔画出不规则的圆圈。
（2）能握笔描红画出圆圈。
（3）用手指描画出物体边框上的圆形</td></tr>
<tr><td>教学重难点</td></tr>
<tr><td>重点：正确指认出球，说出球的特征。
难点：区分、辨认球，说出球的特征：圆的、光滑的、会滚动</td></tr>
<tr><td>学教具准备</td></tr>
<tr><td>小圆圈、圆形图片、积木、圆盘等圆形物品、黑板擦、粉笔、橡皮擦</td></tr>
<tr><td>教学过程</td></tr>
<tr><td>一、导入
师：贝贝和妈妈吃完午饭了，我们一起帮贝贝收餐具吧。
出示 PPT 情境图，餐桌上有红圆盘、蓝圆盘，把红圆盘放在一起，蓝圆盘放在一起。
学生一起先指认圆形和颜色，然后老师再边动画演示分类出红圆盘、蓝圆盘，边带着学生复习圆形。
学生：这是圆形。它是红色/蓝色。
（设计意图：学生在生活情境中复习、学习圆形，更容易将知识投射在生活物品上。）
二、探究新知
（一）认识圆形本质特征
师：老师带了一个新玩具，同学们想玩吗？
（1）教师拿出体育器材小圆圈，如图 1 所示。学生观看说出名称，摸一摸，引导说出平面图形——圆形。
（2）教师示范用手滚走圆圈，提示学生它在滚动，是圆圆的。
（3）请部分学生上台体验滚走圆圈，教学认识圆形及特点，其余学生在下面尝试。
体验教学及康复训练：清晰地说“它是圆形”“圆圆的”。

图 1　小圆圈</td></tr>
</table>

续表

（二）点数、辨认圆形

1. 比一比

（1）PPT 呈现黄色和红色的圆形。先认读圆形，再点数各色圆形，比较哪个颜色的圆形多？

（2）PPT 呈现大圆和小圆。先请 B、C 组学生认、读圆形，再全班一起点数，比较哪类圆形多？

2. 圈一圈：帮贝贝收餐具

PPT 出示课本第 36 页图画，餐桌上有各样的盘子，如图 2 所示。学生一起先指出圆形盘子，然后用笔圈出，带着学生复习圆形。（A、B 组学生画圆圈出，C 组学生画"√"。）

图 2　餐桌上的盘子

（设计意图：滚圆圈、画圆，通过动手操作辅助建立圆形的概念，紧扣主题，调节一年级学生的课堂氛围。通过圆的描红对培智学生的精细动作进行康复训练，"教康结合"，为做题方式画圈打下基础。）

三、巩固练习

师：我们认识了圆形，那你们能找出圆形的物品吗？一起来找一找。

（1）找一找。

①教师在讲桌上摆放出各种常见物品：正方体积木、圆盘、圆碗、圆杯、黑板擦，带着学生挑出圆形物品：圆盘、圆碗、圆杯。

②先请 A、B 组学生自己找，老师再带着 C 组学生和大家进行订正。找到圆盘、圆碗、圆杯时边比画出圆形边教读"圆形"。

（2）指一指。

呈现 PPT，请每个学生指认圆形物品、圆形平面图，教师同时对每个学生进行圆形的抽离辅助，教读、指认圆形。

（设计意图：学生通过多感官初步感知圆形后，要学会利用特点去寻找匹配的物品，进行配对练习，在练习中老师通过比画帮助学生观察、抽离出图形，为圆形的概念建立提供辅助作用。）

四、小结

总结归纳：复习圆形及其特点，指认、比画圆形图片。

五、课后小任务

A、B 组：（1）画出书上物品上的圆形。

（2）找一找生活中的圆形物品。

C 组：指认出身边的圆形物品，说出圆形的名称。

（设计意图：让学生进行知识的迁移，通过指认和找出学校常见的圆形物品，方便获得结果的同时巩固圆形知识。）

续表

板书设计
认识圆形 圆圆的

课题	认识图形——圆形	总课时	3
第几课时	第 3 课时	课时内容	生活中的圆形

教康整合目标

教学目标：

知识技能：

A 组：在平面图形中区分、辨认出圆形。

B 组：通过活动、操作能区分出圆形。

C 组：能指认出圆形。

数学思考：

A 组：寻找和正确指认身边或生活中的圆形，说出特征：圆圆的。

B 组：寻找和正确指认物品上的圆形，用手比画出圆形特征。

C 组：在辅助下用手比画出所示物品上的圆形。

问题解决：

A 组：在要求下应用圆形进行操作或活动。

B 组：在带领下使用圆形进行活动。

C 组：在活动中指认出圆形。

情感态度：

A 组：感受圆形与生活的联系，培养发现图形并解决问题的能力。

B 组：培养动手操作的能力，在活动中感受圆形带来的乐趣。

C 组：感受使用圆形带来的快乐，培养学生观察和用笔画图的能力。

续表

康复目标： 语言：（1）清晰地说出句子“1个圆形、这是圆形”。 （2）独立构音说词语“圆形”“大圆”“小圆”。 动作：（1）能独立画出不规则的圆圈。 （2）能在书本上临摹、勾画出圆圈
教学重难点
重点：巩固圆形的特征，区分、辨认圆形。 **难点**：通过活动和操作能区分、辨认圆形
学教具准备
雪花片、圆片、课本图片等
教学过程
一、导入 师：上次老师给同学们布置了作业，找出见到的圆形，你们找到了吗？ 教师拿出圆形物品，请学生指出圆形的部分，找出平面图形圆形。如：杯子、雪花片、小圆点。 说一说圆形名称及特点。（“圆形”“圆圆的”） （设计意图：以生活情境中的圆形作为引入，明确了本节课的内容，利用特点进行配对练习，将知识迁移投射在生活物品上，将数学与生活结合起来。） 二、探究新知 1. 生活中的圆形物品 师：找一找，看看教室里有哪些东西是圆形的？ A组学生先找出教室里的圆形物品。师生一起指认出圆形，再说“这是圆形”等句子。（备注：老师带着B组学生找，陪读家长辅助C组学生指认，找到物品上的圆形。） 老师用PPT呈现校园里的圆形物品，学生指认出圆形。 每个学生轮流上台用手比画出物品上的圆形轮廓，说出圆形。 2. 区别、辨认圆形 （1）说一说物品的圆形形状。展示台呈现课本上的练一练第1题，先认出这是什么物品？用手指在图上画出圆形。 言语康复：清晰地说出“纽扣”“圆圆的”“这是圆形”。 （2）找一找圆形的物品。呈现课本上的练一练第3题，请每个学生上台正确指出圆形的物品。说出“它是圆形”。 （3）比一比圆形的大小。呈现课本上的练一练第4题，学生先用手画出圆形，比较出大圆，指导 学生在□里画“√”。 （4）数一数圆形数量。呈现课本上的练一练第5题，带着学生说出各种颜色，一起点数出对应颜色圆形的数量。指导学生把数字写在对应颜色圆形的（　）里。 语言康复：“几个圆形。” （5）圈一圈圆形物品。呈现课本上的练一练第7题，学生先说出物品的名称，再判断哪个是圆形。用手在图上画出，再用笔画出圆形。

续表

动作康复：握笔独立画出不规则的圆圈。 （设计意图：每一个练习都注重说出圆形、指认圆形，不断给学生加深印象，刻画圆形的形状，深入建立圆形的概念。同时练习题的设计将前面所学的数学知识涵盖进来，加以复习和迁移的综合运用。） 三、巩固练习 圈鱼游戏。 师：同学们认识了圆形，那我们来做个有关圆形的游戏吧。 （1）教师邀请助教或家长示范游戏：部分人手牵手围成一个圆圈，问学生是什么形状？再一起移动去套住一个人，说“捉鱼了”。 （2）将A、B组学生手牵手围成一个圆圈，C组学生做“鱼”，学生说出是圆形后，开始“捉鱼”游戏。 （设计意图：将圆形的数学图形知识应用到游戏中，让学生去感受学习带来的游戏乐趣，C组的学生能参与数学活动，体验数学课堂的快乐。） 四、小结 今天你学到了什么知识？ 五、课后小任务 A组：（1）用圆片拼一拼花朵。 （2）自己完成书上的练习题。 B组：（1）用雪花片拼出花朵。 （2）找生活中的圆形物品。 C组：（1）和家长指认、比画出常见物品上的圆形。 （2）一起玩圆形类的器材或活动。 精细动作训练：灵活用五指对应缝隙拼接物品。 （设计意图：学生的动作能力不同，在生活中动手操作要考虑差异性，比如做题、用圆形拼图活动、训练指认圆形等。）
板书设计
生活中的圆形  圆圆的 这是圆形

《认识图形三》教学设计

课题	认识平面图形	总课时	3
第几课时	第 1 课时	课时内容	认识长方形

教康整合目标

教学目标：

知识技能：

A 组：说出长方形名称，指认出边、角的基本特征。

B 组：正确指认出长方形的平面图形，说出长方形名称。

C 组：指出长方形。

数学思考：

A 组：直观辨认出长方形，指认长方形的平面图形。

B 组：从物品上找出长方形。

C 组：跟着老师找出长方形的边框、角。

问题解决：

A 组：描述生活中的长方形物品。

识别出长方形物品上的长方形平面图形。

B 组：描述身边常用的长方形物品。

C 组：在协助下描画出学习用品上的长方形。

情感态度：

A 组：培养学生的观察能力，介绍生活中的长方形。

B 组：增强数学知识和生活的联系，学会寻找生活中的长方形。

C 组：将长方形知识迁移到生活物品中，培养学习观察的能力。

康复目标：

语言：（1）能清晰地说出“长长的”“这是长方形”。

（2）构音说出词语“长方形”。

动作：（1）能独立握笔画出规则的长方形线条。

（2）能握笔描红画出长方形线条。

（3）用手指描画出物体边框上的长方形线条

教学重难点

重点：初步认识并指认出长方形的平面图形。

难点：在物体上直观辨认出平面图形长方形

学教具准备

圆形、长方形、三角形图片、小棒、几何体长方体、描红卡、长方形物品若干

教学过程

一、导入

师：前面我们学习了圆形，同学们还记得吗？

PPT 呈现圆形图片和圆形物体的图片，学生指认并复习。

师：这是什么，你们知道吗？是什么样子的？

PPT 呈现学校里常见的长方形物体图片，学生看图回答，教师引出“长方形”。

续表

板书课题：长方形。
教读课题并描画出长方形边框。
（设计意图：鉴于前面学习了圆形，用旧知作为导入，复习旧知的同时唤醒学生学习平面图形的经历，为学习长方形引路。）
二、探究新知
1. 感知长方形
（1）使用 PPT 动画效果演示将物体上的长方形边框抽离出来，再填充变成平面图形长方形，教读、指认长方形。
师：长方形有 4 个直角、4 条边，2 条长、2 条短，我们一起来数数看。
（2）教学长方形的特点，学生摸一摸边框，感受长方形的边、角。
（3）教师带着学生一起用手画出其他长方形实体的形状。一边画一边说长方形，找出长方形的长边、短边。
语言康复：清晰地说“长方形”“长长的”。困难音训练：先是示范舌向上翘碰到上颚，两边略卷起，发“ch”音，不能做到的学生，老师戴上手套食指触摸上颚辅助学生找到舌头位置。最后组合发卷舌音“chang”。
归纳：长方形有 4 个直角、4 条边，2 条长、2 条短。
2. 认识平面图形长方形
师：我们刚才感受了长方形的形状，同学们能找出长方形吗？
（1）黑板上贴出圆形、长方形、三角形，学生观察、指认长方形，教师再订正、强化教学。
（2）教师拿出几何体长方体，学生观察边框和面，指出长方形，再用手指书空勾画正方形边框。
（3）“我拿你说”活动。
教师拿出一个图形，学生说出对应图形的名称，“圆形、长方形、球”。
（图形：圆形、3 个不同的长方形、球）
3. 生活中的长方形
师：同学们能在教室里找出长方形吗？
（1）教师带着学生找教室里的长方形物品，用手书空勾画出长方形的形状。
（黑板、课桌、书、作业本、窗户）
（2）摆一摆长方形。（事先准备好数量不同的小棒）
① 教师示范展示用不同数量的小棒摆出不同的长方形形状。
② 教师分发小棒给学生，学生模仿或自行摆出一个长方形。
小结：这些都是长方形。（有 4 个直角、4 条边，2 条长边和 2 条短边——依据学生能力而进行适当的描述。）
（设计意图：长方形是关键的平面图形，它为接下来学习正方形、三角形提供范式和经验，要不断演示、摸、看，帮助提取长方形概念和表象，掌握方法，用小棒摆长方形，让学生在建立表象后作用于操作，充分理解长方形的形状特点。）
三、巩固练习
（1）贴一贴。A、B、C 三组各请 1～2 名同学上台将图片贴在对应的名称下，或进行指认图形。（A 组贴图并且说出图形名称，B 组贴图和指认对应图形，C 指认对应图形。）
（2）画一画。给学生每人分发一张描红卡纸，先说出它是什么图形，再沿着虚线、实线学画长方形。如图 1 所示。

图 1　学画长方形

续表

（C 组学生由家长辅助，B 组学生由教师指导，A 组学生自己描红。） 语言康复：清晰地说“长方形”“长长的”。 动作康复：握笔画出规则的长方形 4 条边的线条。 （设计意图：通过说和贴的活动，一边巩固学生所学知识，一边检测摸清全体学生的知识掌握程度、目标达成，课下进行辅导练习。） 四、小结 复习黑板上的长方形知识，主要特点、名称、形状。 五、课后小任务 A、B 组：（1）在课本上、校园里寻找并说一说长方形的物体，画一画边框形状。 （2）在题卡上描红长方形的形状。 C 组：（1）在课本上指认出并说一说长方形，画一画边框形状。 （2）和家长一起找家里的长方形物品。 （设计意图：A、B 组的学生要注重抽离长方形形状的练习，以及康复训练中用笔画、描红的能力。C 组学生在不断感知长方形物体特征的活动情境下，初步认识长方形。）
板书设计
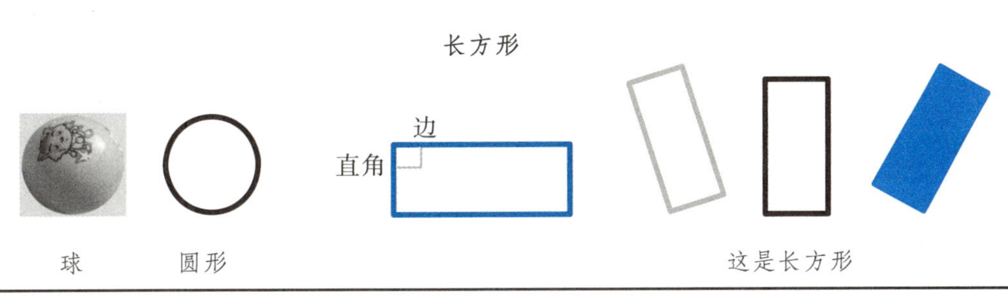

课题	认识平面图形	总课时	3
第几课时	第 2 课时	课时内容	认识正方形
教康整合目标			
教学目标： 知识技能： A、B 组：正确说出平面图形正方形的名称，并正确指认正方形的平面图形。 C 组：指出正方形。 数学思考： A 组：区别辨认正方形与长方形。 B 组：辨别出正方形形状的物品。 C 组：跟着老师找出正方形。 问题解决： A 组：学习简单的测量方法，发现正方形的 4 条边一样长。 描述带有正方形的物品。 B 组：通过测量活动能发现正方形的 4 条边一样长。			

续表

<table>
<tr><td>
找出身边常用的正方形物品。
C 组：在协助下能描画出正方形常用品上的正方形边框。
情感态度：
A 组：培养学生的观察辨别能力，尝试寻找生活中的正方形。
B 组：增强数学知识和生活的联系，将正方形知识迁移到生活物品中。
C 组：感受正方形与生活的联系，培养学习观察的能力。
康复目标：
语言：（1）能清晰地说出“这是正方形”。
（2）构音说出词语“长方形”“一样长”
</td></tr>
<tr><td>教学重难点</td></tr>
<tr><td>
重点：初步认识并正确指认出平面图形正方形。
难点：正确区分正方形和长方形
</td></tr>
<tr><td>学教具准备</td></tr>
<tr><td>正方形图片、小棒、几何正方体、学具盒</td></tr>
<tr><td>教学过程</td></tr>
<tr><td>
一、导入
师：小火车开过来，这些朋友你们认识吗？
（1）跟着 PPT 动画呈现，学生说出车厢上平面图形的名称，其中加入新图形——正方形。
师：哎，这个是什么图形呢？出示正方形。
学生回答：长方形。
师：这个不是长方形，它叫正方形，今天我们就一起来认识这个新朋友吧。
在黑板上粘贴正方形图片，板书课题：正方形。
教读和指认正方形。
（2）PPT 呈现各类正方形物体或标牌，学生说出物品名称后勾勒出物体边框上的正方形，用动画效果演示抽离出来。重复演示。
（设计意图：小火车的动画引入会吸引学生的目光和兴趣，缓解学习平面图形的疲劳感。）
二、探究新知。
1. 认识正方形
师：现在同学们跟着老师一起画出它上面的正方形。
书空勾勒正方形边框。
学生先跟着说出“正方形”名称，再伸出食指从上方一角上的一个顶点开始勾画正方形轮廓。重复勾画和说出正方形名称。
指认正方形。教师 PPT 上呈现各种位置的正方形图片，带着学生指认和认读正方形。
语言康复：清晰地说“正方形”。困难音训练：先是示范舌向上翘碰到上颚，两边略卷起，双齿轻咬发“zh”音，不能做到的学生，老师戴上手套辅助，闭合学生牙齿。最后捏住鼻子发卷舌鼻音“zheng”。
归纳：正方形有 4 个直角，4 条边。
2. 区别正方形和长方形
师：之前同学们说它是长方形，那它跟长方形有什么不一样呢？我们去探索探索。
（1）量一量。
老师伸出两只食指，分开，放在正方形的一条边上测量距离，不改变长度依次测量另外 3 条边，引导学生观察：4 条边一样长。
</td></tr>
</table>

续表

<table>
<tr><td>
（2）教师给每个小组的学生分发4根小棒，摆放成正方形形状。观察、数出4条边的小棒数量：都是1根小棒。
归纳：正方形的4条边一样长，4条边相等。
康复训练：重点复习构音发“chang”。
3. 辨认正方形
师：同学们都认识了正方形，请你们自己来找出它们吧。
（1）画一画。
学生伸出食指画出PPT上呈现的正方形物体边框，指认正方形。
（不能画出的学生，教师握着学生食指勾画正方形边框，再认读正方形。）
（2）找一找。
教师带着学生一起找出教室里的正方形物品。如田字格、手帕、宣传标识牌。
语言训练：清晰地说出“这是正方形”“4条边一样长”。
（设计意图：正方形对于培智学生来说识别较困难，它是特殊的长方形，所以对学生不做高的教学要求，重点是能观察出正方形，通过手指、小棒测量去发现4条边一样长的特点，帮助培养学生发现问题和简单解决问题的能力。）
三、巩固练习
（1）指一指。教师拿出几何体正方体，学生观察边框和面，指出正方形，再用手指书空勾画正方形边框。
师：老师这里有很多图形，现在老师分配任务，和同桌一起从中挑出正方形图形。
（2）试一试。同桌为一组，在教师分发的学具盒中挑选、认读出正方形图片。
（设计意图：同桌为小组进行学习任务，初步融入学生小组合作学习，培养学生的合作和操作能力，发展同伴学习。）
四、小结
学生上台认读出正方形，说出主要特点：4条边一样长。
五、课后小任务
A组：（1）用正方形圈出书上的正方形图片。
（2）找一找学校里的正方形物品。
B、C组：（1）指认出书上的正方形图片。
（2）描红题卡上正方形。
（设计意图：A组学生能力较好，可以通过画正方形圈出答案，正方形的形状得以再次巩固。B、C组能力较弱不做重点要求。）
</td></tr>
<tr><td>板书设计</td></tr>
<tr><td>
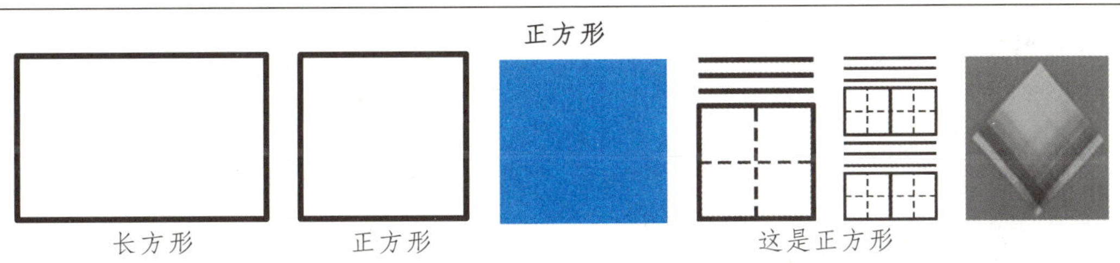

</td></tr>
</table>

课题	认识平面图形	总课时	3
第几课时	第 3 课时	课时内容	认识三角形

教康整合目标

教学目标：
知识技能：
A 组：初步认识并正确指认出平面图形三角形。
在多种平面图形中直观辨认出三角形。
B 组：正确指认出平面图形三角形，说出三角形名称。
C 组：指认出三角形。
数学思考：
A、B 组：从物品上直观辨认出三角形的平面图形。
描述三角形基本特征：尖尖的角。
C 组：跟着老师辨认三角形的边框、角。
问题解决：
A 组：描述生活中的三角形物品。
B 组：介绍身边常见的三角形物品。
C 组：在协助下描画出常见物品上的三角形。
情感态度：
A 组：找出生活中的三角形，发现数学知识在生活中的应用。
B 组：培养动手操作的能力，使用小棒摆出图形。
C 组：有规则地参与游戏活动，感受三角形与生活的联系.
康复目标：
语言：(1) 能清晰地说出句子“它是三角形、有 3 个尖角”。
(2) 清晰地说出词语“三角形”“尖尖的”“3 个角”。
动作：(1) 能独立握笔画出规则的三角形线条。
(2) 能握笔画出三角形线条

教学重难点

重点：正确指认三角形。
难点：识别三角形的主要特征、动手操作摆小棒

学教具准备

红领巾、七巧板、描红卡纸、小棒

教学过程

一、导入
师：每周星期一升旗的时候，少先队员要戴什么呢？
学生回答后，教师拿出红领巾。
师：有人知道红领巾是什么形状的吗？
引出课题：三角形。
板书课题：三角形，教读。
（设计意图：红领巾是学生在学校最常见、熟知的物品，用它作为引入，学生会感兴趣。同时，观察三角形形状，可以进行爱国等思想教育。）

续表

二、探究新知

（一）感知三角形

师：三角形是什么样子的？它的边和角在哪里？

1. 勾勒三角形边框

（1）教师拿出教具三角板，一边描画出边框，一边说“三角形”。

介绍三角形的边和角：有 3 条边，3 个尖尖的角。

（2）学生先跟着说出“三角形”名称，再伸出食指沿着三角板的轮廓勾画三角形。重复勾画和指认三角形。

2. 抽离出平面图形三角形

PPT 呈现各类三角形物体或标牌，学生说出物品名称后，用动画效果演示把三角形抽离出来。重复演示和说图形名称。

语言康复：展唇、圆唇练习，咬纸片发舌尖送气音“j”，构音训练“jiao”。练习说词语“三角形”。

（二）三角形的特点

师：三角形和前面学习的球、圆形、长方形、正方形有什么不一样？

（1）PPT 呈现三角形的图片，标出 3 个尖角的顶点。一边演示一边告诉学生：三角形有 3 个尖角和 3 个顶点，学生和教师一起数一数。

（2）教师拿出七巧板，学生先观察每个图形，说一说名称，指认出三角板。

教师把三角板拿到学生当中，学生每个人摸一摸三角形 3 个尖尖的角，找到顶点。

（3）给学生每人分发一张描红卡纸，先说出它是什么图形，再沿着虚线勾画连接起来。如图 1 所示。

图 1　勾画三角形

（C 组学生由家长辅助，B 组学生由教师指导，A 组学生自己描红。）

小结：三角形有 3 条边，3 个尖尖的角，3 个顶点。

语言康复：清晰地说“三角形”“3 个角”。

动作康复：握笔画出规则的三角形 3 条边的线条。

（三）生活中的三角形

师：认识了三角形，你们能找出身边的三角形，介绍给大家吗？

（1）学生自己找一找教室或校园里的三角形物品，并说出名称和主要特点。

（2）摆一摆三角形。（事先准备好数量不同的小棒）

师：老师这里有一些小棒，请同学们动手摆一摆三角形。

① 教师示范用不同数量的小棒摆出不同的三角形形状。

② 教师分发小棒给学生，学生模仿或自行摆出一个三角形。

归纳：这些都是三角形。有 3 条边，3 个尖尖的角和顶点。

语言康复：清晰地说出“这是三角形、3 个尖尖的角”。

（设计意图：前面圆形、长方形、正方形平面图形学习的经验，能够帮助学生较容易地认识三角形的形状。摸一摸三角形的 3 个尖角，能够将三角形的特征印在脑海。自己去寻找身边的三角形物品，能够将三角形的平面图形表象迁移。）

三、巩固练习

（1）“我拿你说”活动。教师拿出一个图形，学生说出对应图形的名称：圆形、长方形、正

续表

<table>
<tr><td colspan="4">方形、三角形。
（图形：圆形、长方形、正方形、3 个不同的三角形）。
（2）“萝卜蹲” 游戏。
师：今天各个图形都来班上做客，我们邀请它们一起做游戏吧。
① 教师和助教、家长一起示范游戏玩法。每人头戴一个图形（圆形、长方形、正方形、三角形），1 人边蹲边说“圆形蹲，圆形蹲，圆形蹲完长方形蹲”，点到谁的图形名称谁就接着玩。
② 教师和家长辅助学生玩游戏，重点指认出自己和他人的图形、名称。
语言康复：连词说话和说短句训练。
四、小结
和学生一起总结、区分圆形、长方形、三角形。
（设计意图：本环节主要目的是在学习三角形的基础上，对前面的平面图形进行巩固复习，区分、辨认，认识几种基本的平面图形。“萝卜蹲” 游戏训练、提高学生的语言能力。）
五、课后小任务
A、B 组：（1）圈出书上的三角形图片。
（2）描红题卡上的三角形。
（3）找一找学校里的三角形，指认其他形状的物品。
C 组：（1）指认出书上的三角形图片。
（2）和家长一起指认学校里的三角形和其他形状的物品。
（设计意图：对所学的平面图形知识综合练习，巩固、区别球、圆形、长方形、正方形、三角形的主要特征，学会将知识迁移到生活中。）</td></tr>
<tr><td colspan="4">板书设计</td></tr>
<tr><td colspan="4">三角形
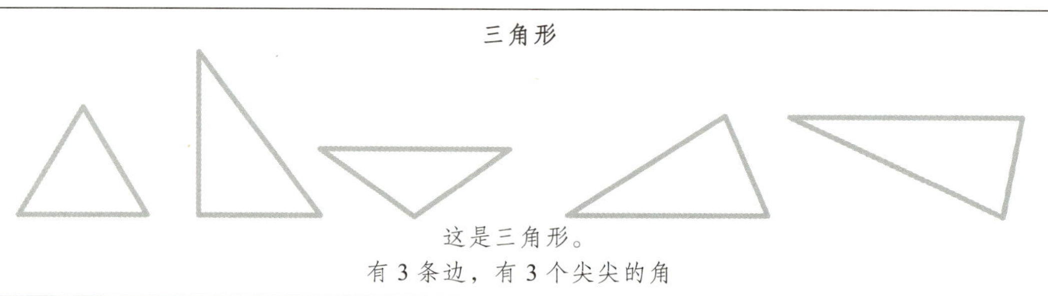
这是三角形。
有 3 条边，有 3 个尖尖的角</td></tr>
</table>

《上、下》教学设计

<table>
<tr><td>课题</td><td>上、下方位</td><td>总课时</td><td>2</td></tr>
<tr><td>第几课时</td><td>第 1 课时</td><td>课时内容</td><td>上、下位置</td></tr>
<tr><td colspan="4">教康整合目标</td></tr>
<tr><td colspan="4">教学目标：
知识技能：
A 组：指认出上、下的位置，初步建立方位概念。</td></tr>
</table>

续表

<table>
<tr><td>
B 组：指认出上、下的位置。
C 组：感知上、下的位置。
数学思考：
A 组：尝试说出一个物体的上、下位置。
B 组：说出什么在上面，什么在下面。
C 组：跟着老师说出或指出上、下位置。
问题解决：
A 组：以自身为参照物，尝试找出上、下位置。
B 组：在活动中尝试找出上、下的物品。
C 组：在家长的辅助下指认活动中的上、下物品。
情感态度：
A、B 组：初步培养学生空间观念和用语言描述情境。
C 组：有兴趣地参与课堂活动。
康复目标：
语言：（1）能清晰地说出“什么在上面/下面”。
（2）在辅助或提示下正确说出“这是上面/下面”。
感知觉：（1）指认 1 个画面里的上、下空间位置。
（2）指认 1 种物体的上、下空间位置
</td></tr>
<tr><td>教学重难点</td></tr>
<tr><td>
重点：（1）指认出上、下的位置，初步建立方位概念。
（2）用方位词描述方位。
难点：（1）以自身为参照物，尝试确定上、下位置。
（2）用方位词描述方位
</td></tr>
<tr><td>学教具准备</td></tr>
<tr><td>人物图片、镜子、帽子、发夹、杯子、饼干、玩偶熊</td></tr>
<tr><td>教学过程</td></tr>
<tr><td>
一、导入
师：同学们看看这是谁？脸上有哪些五官？
教师拿出自己的图片，学生观察，认出老师，说一说老师脸上有哪些五官。
师：大家都找出了老师的五官，你们知道鼻子在嘴巴的哪里吗？
学生回答或指出。
师：鼻子在嘴巴的上面，嘴巴在鼻子的下面。这就是我们今天要学习的上、下位置关系。
板书课题，教读“上、下”。
（设计意图：培智学校学生对熟悉的人像图片有兴趣，作为引入能集中学生注意力，观察图片内容。五官学生基本都知道，学生跟着教师找五官的上、下各是哪些，初步接触上、下的位置关系。）
二、探究新知
（一）感知上和下的位置
1. 教学：五官位置
（1）教师教学指认自己的五官位置，谁在谁上面/下面。边指边说。
如：鼻子在嘴巴上面；眉毛在眼睛上面；嘴巴在鼻子下面。
</td></tr>
</table>

续表

（2）照镜子，教师拿来一个大镜子，学生指一指自己五官的位置。教师说位置，学生指出位置，摸一摸。

2. 教学：指认上、下的位置

（1）教学以自己为主体找上、下。头上有帽子、发夹，上面是天花板，脚下穿着靴子，下面是地板。学生移动位置，教学指认上、下的物品。

（2）教学找饼干。教师将饼干放在不同的物体上面、下面，教认上、下的位置。

归纳与康复：清晰地说出“上面”“饼干在上面”“下面”“饼干在下面”。

（二）进一步认识上和下的位置

师：老师如果把书换成其他东西，你们还会说吗？

师：操场上同学们在上体育课，大家找一找红旗和人的位置。

（1）教师带领学生看课本上第 2 页的图画，说说体育课画面里的上、下关系位置。

红旗在大家的上面，大家在红旗的下面，老师在学生的上面，学生在老师的下面。

师：星期六，贝贝去公园玩滑滑梯，她是怎么玩的？

（2）师生观察课本上第 3 页的图画，如图 1 所示。找出贝贝、滑梯、皮球，指认什么在什么的上面，什么在什么的下面。尝试做一做第 1 题。

描述与康复：贝贝在滑梯上面，皮球在滑梯下面。

书包在椅子上面，跳绳在椅子下面。

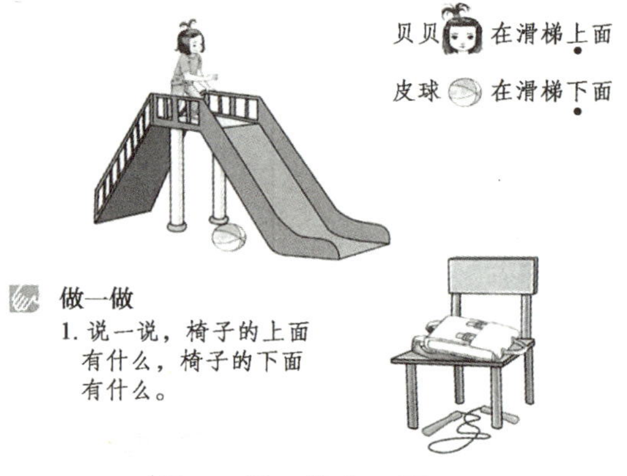

图 1　说一说上、下

（设计意图：遵从培智学校学生空间位置的认知发展顺序，从学生自己个体为中心出发过渡到以某一客体为中心认识上、下关系，注重学生在情境中的真实感官体验。一年级学生对食物很有兴趣，可以将饼干和学习结合起来，吸引注意力。）

三、巩固练习

跳跳熊活动。

师：老师这里有个新朋友，想和大家一起玩。

（1）教师拿出玩偶小熊介绍，助教示范活动，老师说出“小熊跳到桌子上面/下面”，助教就把小熊就跳到课桌上/下。

（2）再换成师生互动，教师跳小熊，学生说出：“小熊在什么上面/下面。”

（设计意图：低年级的儿童都喜欢活动，将指认和语言描述方位结合起来，融入活动中，带着学生在情境中巩固上、下方位知识。）

四、小结

粘贴五官图，复习本节课上、下的位置关系，强化学生指认和描述位置。

（设计意图：粘贴五官图作为总结，检测学生的新知掌握情况，强化知识。）

续表

<table>
<tr><td>五、课后小任务
A、B 组：（1）指认教室里的哪些物品在上面，哪些物品在下面。
（2）语言描述说一说物品的上、下位置。
C 组：家长帮助孩子指认教室里的哪些物品在上面，哪些物品在下面。说一说“上面/下面 ”。
（设计意图：C 组学生语言发展受限，会说上面、下面即可，重在学会指认上、下的位置关系。）</td></tr>
<tr><td>板书设计</td></tr>
<tr><td>上、下
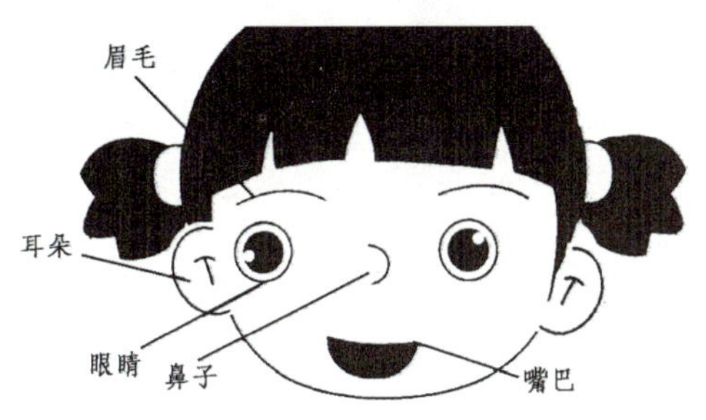

眉毛在上面，嘴巴在下面</td></tr>
</table>

课题	上、下方位	总课时	2
第几课时	第 2 课时	课时内容	上、下位置关系
教康整合目标			
教学目标： 知识技能： A、B 组：正确指认出上、下的位置。 C 组：在协助下指认上、下的位置。 数学思考： A、B 组：辨别出指定物品的上、下位置。 用方位词描述上、下关系：××在××上面，××下面。 C 组：老师说上、下位置学生能对应指出位置。 问题解决： A 组：以一个物品为参照物，找出生活中身边物体的上、下位置关系。 B 组：在活动中找出指定物体的上、下位置。 C 组：在家长的辅助下指认自己身边的上、下物品。 情感态度： A、B 组：初步培养学生空间观念和用语言描述图意，帮助整理活动物品。 C 组：有兴趣地参与课堂活动。 康复目标： 语言：（1）能清晰地描述 “什么在什么上面，什么在什么下面”。 （2）在辅助或提示下正确说出“谁在上面/下面”。			

续表

感知觉：（1）分辨 1～2 种画面里的上、下空间位置关系。 （2）分辨 1～2 种物体的上、下空间位置关系
教学重难点
重点：指认出上、下的位置，用方位词描述上、下位置。 难点：辨别身边物体的上、下位置关系
学教具准备
2 个玩具、贴纸、手工树、水果图片、课本
教学过程
一、导入 师：上节课我们学习了上、下的位置，现在我来考考大家，请你们把书放在桌子的上面。 教师连续发出口令，要求学生在一个物体的上、下面放物品。 师：现在老师放，同学们说，书在哪里？ 学生指认出书的上、下位置关系，并且说出关于上、下的描述性语言。 （设计意图：学生在生活情景中积累了一定的上、下方位经验，知道怎么做，不知道方位名称和具体的方位关系，生活情境介入方便学生理解。） 二、探究新知 辨别上、下位置关系。 （1）我放你说。 ① 教师在桌子上、下摆放东西，学生指认出上面、下面的物品。 ② 教师在不同的物体上、下摆放东西，学生指认并说出上面、下面的物品。 归纳与康复：清晰地描述“上面”，“××在××上面”。“下面”，“ ××在××下面”。 （2）我说你放。 师：现在我来指定位置，由你们来放。 学生选择一些物品放在老师指定的物体上面。 描述物品位置：A、B 组描述“什么在什么上面，什么在什么下面”。 C 组描述“什么在上面，什么在下面”。 （3）观察教室里的物体，什么物品在上面，什么物品在下面的？学生用句子描述出来。 （4）教师呈现手工制作的道具，如图 1 所示。树上、树下有各种水果图片，请学生指一指并说一说它们的上、下位置关系。 （A、B 组学生要指出和说出位置关系，C 组学生指出位置关系。）  图 1　树上/下的水果

续表

感知觉康复：学生找出某一水果的上、下位置关系。 （设计意图：学生在第一课时的实景实物中学习了上、下的位置，本节课转化为图面指认并进一步学习上、下的位置关系，辨别和区分上、下的相对位置。） 三、巩固练习 （1）贴一贴。 PPT 呈现课本上第 3 页做一做第 2 题，如图 2 所示。教师读题，将桌子上的图片贴在黑板上。学生将教师准备好的贴纸按要求贴在对应的位置。 最后请 2 名学生上台贴图"水壶、皮球"，展示订正。 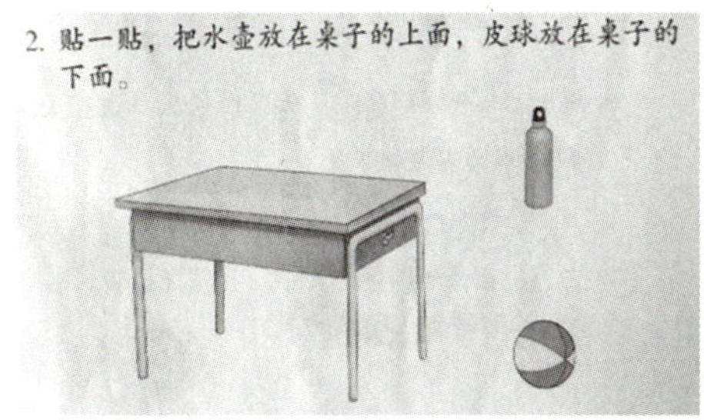 图 2　贴一贴 （2）捉迷藏。 师：同学们都很棒，那我们一起玩个捉迷藏游戏，把老师藏起来的玩具找出来吧。 教师把学生喜欢的玩具给学生看过后，放在椅子下面、柜子上面等，学生找出玩具，并说出放置的位置。 （设计意图：低年级的培智学校学生喜欢游戏类的活动，特别是找喜欢的东西，要重点让学生描述清楚它们的具体方位、关系，达到指认与描述上、下方位及关系的巩固练习。） 四、小结 做课本上第 4 页的题，总结本节课知识。 五、课后小任务 A、B 组：（1）按要求给上或下的物品涂上颜色。 （2）指认校园里上、下位置及对应的物品。 C 组：和家长一起指认课本上和家里上、下位置的物品。 （设计意图：A、B 组学生能力较好，可以在题卡上做题练习、巩固。C 组能力较弱，学习指认生活中的上、下位置。）
板书设计
上、下 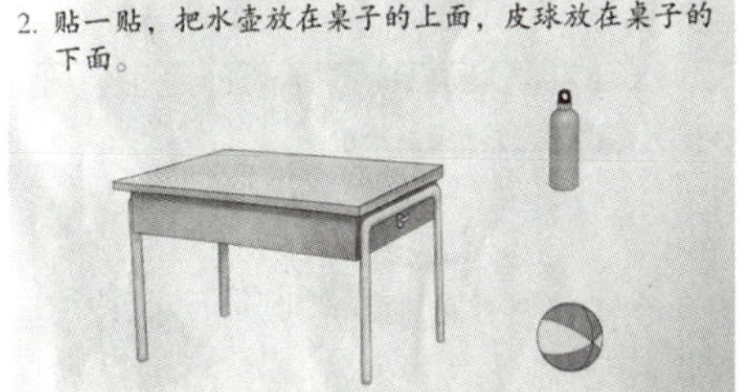 水壶在桌子的上面，皮球在桌子的下面

《前、后》教学设计

课题	前、后方位	总课时	2
第几课时	第 1 课时	课时内容	前、后位置

教康整合目标

教学目标：

知识技能：

A 组：按要求指认出前、后的排列位置，初步建立方位概念。

B 组：在情境活动中按要求指认出前、后位置。

C 组：协助下指认前、后的位置。

数学思考：

A 组：根据排列顺序尝试说出指定物体的前、后位置。

B 组：在活动中说出什么在前面，什么在后面。

C 组：跟着老师的动作说出或指出前、后位置。

问题解决：

A 组：以自身为参照物，尝试找出身边的前、后位置。

B 组：在活动中尝试找出前、后的物品。

C 组：在家长辅助下指认活动中前、后的物品。

情感态度：

A、B 组：初步培养学生空间观念和用语言描述情境。

C 组：有兴趣地参与课堂活动。

康复目标：

语言：（1）能连续说出“什么在前面/后面”的短句。

（2）能构音说出词语“前面、后面”。

感知觉：（1）辨认 1 个画面里的前、后空间位置。

（2）辨认 1 种物体的前、后空间位置

教学重难点

重点：（1）指认出前、后的位置。

（2）用方位词描述前、后方位。

难点：（1）根据物体排列的先后顺序，尝试确定自己的前、后位置。

（2）用方位词描述方位

学教具准备

视频 2 个、椅子、课本

教学过程

一、导入

师：你们看，这是在做什么？

教师呈现学生上体育课排队准备的视频。学生观察场景，引导学生说出“上体育课、在排队”。

师：那同学们是怎样排队的？站在第一个的是谁，最后一个是谁？

学生说出第一个、最后一个同学的名字。

教师引出课堂内容：第一个是前面，最后一个是后面。

续表

板书课题：前、后，教读课题。 （设计意图：学生体育课排队是常见的前、后位置现象，能帮助学生从身边的现象去理解前、后方位的位置关系。） 二、探究新知 师：刚才我们初步认识了前、后，现在我们来具体认一认什么是前，什么是后。 1. 排队 再次观看视频，点击暂停，教学站第一个的是前面，最后一个的是后面。 教学生指认出前、后的位置，并教读“前面、后面”词语。 2. 介绍位置 师：请同学们介绍自己的位置在哪里？ （1）教师和助教一前一后站好，演示并教学前、后。反复演示和用前、后的方位词描述。“我在前面，林老师在后面。”“我在林老师前面，林老师在我的后面。” （2）以某3个同学座位为例，教学谁在前面，在谁的前面；谁在后面，在谁的后面。 （3）学生以自己为例，大家说一说谁在前面，谁在后面。 （4）学生选一个同学介绍他的位置，谁在前面，谁在后面。 后方位的教学同上，注重指认和前、后方位词的描述相结合。 3. 指一指 教师呈现学生在食堂排队、吃饭的视频，学生观察在做什么？ 师：中午了，大家都到食堂吃饭，看看都有谁。 （1）教师询问谁在前面，在谁的前面；谁在后面，在谁的后面，学生进行指认。（最前面、最后面，再以某一学生为例。） （2）找一找自己的前面、后面都有谁，用带方位词的句子描述。 归纳与康复：清晰地描述××在前面，××在后面。 ××在我的前面，××在我的后面。 （设计意图：学生的座位是自己每天固定的位置，对周围的人已经熟悉，座位也是前、后方位的最贴近最有效的教学材料，注意要给学生思考和理解的时间，学会用前、后方位的描述语言。） 三、巩固练习 （1）选座位。 ①在教室旁边空廊处摆放4把椅子，依次请2～4个同学上来选座位。 ②学生选择坐好后，尝试说出自己的前面是谁，还有哪些人；后面是谁，还有哪些人？ 如：“我的前面是小红。”“我的后面是小曾。” （2）预设扩展：说一说自己的前面还有谁？自己的后面还有谁？ 如：“我的前面有小红、小罗……”“我的后面有小曾、小雨……” （设计意图：学生自主选择，身临其境，学习前、后的方位，感受方位和生活的联系，重在能指认出前、后位置，用语言进行描述交流。） 四、小结 复习课本上第5页内容，如图1所示。粘贴图画，指认、描述前、后的位置。 板书：乐乐在前面。贝贝在后面。

续表

图 1　描述前、后

（设计意图：教学不能摒弃课本，教学知识后再回到书本上，指认情境图片的前、后位置，注重对学生语言描述前、后方位的强化训练，也为下节课的前、后关系做铺垫。）

五、课后小任务

A、B 组：（1）指认校园里、情境中什么在前面，什么在后面。

（2）语言描述，说一说排队时的前、后位置。

C 组：家长帮助孩子指认校园里、情境中的谁在前面，谁在后面。说一说“前面/后面　”。

（设计意图：C 组学生语言发展受限，会说上面、下面即可，重在学会指认上、下的位置关系。）

板书设计

前、后

课题	前、后方位	总课时	2
第几课时	第 2 课时	课时内容	前、后位置关系

教康整合目标

教学目标：
知识技能：
A、B 组：正确指认出前、后的位置。
用方位词描述前、后位置：××在××前面，××后面。
C 组：老师说前、后方位时，学生能对应指出位置。
数学思考：
A 组：区别出身边物体的前、后位置。
B 组：正确辨别出指定物体的前、后位置。
C 组：在协助下辨认前、后的位置。
问题解决：
A 组：找出生活中身边物体的前、后方位关系。
B 组：在游戏活动中找出指定物体的前、后位置。
C 组：在家长的辅助下指认自己身边的前、后物品。
情感态度：
A、B 组：初步培养学生语言描述情境的空间图意。整理活动物品。
C 组：有兴趣地参与课堂活动。帮助整理活动物品。
康复目标：
语言：（1）能清晰地描述“谁在前面，谁在后面”。
（2）在辅助或提示下正确说出“谁在前面/后面”。
感知觉：（1）分辨 1～2 种画面里的前、后空间位置关系。
（2）分辨 1～2 种物体的前、后空间位置关系

教学重难点

重点：用方位词描述前、后位置。
难点：辨别身边的前、后位置关系

学教具准备

运动会照片、坐公交车照片、课本

教学过程

一、导入
师：一年一度的运动会开始了，你们看，他们在做什么？
教师呈现学校举行运动会时的照片，学生观察照片。
师：你们看跑步比赛他们谁赢了？
师生观察照片得出：小罗赢了。
师：为什么？谁在前面？谁在后面？
引导学生说出小罗跑在前面，他赢了，小红跑在后面，输了。请学生上台指认出前面、后面的人的位置。
板书课题：前、后，教读课题，说图片位置。
（设计意图：培智学校运动会多以游戏比赛为主，学生很感兴趣，用比赛输赢能很好地给学生传达赢的是跑在前面的，输的是跑在后面的。）

续表

二、探究新知 师：看看这些项目里还有哪些同学是赢了的、输了的？为什么？ （1）教师再次出示其他运动会游戏项目，带着学生找出输赢里的前、后位置关系，并教学描述方位关系。（滚球、抱球等） 描述：小红在小林的前面；小林在小红的后面。 （2）坐公交车排队情境。教师PPT呈现学校外出实践活动排队坐公交车的图片，学生观察，教师引导学生回答出谁排在谁的前面，谁排在谁的后面，并指认同学们的站队方位。 （注意对学生进行输赢和遵守交通规则的思想、情感教育。） （3）指认前、后位置关系。 师：贝贝、乐乐、天天也准备坐公交车去玩，你能说出他们的排列位置吗？ ① PPT呈现课本上第7页练一练第1、2题，如图1所示。老师帮助解说图画内容，学生观察图画。 ② 学生指认并说出前、后方位关系。 归纳与康复：C组描述说出“××在前面，××在后面”的句子。 A、B组清晰地描述说出“××在××的前面，××在××的后面”。   图1　小朋友的位置关系 （4）贴一贴。 ① 教师在黑板上粘贴课本上第6页做一做第2题的情境图，如图2所示。读题教师示范贴上对应的人物图片，然后请学生自己动手贴上人物。 ② 将提前准备好的人物分发给学生，教师和家长带着学生一起按要求贴上人物。说一说图画上人物的前、后位置关系。 描述方位：天天在兰兰的前面，乐乐在兰兰的后面。  2. 贴一贴，请让天天坐在兰兰的前面，乐乐坐在兰兰的后面。  图2　贴一贴

续表

<table>
<tr><td>（设计意图：情境从生活过渡到书本图画上，学生学习对知识的迁移和使用，慢慢教学生学会看图，学习课本知识。）
三、巩固练习
做拍手律动。
师：上拍拍，下拍拍，小手放腿上，小手藏起来，提问小手藏在了哪里？（藏在了后面）上拍拍，下拍拍，小手放腿上，小手伸出来，小手在前面。 前拍拍，后拍拍……
师生游戏互动。
（设计意图：师生互动玩游戏，增添课堂氛围，提高学生学习的快乐和兴趣，游戏内容也是对上、下、前、后位置及关系的综合应用，巩固方位知识的学习。）
四、小结
观察指认课本上练习题的图画，教师带着学生一起指认、说出答案，巩固知识。
（设计意图：回归课本，带着学生学习做题，也解决学生不能读题和部分学生不能独自完成习题的困难。）
五、课后小任务
A、B 组：（1）再次完成课本上的练一练。
（2）指认校园情境中的谁在前面，谁在后面。
C 组：家长帮助孩子指认课本上、校园情境中的前面，后面。尝试指认前面/后面 。
（设计意图：C 组学生能力较弱，空间方位知识较难，帮助他们在感知中了解前、后方位。）</td></tr>
<tr><td>板书设计</td></tr>
<tr><td>前、后
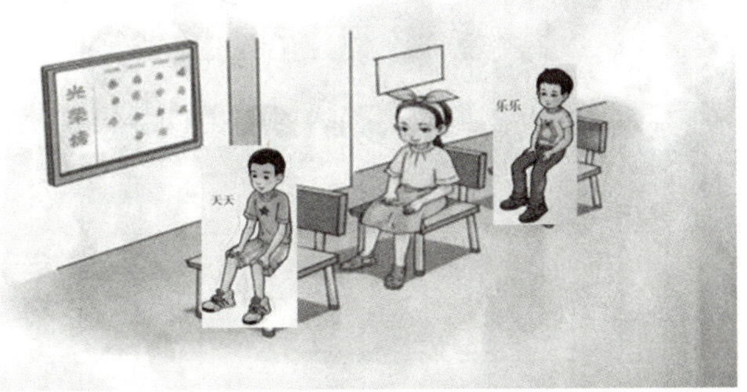

天天在兰兰的前面，乐乐在兰兰的后面</td></tr>
</table>

《认识左、右》教学设计

课题	左、右方位	总课时	3
第几课时	第 1 课时	课时内容	认识右

教康整合目标

教学目标：
知识技能：
　A、B 组：正确举出右手，初步建立右方位概念。
　　　　指认右边的身体部位。
　C 组：在协助下举出右手。
数学思考：
　A 组：辨别并描述活动中右边的物品，进一步发展空间观念。
　B 组：借助右手辨别并描述活动中右边的物品，进一步发展空间观念。
　C 组：根据指令，在协助下指认右边的身体部位。
问题解决：
　A 组：能摆放或排列好右方位的物品。
　B 组：在情境中向他人介绍右边的人或物。
　C 组：在家长的辅助下辨别、指认自身右方位的人或物。
情感态度：
　A、B 组：培养学生的空间方位和语言描述能力。
　C 组：初步培养学生的右方位空间能力，积极参与课堂活动。
康复目标：
语言：（1）清晰地说出描述右方位“××的右边有××”的句子。
　　（2）清晰地说出方位词语“右边”

教学重难点

重点：指认出右方位的人或物的位置。
难点：确定物体右方位的位置，并用方位词进行描述

学教具准备

苹果、香蕉图片，课本，多媒体设备

教学过程

一、导入
师：今天我们来玩一玩一双小手，大家伸出小手跟着我做一做。
小手拍拍，小手拍拍，变成剪刀手。小手拍拍，小手拍拍，变成小花猫。
小手拍拍，小手拍拍，变成一朵花。小手拍拍，小手拍拍，右手举起来。
学生跟着做动作。
师：同学们都乱了，有谁知道哪边是左，哪边是右吗？请举手回答。
学生习惯性举起右手，引出课题。
师：大家看，你们举起的这只手就是右手。跟我说“右手”。
板书课题及“右手”，教读“右”“右手”。
（设计意图：用玩手指游戏引入课题，能让课堂充分活动、兴奋起来，把学生的习惯与亲身

续表

体验结合，教学右手、右边，切合知识内容的校园情境，也是学习“右”方位的自然链接。） 二、探究新知 1. 感知右手 师：请同学们仔细观察右手，它在我们身体的一侧，这只手叫右手。 （1）学生观察，跟着老师举起右手摇一摇，前、后摆动、转一转，体验右手方位的活动。 师：瞧一瞧，我们每个人都有右手，就是同学举起的这只手，跟我说一说“右手”“这是右手”。 （2）教师伸右手，举起镜面示范摇一摇，再和学生指读板书“右手”。 师：大家看看书上的同学和我们举的手是同一只吗？是哪一只手呢？ （3）引导学生看课本第 1、2 页的插图，学生说出右手，并做同样的动作。反复指认右手。 2. 右手可以做什么？ 师：同学们的右手还可以做什么呢？大家说一说，做一做动作。 学生先自己说，自己做动作，教师再带着学习总结、演示。 右手还可以写字、拿筷子吃饭、刷牙、拿东西等。再次教学右手，是右边的一只手。 3. 右侧身体部位 师：同学们认识了右手，那和右手同一边的分别是哪些身体部位，你们知道吗？ （1）教师站在学生中间，指一指自己的右耳，学生说出名称。 （2）教师教学部位名称“右耳”，学生重复认读，粘贴人物图画在黑板上。 （3）教师指人物图画的部位，学生说部位名称“右耳”，再交换教师说名称，学生指出部位。 右耳、右手、右肩、右腿、右脚，按顺序依次同上教学，板书：（右手、右耳、右脚）在右边。 4. 右边是谁？ 师：你们能介绍自己右手边坐的是谁吗？ （1）教师走到学生中带着学生举起右手看向右手边的同学，教学描述右方位的语言。 学生跟着教师描述说句子：“这是右手边，我的右边是小罗。” （2）学生模仿熟练后，再自己独立说出右边坐了谁。 语言描述及康复：××在我的右边。/我的右边有××。 （设计意图：左、右是培智学生的空间方位难点，存在相对性和“心理旋转”难度，不易分辨，因而本课设计采取尝试先只教学右方位，在学生固定掌握右之后再介入左方位学习，不易混淆。让培智学生重点认识右手，再以右手做参照物辅助支撑难点，扩展认识方位，便于生活中辨别右方位的应用。） 三、巩固练习 师：同学们能辨别右边了，那我们来摆图片试一下。 （1）摆一摆。 ①教师给学生分发学具盒，请学生按口令将盒子里的苹果、香蕉图片依次放在桌子上的右边，一起点数数量。 板书：右边有（香蕉/苹果）。 ②学生摆胡萝卜、西红柿、青菜图片，指认右边是什么，教师巡视，个别辅导教学。 （2）转一转。 师：右边会随着我们自身的位置变化而变化，大家起来转一转看看。 ①学生跟着教师站好，再顺着右手边，举起右手转向站立。 ②观察自己的方向、位置，指出右手和右边的人或物。 感知觉训练：辨认出右边，及右边的人和物。

续表

（设计意图：把以自身为中心扩展到以客体为中心的迁移、泛化，也将旧知识分类、点数融合渗透，设计“举右手转向”环节是让学生感受站在不同位置、方向，右手的位置也会随着变动，为学生以后依靠右手判别右方位提供辅助途径。）

四、小结

复习指认右手、右侧身体部位，认读课本上第 1、2 页的右手、右边。

（设计意图：让学生在多次右方位的教学活动后，回头巩固今天所学知识，从右手到右边，再一次梳理右方位的知识脉络、思路，加深右方位的印象。）

五、课后小任务

A、B 组：（1）介绍自己右边的人，指认和说出教学区、校园里右边的物品。

（2）给题卡上右边的图片涂上颜色。

C 组：（1）指认课本上的右手，说出“右手”“右”等词语。

（2）和同学一起指认自己右边的人或物。

（设计意图：熟能生巧，方位在生活中随处可见，学生可以多次随时巩固练习，进行知识迁移。C 组学生能认识右手和身体部位已完成本节课目标，建立一定的位置概念，同时 C 组学生在中高年级已建立教学常规，发展出基本课堂学习能力，可以进行同学互助，同伴学习。）

板书设计

右

右手

（右手、右耳、右脚）在右边

右边有（苹果/香蕉）

课题	左、右方位	总课时	3
第几课时	第 2 课时	课时内容	认识左

教康整合目标

教学目标：

知识技能：

A、B 组：正确指认左手，初步建立左方位概念。

指认左边的身体部位。

续表

<table>
<tr><td>C 组：协助下正确伸出左手。
数学思考：
A 组：辨别右手的另一边是左手。
描述活动中左边的物品，进一步发展空间观念。
B 组：辨别左手在右手的另一边。
借助左手辨别并描述活动中左边的物品，进一步发展空间观念。
C 组：在指令协助下辨别指认左手。
问题解决：
A 组：能在右的相对方摆放或排列好左方位的物品。
B 组：在情境中向他人介绍左边的人或物。
C 组：在家长的辅助下指认自身左边的身体部位。
情感态度：
A、B 组：培养学生的左、右相对空间方位和语言描述能力。
C 组：初步培养学生的左空间方位能力，积极参与课堂活动。
康复目标：
语言：（1）清晰地描述“××的左边有××”的句子。
（2）清晰地说出方位词语“左边”</td></tr>
<tr><td>教学重难点</td></tr>
<tr><td>重点：指认出左方位的人或物的位置，并用方位词进行描述。
难点：确定物体左方位的位置，初步区别左、右位置</td></tr>
<tr><td>学教具准备</td></tr>
<tr><td>黑板擦、饼干、课本、苹果、香蕉图片</td></tr>
<tr><td>教学过程</td></tr>
<tr><td>一、导入
（1）复习右方位。教师拿出 3 种不同的物品，包括实物和图片，让学生指认和说出右边的物品是什么？谁在右边？（黑板擦、饼干、课本）
B、C 组指认右手的位置和实物右方位。A、B 组指认右手和图片右方位的位置。
（2）教师指向右边的相对边询问学生：“同学们学习了右边，那右边的另一边是什么呢？”
学生自主回答，教师揭示课题。
师：右边的另一边是左，今天我们来认识右的好朋友——左。
板书课题：左，教读指认“左”。
（设计意图：复习旧知右方位进入新课学习，方便知识的过渡衔接，巩固上节课的重难点知识。）
二、探究新知
1. 认识左手
师：右手左手好朋友，握一握手，左手是个好帮手。
（1）学生在握手活动中感知左手，观察左手的身体位置。
（2）看课本上第 1、2 页插图，带着学生找出左手。
教学归纳：右手的另一边是左手。这是左手。
2. 左手可以做什么？
师：有谁能告诉我，我们的左手可以做些什么？</td></tr>
</table>

续表

教师邀请学生一起演示：左手可以拿东西、帮忙右手等。 教学：这是左手。 3. 左侧身体部位 师：左边除了左手，还有一些身体部位，你们找一找。 （1）教师先找出左眼、左耳，说出名称“左眼、左耳”。 （2）学生找左侧其他部位，摸一摸，和教师一起说名称“左肩、左腿、左脚”。 板书：（左手、左耳、左脚）在左边。 （3）复习指认右侧身体部位。 总结：左手、左脚、左耳，这些都在身体的左侧，这边都是左边。 4. 转一转 师：大家能找对左边了吗？我们来试一试。 学生跟着教师站好，再顺着左手边，向左伸出左手转向站立，并对应指认左侧身体部位，左边的人或物。 语言描述及康复：××在我的右边。/我的右边有××。 （设计意图：有了学习右方位的经验，学生能模仿学习左方位的方法和流程。重点教学生归纳左侧身体部位及人或物都在左边。同时通过左手标识转向，教给学生学习利用左手做辅助帮助自己判别左方位，正确指认左方位人或物，给培智学校学生的知识学习找寻特殊方法。） 三、巩固练习 （1）找找左边有什么？ ①学生介绍自己左手边的同学，再指认左。 ②找出自己左边还有什么，反复教学左方位。 （2）摆一摆。 ①教师给学生分发学具盒，请学生按口令将盒子里的苹果、香蕉图片依次放在桌子上的右边，一起点数数量。 板书：左边有（苹果/香蕉）。 ②学生摆出其他蔬菜图片，指认左边是什么，教师巡视，个别辅导教学。 （注重以左手为支撑，熟练利用左手判别左方位物品。） 感知觉康复：辨认出左边，及左边的人或物。 （设计意图：学生学会利用左手辅助后，自己再独立尝试，一边扩展以客体为中心的左方位学习，一边利用左手操作进行活动巩固、检测教学，将知识应用于情境中，生活中。） 四、小结 复习指认左手、左侧身体部位，归纳总结教室里左侧的人或物，认读课题。 （设计意图：培养中高年级特殊学生慢慢养成归纳总结的能力，不能脱离课堂与课本。） 五、课后小任务 A、B 组：（1）用左方位的句子介绍自己左边的人和物。 （2）给题卡上左边的图片涂上颜色。 C 组：（1）指认课本上的左手，说出“左手”“这是左边”等词句。 （2）和同学一起指认自己左边的人或物。 （设计意图：第 2 课时作业强调了用左方位词句描述的练习，规范学生的方位表达，更好地适合在生活中的应用。）

续表

板书设计
左 左手   （左手、左耳、左脚）在左边　　　　左边有（苹果/香蕉）

课题	左、右方位	总课时	3
第几课时	第 3 课时	课时内容	左、右方位关系

教康整合目标

教学目标：

知识技能：

A、B 组：正确指认出左、右的位置。

指认左边的身体部位。

C 组：在协助下指认出左、右位置的物品。

数学思考：

A 组：准确地描述左、右方位的位置及物品。

B 组：辨别左手在右手的另一边。

正确描述出左、右方位的物品。

C 组：在引导下学会利用左手、右手判别左、右空间的位置。

问题解决：

A、B 组：学会在情境中、生活中应用左、右空间位置。

C 组：在家长的辅助下指认自身左边、右边的身体部位。

情感态度：

A、B 组：培养学生的左、右相对空间方位和语言描述能力。

C 组：初步培养学生的左、右空间方位能力，积极参与课堂活动。

康复目标：

感知觉：（1）分辨 1～2 种平面图形之间的左、右关系。

续表

（2）指认 1～2 种实体物体间的左、右位置。
精细动作：（1）手眼协调，能将小图片粘贴在正确的位置。
（2）手眼协作将小图片粘贴在指定位置的范围内

教学重难点

重点：确定物体左和右关系，并用左、右方位词进行物品位置的描述。
难点：分辨身边左、右的位置关系，理解左、右的绝对性、相对性

学教具准备

饼干、散装糖、课本上的粘贴图片、课本

教学过程

一、导入

师：前两天我们一起认识了一左一右的双手，那今天我们就伸出双手拍拍小手做一做。

教师说儿歌口令，学生做出相关动作。

小手拍拍小手拍拍，举起你的右手，摇一摇。

小手拍拍小手拍拍，举起你的左手，捏一捏。

小手拍拍小手拍拍，举起你的右手，拍拍腿。

小手拍拍小手拍拍，举起你的左手，插插腰。

（设计意图：运用儿歌激发课堂氛围，让学生动起来，复习前知考查掌握情况，为本节课探索左、右及其关系的深入学习奠定基础。）

二、探究新知

1. 确定物体左、右关系

师：前两天我们看到天天、贝贝、乐乐在上课，你们能帮我介绍一下他们的位置吗？

教师呈现 PPT 课文第 2 页图 2，如图 1 所示。并贴在黑板上，引导学生观察人物位置。

图 1　天天、贝贝、乐乐的位置

（1）请 A 组学生尝试判断哪边是左，哪边是右？

（2）教师引导学生使用左、右手来判断左、右的位置。

师：请大家伸出右手，这是哪只手？

生：伸出右手，回答“右手”。

师：我们自己就像坐在贝贝的位置上，右手的一边是右边，那右手指着乐乐，贝贝的右边就是乐乐。

教师示范动作。

生：模仿伸出右手指着乐乐，仿说“贝贝的右边是乐乐”。

左边方位教学过程同上。模仿伸出左手指着天天，仿说“右手的另一边是左手，贝贝的左边是天天”。

总结并板书：贝贝的左边是天天，贝贝的右边是乐乐。

续表

（3）完整演示左、右手对应的左、右边。

师：我们再来连起来试一试，说一说贝贝左边、右边是谁。

学生模仿，理解和描述位置。“贝贝的左边是天天，贝贝的右边是乐乐。”

（4）请学生的站队描述方位。

请3～4名C组或B组学生上台站成一排，站队学生先描述自己的左、右两边分别是谁。其余学生一起再描述同学的左、右位置是哪些。

（5）找一找。

学生自主找出教室里自己的左边、右边分别是什么？再抽选A、B组学生进行描述。

归纳描述：右手的一边是右边；左手的一边是左边。

2. 左、右的绝对性

整队训练：

（1）将学生分为2组，分别站在教室两侧，教师对学生镜面示范向前、后、左、右转向。

（2）学生模仿教师口令后转向，最后教师下口令学生自主转向。

总结描述：右手的另一边是左手。

3. 左、右的相对性

上、下台阶：

（1）粘贴图画，邀请助教老师一起演示，一人上讲台另一人对立下讲台，同时举起自己右手，反映左、右相对性。

（2）请学生出列感受现象，没有相对性就会面对面碰撞在一起。再呈现学生课间操上、下楼梯的场景，如图2所示。请大家指认各自的左、右边。

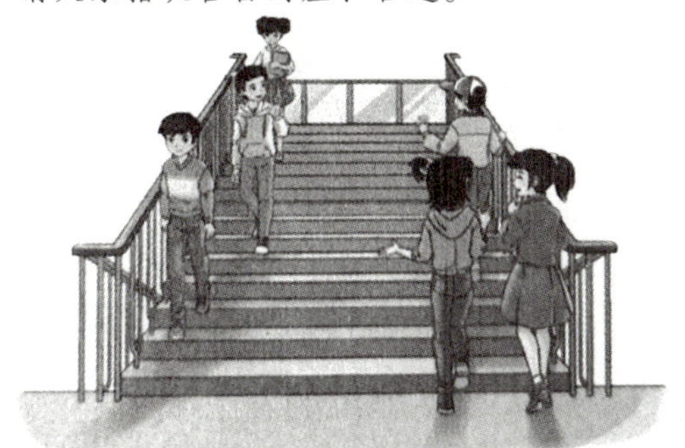

图2 课间操上、下楼梯

板书：上、下楼梯靠右行。

感知觉康复：辨认左、右方位，及左、右方位的人或物。

（设计意图：本节知识的重点是让学生掌握如何正确确定物体的左、右关系，满足生活基本所需，利用自我为中心，自己左、右手的身体部位为辅助来确定左、右。左、右存在绝对性和相对性，培智学校学生理解能力、抽象转换能力不能达到统一标准，部分学生感知、了解即可，可以借助生活长期经验积累，渗透发展其能力。）

三、巩固练习

师：老师今天带来了一些零食，请大家帮我分一分，下课我们就发给大家尝一尝。

（1）分实物（饼干和散装糖）。

教师给每人一袋混合的糖和饼干，布置任务：把饼干放在桌子左边、糖放在右边。

学生自己分放实物，教师巡回指导，辅助C组学生。

续表

（2）贴一贴（课本上做一做和练一练 2 题）。

①师生读题，明确题目要求，请大家先指认出左、右边的位置。

②学生在课本最后页取出水果图贴纸，对应粘贴在左、右盘子里。如图 3 所示。再自己描述水果的位置，老师订正并板书：左边是苹果，右边是梨。

图 3　左边是苹果，右边是梨

（3）圈一圈。

①师生读题，明确题目要求，在黑板上贴水果篮、盘子，观察图画信息，进行信息指认。如水果、数量、位置。

②教师示范其他数量圈数方式，学生自主完成做题。

语言描述：左边（是）有××，右边（是）有××。

精细动作康复：手眼协调能将小图片粘贴在正确的位置。

（设计意图：实物练习刺激学生感官和积极性，为课堂注入活力，分一分、贴一贴训练学生的精细动作能力和动手操作规范能力，检测实际技能的掌握情况。）

四、小结

呈现课本第 4 页第 4 题，指认上、下楼梯图中同学各自的左、右边，总结确定物体左、右的判别方法、关系和性质。

归纳描述：右手的一边是右边；左手的一边是左边。

（设计意图：回归课本，将知识和校园安全、交通安全联系起来，知识活学活用融入生活，帮助学生把数学知识应用到生活安全中，重视生命安全的教育。）

五、课后小任务

A、B 组：（1）指认和描述课本图片上的左、右位置给同桌听。

（2）指认和描述校园情境中各自的左、右位置关系。

C 组：（1）和同学一起指认和描述课本图片上的左、右位置。

（2）指认和描述校园情境中自己的左、右位置。

（设计意图：左、右关系是培智学校义务教育课程中空间方位里最难掌握的部分，生活中不断练习才能更好地帮助学生形成习惯经验，才能真正掌握技能，辨别物体左、右位置。学会描述也是不可缺少的数学语言练习，正确描述左、右位置才能给对方正确的位置指示。）

续表

板书设计
左、右  贝贝的左边是天天，贝贝的右边是乐乐  （ 左边 ）是苹果，（ 右边 ）是梨  上、下楼梯靠右行

第五章

培智学校学生统计与概率的教学

第一节　关于统计与概率的基本知识

培智学校小学数学中的统计与概率包括简单分类与数据统计过程两个部分，属于统计学的启蒙。随着信息时代的发展、科技的进步，统计学的知识与方法逐渐成为公民适应未来日常生活和社会生产的必备常识。[①]基于此，近年来，越来越多的国家和地区在基础教育课程体系中引入统计，统计的知识越来越受到重视。随着急剧增加的信息需求与技术工具的使用，将数据融入学校课程已成为共识。[②]培智学校学生由于存在记忆、感知觉、注意力、学习速度、思维和语言等方面的缺陷，其认知形成相对困难，发展速度也较慢。[③]但其最终都要回归社会，适应未来的日常生活与社会生产，具备一定简单的分类与数据统计能力对其未来生活有着重要意义。[④]

一、学科基本知识

统计与概率，最早运用比较多的主要在人口与赌博方面。后来随着人类不断丰富的实践经验，一些机会游戏、自然现象与社会现象之间存在的相似性被逐渐发现，人们逐渐认识到了解自然界与社会生活背后隐藏规律的必要性，统计和概率也就应运而生了。随着统计学的不断发展成熟，它的方法与思想也逐渐得到广泛应用，逐渐成为人们分析处理社会生活与科学研究中各种问题的重要工具。

---

① 张丹.小学生数据分析观念发展过程的研究[D].长春：东北师范大学，2015.
② 曹一鸣.十三国数学课程标准评介（小学、初中卷）[M]. 北京：北京师范大学出版社，2012.
③ 殷敏.培智学校智力障碍学生分类活动研究[D].大连：辽宁师范大学，2016.
④ 陈云英.智力落后课程与教学[M].北京：高等教育出版社，2007.

（一）分类

1. 分类的基本概述

分类，是指根据事物之间的异同关系而形成各类组合，它涉及区分与组合两个并行的过程。[①]简言之，分类也就是把具有某一共同属性或相同属性的东西归并在一起。比如：把红色的气球从一堆蓝色、黄色的气球中选出来放在一起。通过形成各类别以及处理一个类别与不同类别间的关系，可促进儿童逻辑思维发展，是数学推理的基础。[②]

分类活动先要把物品进行一个一个的区分，然后再进行归并，这种活动将充分调动学生的手眼运动能力，可以有效提升学生感知集合中元素个数的能力，为计数活动奠定基础。同时，分类活动可以有效促进学生思维能力的发展，因为整个分类活动要求学生进行观察、分析、比较、综合这一完整的思维参与，比如按照不同形状进行分类，或者把图书按照不同的主题进行分类等。

分类活动的形式多样，不同的指标下有不同的分类，目前涉及比较多的分类指标主要包括按物品名称、外部特征、物体量的差异、物体的功能、物体材料、物体数量等进行分类。

2. 分类的水平

分类的水平也是分类综合能力的体现，王宪钿等人研究中将分类水平分为四个阶段。第一阶段按感知的最初特征分类，例如大小、颜色、形状等；第二阶段主要涉及具体事物情境的分类，即将一些日常的生活情境中经常用的物品归到一起，比如牙刷是放在漱口杯里面的，就把牙刷和漱口杯归为一类；第三阶段，主要依据物品的功能进行分类，比如锅与锅铲都是炒菜用的，归在一类；第四阶段，根据概念进行分类，比如白菜和土豆同属于蔬菜一类。[③]

在课标中明确指出培智学校学生主要从颜色、形状、大小、生活事件等方面进行分类，给培智学校分类教学指明了方向。[④]可以看出，在课标中培智学校学生的分类要求处于第一、二阶段水平，符合其身心发展的特点，这些能力的掌握，对培智学校学生将来融入社会有着非常重要的意义。

（二）统计

在培智学校小学生活数学课程中，涉及的统计知识主要包括 4 个方面的内容。

1. 数据

统计在《大不列颠百科全书》中被定义为“搜集和分析数据的科学和艺术”。[⑤]数据是指

---

① 柳笛.培智学校数学课程与教学[M]. 上海：华东师范大学出版社，2022.

② 柳笛.培智学校数学课程与教学[M]. 上海：华东师范大学出版社，2022.

③ 王宪钿，刘静和，范存仁．四至九岁儿童类概念的发展的实验Ⅱ.IU 童分类中的概括特点的实验研究[J]．心理学报，1964（4）.

④ 中华人民共和国教育部.培智学校义务教育生活数学课程标准（2016 年版）[S].北京：人民教育出版社，2018.

⑤ 张奠宙，孔凡哲等.小学数学研究[M].北京：高等教育出版社，2009.

记录客观事件并可以鉴别的符号，是记载客观事物的性质、状态以及相互关系等的物理符号或物理符号的组合。它不仅可以是数字，也可以是具有一定意义的文字、数字符号的组合、图像、图片、音频、视频等，是对客观物体数量、位置、属性及其相互关系的抽象表示。①

2. 数据的搜集

数据搜集的方法主要有全面观测、抽样、特定实验 3 种。全面观测又称为普查，对所涉及群体的每个个体都要进行观测，获取相应的指标。抽样观测又称为抽查，就是从总体中抽取其中一部分进行观测，获取该部分的测量指标。特定实验搜集数据，需要保证实验具有代表性，这样所得的数据便于分析。②课标中提出在第二学段要求进行简单数据搜集，学生能够掌握一定的搜集数据方法。

3. 数据的整理

数据的整理是把有用的信息从数据中整理出来。主要通过两种形式进行整理，一是制定图表，比如散点图，来反映数据中隐含的粗略规律或一般趋势。二是通过计算若干数字特征，比如均值、方差等，来描述样本在某些方面的性质。③课标中提出在第二学段要求进行简单数据整理的教学，在搜集的基础上，获取一定的有效信息。

4. 数据的呈现

数据的呈现主要通过统计图表进行。统计图表包括统计表和统计图。统计表是指把具有相互关联的统计数据用表格的形式进行呈现，用来说明问题，反映情况。统计图主要是将统计数据用图形的形式进行呈现。统计图包括象形统计图、条形统计图、折线统计图以及扇形统计图等。统计图比统计表更加形象直观。在课标第二学段中提到用一定的方式呈现整理后的结果，未明确提出采用哪种方式，可根据学生的实际情况选择，为第三学段奠定基础。

二、统计与概率课程目标④

第一学段：

能根据给定的一个标准，对事物做初步的分类。

第二学段：

能根据给定的标准，对事物做初步的分类和记录。

课标中对培智学校小学生的要求重点在分类上，要求学生具备一定的分类能力，对分类

① 孙国春.小学数学教学设计[M].上海：复旦大学出版社，2019.

② 柳笛.培智学校数学课程与教学[M].上海：华东师范大学出版社，2016.

③ 柳笛.培智学校数学课程与教学[M].上海：华东师范大学出版社，2016.

④ 中华人民共和国教育部.培智学校义务教育生活数学课程标准（2016 年版）[S].北京：人民教育出版社，2018.

的结果进行一定的整理与记录，重在培养学生具备初步的科研意识。

三、统计与概率课程内容

课标中关于“统计与概率”在培智小学阶段的课程内容如下。①

第一学段（1～3 年级）：

根据给定的标准（颜色、大小、形状），能对事物做初步的分类。

第二学段（4～6 年级）：

（1）根据给定的标准，能对生活中的事件或活动做初步的分类。

（2）经历简单数据的收集和整理过程，会用一定的方式呈现整理后的结果。

在课标中，统计中的数据分析属于七大核心概念之一，强调培养学生调查、收集数据的能力，通过分析作出判断，并感受数据中蕴含的信息。②在第一学段注重培养学生初步的分类能力，建立起科学研究意识；第二学段开始引入数据的收集与分析，着重培养学生选用合适的方式搜集整理数据。在具体实施中建议统计与概率部分与数的认识、图形与几何等内容紧密结合，也把数据分析渗透到其他内容中去，形成更加综合的知识体系。

第二节　培智学校学生统计与概率教学设计

《认识图形（三）》教学设计

课题	认识图形（三）	总课时	3
第几课时	第 1 课时	课时内容	按图形形状分类
教康整合目标			
教学目标： 知识技能： A 组：正确指认平面图形。 按形状要求分类平面图形。 B 组：正确指认平面图形。 按形状要求找出同一类平面图形。 C 组：正确指认平面图形。 数学思考： A 组：通过观察把平面图形放在对应区域。 B 组：在引导或合作下把平面图形放在对应区域。			

① 中华人民共和国教育部.培智学校义务教育生活数学课程标准（2016 年版）[S].北京：人民教育出版社，2018.

② 苏明强.生活数学课程标准重要问题解读与教学思考[J].现代特殊教育，2019（10）.

续表

C 组：跟着老师辨认出同一形状的平面图形。 问题解决： A 组：对生活中各类别形状的物品分类。 B 组：指认描述出生活中同一类别形状的物品。 C 组：按要求寻找生活中同一类别形状的物品。 情感态度： A、B 组：尝试分类身边不同形状的物品图形，初步形成分类意识。 C 组：参与分类活动，培养分类物品的习惯。 康复目标： 感知觉：（1）能视觉搜索、辨别物体。 （2）能视觉追踪物体。 动作：（1）能 3 指捏取物品移动。 （2）能 5 指抓放物品移动
教学重难点
重点：正确指认每种平面图形，说出它们的主要特点。 难点：平面图形类别匹配
学教具准备
长方形、正方形、三角形、圆形硬纸片、教具盒、学具盒、饼干
教学过程
一、导入 师：到今天为止，我们认识了哪些图形？ 学生回答：长方形、正方形、三角形、圆形。 教师拿出圆形、长方形、正方形、三角形，拿出一个学生辨认一个，接着说出每个图形的主要特征。如：这是圆形，是圆圆的。 PPT 呈现各种平面图形物品，学生指认。 （设计意图：复习前面所学平面图形及其主要特征，帮助学生回顾知识，为本节课的新知按平面图形的特性分类做铺垫。） 二、探究新知 1. 找一找：平面图形 师：看来同学们都认识了它们，现在我们来玩个游戏，考考大家，看谁说得对，找得对。 （1）给每组学生分发学具盒，里面放有各种图形，教师说图形名称，学生拿出对应图形。 师：刚才我说长方形时，同学们拿出了各不相同的长方形，现在我们把不同的长方形都挑出来看一看。 （2）教师带着学生把各不相同的长方形挑出来，放在一个教具盒子里。 教学描述："这些是长方形。" 用同样的方法挑出来正方形、三角形，并告诉学生：把同一类别的图形放在一起的过程叫作分类。 语言康复："分类"训练舌尖音"l""lei"，舌活动向上抵上齿。

续表

2. 试一试：分类 3 个盒子 师：同学们都会找了，那我们把分类好的同一类图形装在对应盒子里吧。 （1）教师示范将同一颜色 3 种图形（长方形、正方形、三角形）打乱堆放后，拿出一个图形，师生一起说出名称后，放在对应的盒子里。如图 1 所示。 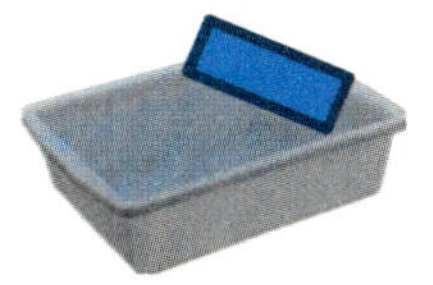   图 1　按图形分类 （2）请 A、B 组学生上台尝试。将 3 个图形重新分放在对应空盒子里，再指认盒子里的平面图形，C 组学生由家长带着分放。 （3）将多种图形全部打乱堆放，教师带着学生一起将长方形、正方形、三角形图片，一个一个对应放在相应的 3 个教具盒中。（先指认，再分类放） （4）学生分组自己完成。学生分组，桌上放置一定数量的长方形、正方形、三角形、圆形的图片和 4 个学具盒，如图 2 所示。学生模仿尝试进行分类。教师巡回指导。 学生熟悉后独立完成分类，小组之间相互检查，判断是否正确，并纠正。  图 2　学生分类图形 （A、B、C 组打乱分组，A、B 组各一人或者 B、C 组各一人为一组。） 感知与动作康复：视觉搜索，正确找出各种类别的平面图形；5 指或 3 指抓放，移动平面图形到盒子里或盒子外。 小结：像这样把同一类别的图形放在一起的过程叫作分类。 （设计意图：分类是认识平面图形后知识的综合运用，是难点，教师一步一步分小步子步骤演示，拆分了学习难度，便于学习、理解和模仿。其次，学生分组分类融入了小组合作，增强学生主体性和操作性，考虑学生能力差异，A、B、C 组混合搭配，有能力好的学生和家长的带动，保障学习和活动完成。）

续表

<table>
<tr><td>三、巩固练习
师：刚才同学们都很认真，完成得很好，我要奖励大家吃饼干。
分饼干活动：拿出准备好的饼干，学生回答饼干的图形名称。
师：同学们想吃吗？但在吃之前要把饼干分类，每个小组吃一种饼干。
教师拿出饼干，学生说出图形，然后分类放在纸巾上。放完 4 块不同形状的饼干后，由学生自行指认，放在对应的纸巾上。
（设计意图：食物对培智学校学生而言是很有吸引力的强化物，将图形分类知识作用在强化物上，不仅能激发学生的兴趣和积极性，还能巩固强化分类知识。）
四、小结
总结归纳分类知识；将饼干分给学生品尝。
（设计意图：饼干最后分发给学生，再次强化知识，也不影响课堂纪律，节约课堂时间。）
五、课后小任务
A、B 组：（1）分类玩具和积木中的图形。
（2）指认、分类校园里含有平面图形的物品。
C 组：在家长的帮助下指认同一类的平面图形。
（设计意图：低年级段培智学校学生对物品的保管和使用较差，因此减少学生私下独自使用实体物品的机会，以指认、分类的方式为主。）</td></tr>
<tr><td>板书设计</td></tr>
<tr><td>按形状分类
</td></tr>
</table>

课题	认识图形（三）	总课时	3
第几课时	第 2 课时	课时内容	按图形颜色分类

<table>
<tr><td>教康整合目标</td></tr>
<tr><td>教学目标：
知识技能：正确指认出红、黄、蓝的颜色。
A 组：分类各类颜色的平面图形。
B 组：找出同一颜色平面图形。
数学思考：
A 组：通过观察把同一颜色放在对应区域。
B 组：在引导或合作下把同一颜色放在对应区域。
C 组：跟着老师辨认出同一颜色的平面图形。</td></tr>
</table>

续表

<table>
<tr><td>问题解决：
A 组：对生活中各类颜色的物品归类。
B 组：指认描述出生活中同一颜色的物品。
C 组：按要求寻找生活中同一颜色的物品。
情感态度：
A、B 组：尝试归类身边的物品，培养分类归纳的意识。
C 组：参与分类活动，培养分类物品的习惯。
康复目标：
语言：能用语言较清晰地说词语“分类”。
感知觉：能视觉搜索、进行颜色配对</td></tr>
<tr><td>教学重难点</td></tr>
<tr><td>重点：正确指认每种颜色的平面图形。
难点：按颜色匹配平面图形</td></tr>
<tr><td>学教具准备</td></tr>
<tr><td>红、黄、蓝色的长方形、三角形等图形硬纸片，教具盒、学具盒、口袋</td></tr>
<tr><td>教学过程</td></tr>
<tr><td>一、导入
师：魔法袋来了，同学们想知道这次魔法袋里面会变出什么东西吗？
教师拿出魔法袋，学生举手上台变魔法。（请 A、B 组学生）教师蒙住学生眼睛，伸进口袋摸出图形物体，大家一起描述图形名称及主要特点。
师：它们是什么颜色的呢？
学生回答，教师复习指认颜色——红色、蓝色。
（设计意图：对培智学生而言，快乐是很重要的学习前提，学生都喜欢未知的魔法，能让学生活跃起来，减少一直学习平面图形带来的枯燥和抵触，以免产生不喜欢数学课堂的意向。）
二、探究新知
1. 按同一颜色分类
师：你们还能找出哪些是红色的吗？
（1）教师先带着学生找出 1～2 种红色的物品，然后学生自己再找一找教室里的红色物品。
（2）数一数有多少个红色的图形。
归纳总结：这些是红色的/蓝色的。以同样的方式指认蓝色的物品。
2. 按不同颜色分类图形
师：我们认识了红色、蓝色，现在我们把红色的图形装在一起，蓝色的图形装在一起，你们会分吗？
（1）教师带着学生把红色图形挑出来放在一个教具盒子里。教学“这些是红色的”。同样的方法挑出来蓝色图形。并告诉学生这叫按颜色分类。
语言康复：“分类”训练舌尖音“l”“lei”，舌活动向上抵上齿。
（2）分类装 3 个盒子。
师：同学们都会找了，那我们把桌上这些图形分类装在盒子里吧。</td></tr>
</table>

续表

① 教师将红、黄、蓝 3 种颜色的图形打乱堆放后，要求 A 组学生说出颜色名称后，放在对应的盒子里。

② 请 A、B 组学生上台尝试。将 3 种颜色图形重新分放在对应空盒子里，再指认盒子里的图形，C 组学生由家长带着分放。如图 1 所示。

如：这些是红色的，红色的长方形（正方形、圆形、三角形）。

图 1 按颜色分类

③ 学生分成小组自己完成。学生分组将桌上的 3 种颜色的图片先指认再分类放入 3 个学具盒。如图 2 所示。小组之间相互检查，判断是否正确，并纠正，教师巡回指导。

图 2 学生完成分类

（A、B、C 组打乱分组，A、B 组各一人或者 B、C 组各一人为一组。）

语言描述：这是按颜色分类，它们是红色的长方形（正方形、圆形、三角形）。

感知、动作康复：正确找出各种颜色类别的平面图形，对图形按颜色配对；5 指或 3 指抓放移动平面图形到盒子里或盒子外。

小结：分类的标准有很多，可以按图形名称分类，也可以按颜色分类，今天我们就是按不同颜色分类的。

（设计意图：红蓝黄三种颜色的识别是生活中很常见的，也是培智学校学生认知中最先发展的颜色识别能力，有上一节课图形分类学习做铺垫，学生较容易学会，重在教给学生学会多种分类方法，避免混淆。）

三、巩固练习

师：老师带来了同学们下课玩的积木，太乱了，请大家把它们按不同颜色分类整理好。

整理玩具：分积木。

（1）教师拿出积木篮筐，学生 2 人一组，教师发出口令“开始”后，学生按颜色进行分类，装入对应的学具盒。

（2）教师巡回观察，第一个完成的小组贴上第 1 名，5 分钟后没有完成的，师生一起帮助分类。

总结、巩固分类方法：先指认出颜色，再匹配分类放。

续表

（设计意图：通过整理玩具帮助学生巩固知识的应用，按照要求养成整理的习惯，提高学生操作活动的参与度，巩固本节课按颜色分类的知识。）

四、小结

（1）鼓励学生的整理玩具的活动，要分类整理。

（2）复习指认颜色与图形，如：这些是红色的圆形，蓝色的正方形等。

五、课后小任务

A 组：（1）指认、分类校园里蓝色的平面图形物品。

（2）将学习用品按颜色分类。

B 组：（1）指认、分类校园里红色的平面图形物品。

（2）将玩具按颜色分类。

C 组：和家长一起指认、分类校园里红、黄、蓝的物品。

（设计意图：培智学校学生注意力有限，颜色太多容易混淆，学生不能独自完成多种颜色的分类任务。）

板书设计

按颜色分类

这些是红色的　　这些是黄色的　　这些是蓝色的

课题	认识图形（三）	总课时	3
第几课时	第 3 课时	课时内容	按要求分类

教康整合目标

教学目标：

知识技能：正确指认出平面图形和红、黄、蓝颜色。

A 组：按要求分类图形或物品。

B 组：分别指认同一类的图形或物品。

数学思考：

A 组：通过观察把同一类物品放在对应区域。

B 组：在引导或合作下把同一类物品放在对应区域。

C 组：跟着老师辨认出同一类的图形。

问题解决：

A 组：归类摆放身边的不同物品。

B 组：归类摆放玩具或学习用品。

C 组：按要求在引导下摆放生活中同类的用品。

续表

情感态度： A、B 组：培养学生在生活中简单的分类整理习惯。 C 组：参与分类活动，培养配对、分类物品的习惯。 康复目标： 语言：（1）能清晰地说出句子“这些是红色的/蓝色的”“按……分类”等。 （2）正确地说出“红色”“红色的长方形”等词、句。 感知觉：通过视觉搜索正确进行形状、颜色配对
教学重难点
重点：区分、辨认平面图形和颜色类别。 难点：分类图形或物品
学教具准备
电子白板、课本图片、各类作业本、课本、橡皮擦
教学过程
一、导入 师：大家还记得前面我们学习的图形和颜色吗？我们来复习一下。 （1）复习各种平面图形及其主要特点，3 种颜色。 师：我们学习了哪两种分类方法？ （2）复习 2 种分类方法。 二、探究新知 巩固平面图形的分类：形状、颜色。 师：今天老师带来一个七巧板，它是由很多个图形拼接成的，看看你们认识吗？ （1）教师拿出七巧板图形，学生观察，说出有些什么图形。教师拼接成组合图形，学生从中分别找出长方形、正方形、三角形。 （2）PPT 出示课本第 20 页第 1 题，教师读题，学生找出对应颜色的平面图形，教师指导学生给对应图形涂色。 （3）PPT 出示课本第 21 页第 3 题，教师说形状，学生找出并勾画对应形状类别的图形。 教师说颜色，学生找出并勾画对应颜色类别的图形。如图 1 所示。  图 1　勾画对应的图形 （设计意图：分类对于低年级培智学校学生来说难度较大，基本以书上的题型为主巩固，学习做题，不采用扩展内容增加难度。）

续表

三、巩固练习

（1）数一数。

师：你们看看书上这个图片像什么昆虫，你们知道吗？如图 2 所示。

学生观察回答“蜻蜓”。

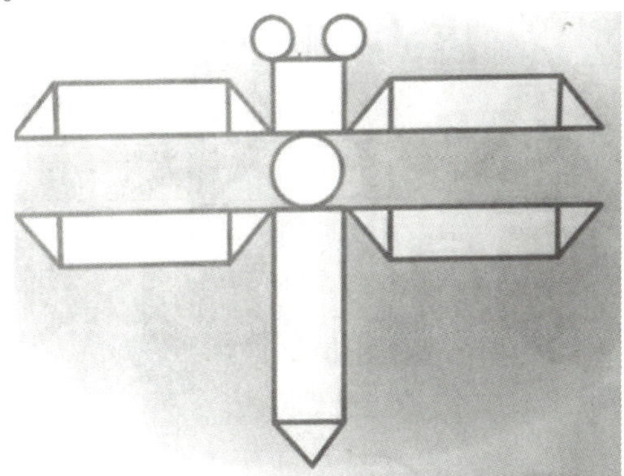

图 2　昆虫拼图

师：是用什么图形组成的？

学生找出是用正方形、长、圆、三角形组成的。

师：我们数一数有多少个正方形、长方形、圆形、三角形？

师生一起数一数各自有多少个。

（2）分类。

师：我们学习了简单的分类方法，那请你们把自己抽屉和桌面的东西分类整理好，避免太乱了。

①教师引导学生给自己的学习用品分类，说一说是什么图形（各类作业本、课本、橡皮擦）。如图 3 所示。PPT 呈现课本第 21 页第 4 题，师生一起读题，对应形状用不同符号勾画出来。

图 3　分类学习用品

②垃圾分类。PPT 呈现生活中常见的垃圾，教师说要求，学生按要求分类，如按果皮、纸张、瓶子分类。然后再让学生把自己产生的垃圾分类放在教室的废纸桶和垃圾桶里。

（设计意图：学习用品、生活中的垃圾等都是学生常见物，让学生把学习的分类知识应用到生活中，养成良好的清洁、整理习惯。分类从实物过渡到课本上，帮助学生理解和做题，蜻蜓的图形组合能开发学生的想象力。）

续表

四、课后小任务。 A、B 组：（1）自己独立或在教师的引导下完成书上的做一做和练一练习题。 （2）尝试分类校园里或生活中的物品。 C 组：在教师的辅助下完成书上的做一做和练一练习题。 （设计意图：培智学校学生不理解题意，需要教师协助读题，尝试自己分类整理生活中的物品，将分类应用于生活。）
板书设计
图形分类  长方形  圆形  三角形  正方形

《图形的分类》教学设计

课题	图形的分类	总课时	2
第几课时	第 1 课时	课时内容	按要求分类
教康整合目标			
教学目标： 知识技能： A、B 组：从物体中抽离、辨认出平面图形；按要求分类平面图形。 C 组：正确指认出平面图形。 数学思考： A 组：通过观察说出图或物的分类标准。 B 组：在引导下说出图或物的分类标准。 C 组：跟着老师辨认出同一分类标准的图或物。 问题解决： A 组：把身边的物品按一种标准分类挑选出来。 B 组：把活动中的物品按给定的标准分类挑选出来。 C 组：按要求寻找出活动中同一类的物品。 情感态度： A、B 组：体会分类知识在生活中的应用，养成分类整理的习惯。 C 组：与他人合作完成分类活动，培养分类物品的习惯。 康复目标： 感知觉：（1）能视觉抽象出物体上本质的平面图形。 （2）能辨别物体上平面图形的特征。 （3）能视觉搜索、区别不同图形的物体			

续表

教学重难点
重点：把平面图形按给定的标准分类。 难点：把物体按给定的标准分类，并说出分类标准
学教具准备
长方形、圆形、半圆等硬纸片，教具盒、学具盒、彩色笔、题单
教学过程
一、导入 师：老师今天带来了一些老朋友，看看同学们还认识它们吗？ （1）教师拿出圆形、长方形、正方形、三角形，学生辨认，师生一起说一说每个图形的主要特征。如：这是圆形，是圆圆的。 （2）老师最后拿出一个半圆引出分类话题。 师：这是什么图形呢？ 师：是的，和我们学习过的图形都不一样，叫作半圆，我们把它单独分类放一边。顺便一起把其他图形也分类整理一下吧。 思考：可以怎么分？ （设计意图：半圆是新图形，单独分类，自然过渡引出分类活动，复习旧知识。） 二、探究新知 1. 按要求分类（颜色、形状） （1）给学生分发平面图形学具，先自己进行分类活动，教师巡视提示。 （2）展示 2 组学生的分类结果，并询问分类标准。 师：这是×××同学分的，大家说他是按什么分类的？ （3）教师带着学生说出分类标准，以及分类后的各组图形、颜色名称。 2. 找朋友 师：接下来我们来玩个游戏。老师拿出一个图形，你们在教室里找出对应图形的物品，看谁找得又快又多。 教师依次拿出圆形等平面图形，学生找出相关图形的物品，最后要学生说出这是按什么标准分类的。 教师再次拿出图形，让学生按对应的颜色找出相关物品，说说是这按什么分类的。 3. 连一连 （1）出示课本第 58 页图片，让学生按自己的喜好将图分类，画线连起来。如图 1 所示。 （2）开小火车请每个学生展示自己的课本，说出自己的分类理由。（教师在巡视过程中对部分学生进行辅助或提示。）

续表

图 1　将物品分类

分类叙述：这是长方形/蓝色，是按形状/颜色分类的。

感知觉训练：通过视觉搜索，抽象出物体上本质的平面图形，进行形状、颜色配对。

（设计意图：分类是抽象性的难点知识，通过多种活动让学生复习巩固按给定的标准分类图形、物品，在脑海里深深建立形状、颜色两种分类概念，并学会叙述分类活动。）

三、巩固练习

师：我这里还有一些图形，请大家给它们涂上自己喜欢的颜色吧。

（1）涂色活动：拿出准备好的题单，介绍图形名称，学生自由给题单里面的各种形状或物品图片涂上颜色。再让学生尽量多地说出图片中的分类标准，可以怎么分？

师：平时同学们上学都没有整理自己的书包，现在我们一起来看看书包里的东西可以怎么分类整理呢？

（2）整理书包：教师拿出一个学生的书包，拿出书包里的东西，并说一说是什么。接着，带着学生分类书、本子、笔、红领巾等物品，描述分别是按什么标准分类放在一起的。

（设计意图：五年级已经是小学高段，认知、感知觉等都有了一定发展，学习、生活已经较丰富，为分类的进一步学习打下基础，应将分类知识贯穿于生活中，让知识发挥生活化作用。）

四、小结

复习分类标准知识，进行分类活动的语言叙述。

五、课后小任务

A、B 组：整理自己的书包和教学用具，并且说出分类标准。

C 组：整理自己的书包；数一数涂色活动中题单上分类形状或物品的数量。

（设计意图：高年级段培智学校学生要养成对自己学习物品的使用和整理的习惯，把数学知识学以致用。）

板书设计

分类

按形状分类　　　　按颜色分类

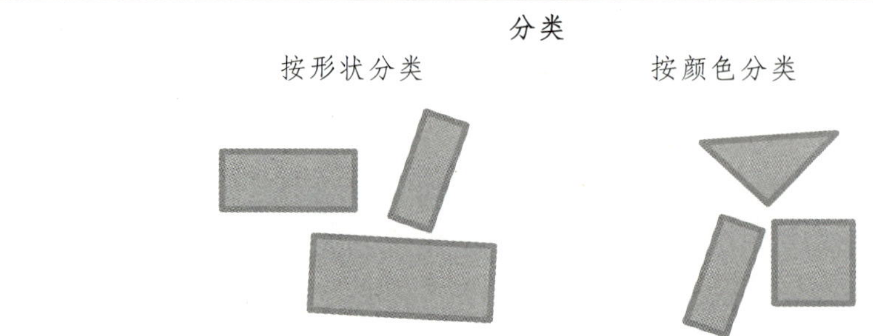

<table>
<tr><td>课题</td><td>图形的分类</td><td>总课时</td><td>2</td></tr>
<tr><td>第几课时</td><td>第 2 课时</td><td>课时内容</td><td>分类统计</td></tr>
<tr><td colspan="4">教康整合目标</td></tr>
<tr><td colspan="4">教学目标：
知识技能：
A、B 组：根据分类的标准对物品进行数量统计。按分类要求记录统计结果。
C 组：正确指认出平面图形。
数学思考：
A 组：描述分类标准和统计结果。
B 组：描述同一类分类标准和统计结果。
C 组：说出分类标准。
问题解决：
A、B 组：会使用填写表格等方式记录统计结果。
按给定的标准统计 1～2 种生活或学习物品。
C 组：在协助下能点数统计出分类物品的结果。
在引导下填写统计表格中的数量。
情感态度：
A、B 组：用分类统计知识整理生活物品，养成分类整理的习惯。
C 组：与他人合作完成分类统计活动，养成学习和整理物品的习惯。
康复目标：
感知觉：能视觉搜索、进行分类配对</td></tr>
<tr><td colspan="4">教学重难点</td></tr>
<tr><td colspan="4">重点：根据分类的标准，对物品进行初步统计。
难点：会使用填写表格等方式记录统计结果</td></tr>
<tr><td colspan="4">学教具准备</td></tr>
<tr><td colspan="4">红、黄、绿色的平行四边形、半圆、梯形等图形硬纸片，涂色题单、表格、收纳柜和物品</td></tr>
<tr><td colspan="4">教学过程</td></tr>
<tr><td colspan="4">一、导入
师：上节课让同学们给图形涂色，现在我们再拿出来看一看，都有什么形状的图形呢？
（1）学生拿出上节课的题单，说一说里面的各种形状，涂的颜色。
（2）出示老师涂色的题单，如图 1 所示。请学生观察，说出图形和颜色有哪些。
师：老师涂的红色、绿色和黄色图形中，哪种颜色的图形多呢？怎么知道哪个多？
学生思考，引导学生通过数量来比较，引出课题：图形的分类。</td></tr>
</table>

续表

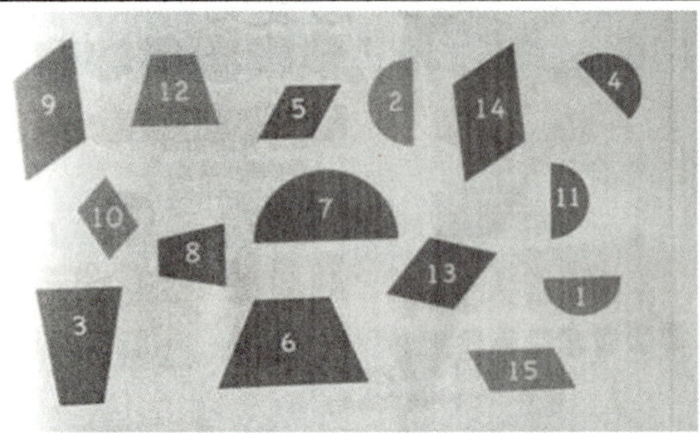

图 1　图形和颜色

（设计意图：充分利用上节课的练习资源，学生印象深刻，既是复习，也是新课引出。）

二、探究新知

1. 按颜色分类统计

师：那我们先挑红色的图形来数一数吧。

（1）教师先带着学生找出红色图形，点数过程中出错。

师：图形很多容易出错，所以为了方便和准确，我们可以给每个图形先标上数字序号再数。

（2）示意图形上的数字，老师再带着学生点数红色图形个数。

师：现在我们把这个数量记录下来，可以用表格，一会就可以得出比较结果了。

（3）板书表格，引导学生解读表格，教师对应表格名称将结果填写在里面。

师：现在我们就知道哪种颜色的图形最多了。

引导学生照样子分类统计绿色、蓝色的图形，说出比较结果，并说出原因。

归纳总结：把分类情况按要求汇总记录下来的过程叫作分类统计。

感知觉训练：通过视觉搜索，抽象出物体上本质的平面图形，进行形状、颜色配对。

2. 按形状分类统计

师：如果我们想知道哪种图形最多，应该怎么做？同学们试一试。

（1）教师出示第二个按图形分类的统计表格，请 A 组学生说一说观察后的表格内容。

（2）学生先分类找出对应表格的平面图形，将序号填写下来。

（3）教师订正后学生再统计数量，比较出哪种图形数量最多。

3. 综合活动：找朋友

师：现在我们来玩一玩游戏吧。

（1）教师给学生每人分发一个不同颜色的平面图形或物品，让学生听老师的要求找出手中对应的图片或物品，站在一起“交朋友”。

师：我们开始了，谁和我的图形形状像？一共有多少个？

（2）学生举起手中相似形状的图片或物品，大家一起点数有多少个。归纳这是按形状分类统计的。

师：谁和我的图形颜色像？一共有多少个？

（3）学生举起手中相似颜色的图片或物品，大家一起点数有多少个。归纳这是按颜色分类统计的。

感知觉训练：通过视觉搜索，抽象出物体上本质的平面图形，进行形状、颜色配对。

（设计意图：用比多少给学生安排任务式的学习，会提高学生的参与兴趣，培养学生带着问题去探索的习惯和能力，找朋友的游戏活动既是对本节课重点知识的综合应用，也能培养高年级学生的社交能力。）

续表

三、巩固练习

（1）出示课本第 62 页第 4 题，让学生做一做。如图 2 所示。

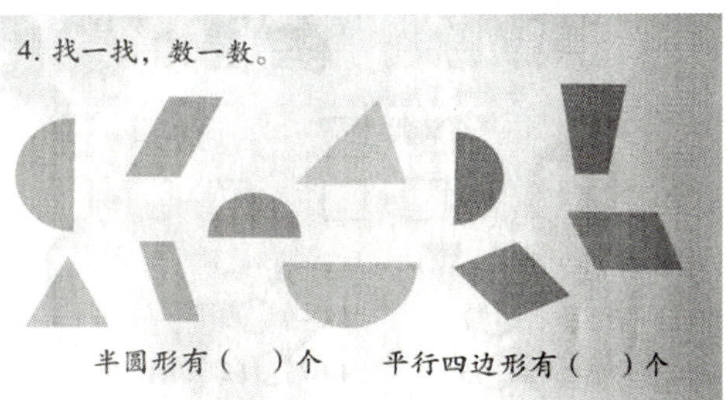

图 2　找一找，数一数

师：天天同学的柜子太乱了，请同学们帮他整理一下吧，可以用今天学习的知识把东西分类放好。

（2）整理生活物品：学生先说怎么分类、怎么放，然后再请学生上来整理好物品。

（设计意图：知识要运用于生活，实现生活化，分类统计有利于培智学生学会整理生活物品，培养做家务的能力，养成生活的好习惯。）

四、小结

复习、总结分类统计的知识，理解统计表的内容。

五、课后小任务

A、B 组：（1）填写刚才整理生活物品的统计表。

（2）整理学习用品和校园玩具。

C 组：和家长或同学拼一拼书上第 63 页第 7 题。

（设计意图：把分类统计的知识不断在生活中去巩固、熟练运用，达到知识生活化的目标。）

板书设计

分类统计

按颜色分类统计

颜色			
编号			
个数			

按图形分类统计

图形			
编号			
个数			

《简单数据的收集与整理》教学设计

课题	简单数据的收集与整理	总课时	3
第几课时	第 1 课时	课时内容	分类统计

教康整合目标

教学目标：

知识技能：

A、B 组：正确说出同一事物 2 种不同的分类标准，制作表头。

说出统计的步骤，并将统计结果正确填在统计表里。

C 组：正确指认同一事物 2 种不同的分类标准，说出统计数量。

数学思考：

A 组：描述分类标准和统计表具体分类项目。

B 组：描述 2 种分类标准与对应的统计数量。

C 组：说出分类标准，找出对应的事物。

问题解决：

A、B 组：说出身边事物 1～2 种不同的分类标准。会模仿填写统计表的内容。

C 组：能独立点数出分类物品的数量。

在引导下将统计结果填写在统计表格对应的位置。

情感态度：

A、B 组：描述生活中分类的物品、现象，养成分类整理的习惯。

C 组：描述生活中的分类物品，养成学习和整理物品的习惯。

康复目标：

感知觉：（1）能视觉搜索、配对不同种类的物品。

（2）能视觉搜索、区别出不同种类的物品。

（3）能视觉搜索、找出同类的物品

教学重难点

重点：说出同一事物的 2 种分类标准，模仿正确填写统计表结果。

难点：说出同一事物的 2 种分类标准，制作出表头

学教具准备

长方形、圆形等硬纸片，水果模型，小彩旗，各类统计表

教学过程

一、导入

师：老师今天带来了一些老朋友，同学们看看还认识它们吗？

教师拿出圆形、长方形、正方形、三角形、圆形给学生辨认。

师：这么多图形，我们用以前学过的知识对它们进行分类整理吧。可以怎么分？

请 A、B 组学生回答。

按照学生说出的分类标准摆放图形，然后师生一起点数统计数量，复习分类的知识。

师：看来同学们都掌握了，那我们今天就来继续学习分类统计的相关知识吧。

板书与教读课题：简单数据的收集与整理。

（设计意图：分类统计的知识对培智学生来说较难掌握，需要复习巩固分类知识，如按分类标准归类，寻找同类项目进行点数数量等，才能进行接下来的统计学习。）

续表

二、探究新知

师：今天老师给同学们带了很多水果，看看都有什么。

（一）不同的分类标准

1. 水果分类

（1）教师拿出各种水果，学生指认，说出有苹果、香蕉。

师：苹果、香蕉这些都属于什么？

学生说出“水果”，教师粘贴表格，在第一行第一个格写上“水果”并教学。

师：刚才同学们说了这里有哪两种水果？

引领学生回答，教师把苹果、香蕉的贴图对应贴在表格里，告知学生这是表头。

（2）请学生对应分类标准，把讲桌上的水果分类摆好。

师：老师又拿来了一些水果，你们把它们再分类一下。（苹果、香蕉、橘子）

学生说出橘子和苹果、香蕉不是同一种水果。老师引导 B 组学生把橘子额外放在一堆，请 A 组学生上台在表格中贴图片。

尝试说说其他分类方法。（大小、颜色、形状等）

2. 彩旗分类

师：老师还有一包小彩旗，请大家帮我分类整理一下。

老师拿出彩旗，引导学生说出分类标准（颜色）。

请学生上台在另一张表格里粘贴出颜色分类标准的贴图。（A、B 组学生）

归纳：要把事物分类，首先要找到不同类别的物品，确定分类标准，然后填写在第一行作为表头。

（二）统计数量并填表

1. 统计数量

师：分类好了物品，我们数一数各自有多少个？

师生一起点数水果（苹果、香蕉、橘子）统计数量，教师将结果填写在对应的表格位置。

说一说：如“苹果有 3 个……”（指着表格相应位置描述）

学生自己点数不同颜色的彩旗，回答并填写黑板上的统计表。

说一说：如“红旗有 10 面……”（指着表格相应位置描述）

归纳：点数物品的数量后，写在对应物品的下面。

2. 填写统计表

（1）讲解统计表。

教师讲解表格第一行、第二行是什么。

（2）PPT 出示一个动物园。

①学生说出分类标准。（动物种类、高矮）

②抽学生点数对应分类的动物数量。

③分发制作好的统计表，学生填写数量。如表 1 所示。

表 1　动物园统计表

动物			
只数			

续表

动物	高	矮
只数		

感知觉训练：训练通过视觉差别搜索、对应配对不同种类的物品能力。

（设计意图：先让学生学会多种不同类型的分类方法，填写在统计表的表头，建立基本的统计表分类知识，表头采用贴图的方式解决了学生不会书写汉字的问题，而且形象直观。）

三、巩固练习

师：我们班上的同学可以怎么分类统计呢？

（1）学生说一说分类标准：男女生、高矮、胖瘦等。

（2）PPT 出示统计表，请 A、B 组学生填写表头。（文字+图片）

（3）分类书包里的学习用品。学生说出分类标准，再填写表头。

（设计意图：将物品分类扩展到学生身边的事物中，体会和迁移应用不同的分类标准，明确表头的填写。）

四、小结

复习不同的分类标准知识，进行分类活动的语言叙述。

五、课后小任务

A、B 组：分类自己书包里的学习用品，并且统计数量、填写表格。

C 组：按标准分类自己书包里的学习用品，并且点数数量填写在对应表格里

板书设计

简单数据的收集与整理

水果分类

水果	（苹果）	（香蕉）	（橙子）
个数	4	8	5

水果	大的	小的
个数	12	5

彩旗分类

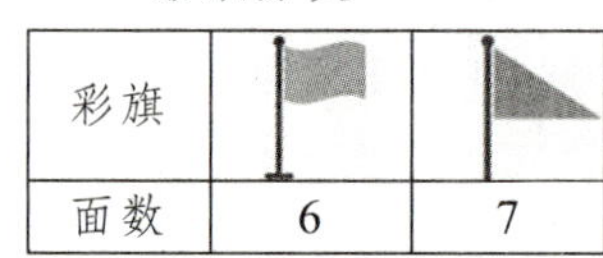

彩旗	（长方形旗）	（三角形旗）
面数	6	7

彩旗	长方形	三角形
面数	19	4

课题	简单数据的收集与整理	总课时	3
第几课时	第 2 课时	课时内容	统计与统计表

教康整合目标

教学目标：
知识技能：
A 组：正确说出多种不同的分类标准。尝试自己完成制作和填写统计表。
B 组：按分类标准说出具体的分类项目，会模仿制作和填写统计表。
C 组：按分类标准说出具体的分类项目，说出统计数量。
数学思考：
A 组：按分类标准分出具体的项目，统计数量结果。
会使用标记方法正确统计数量。
B 组：按分类标准分出具体的项目，在标记辅助下正确统计数量。
C 组：按分类标准分出具体的项目，用标记找出不同的分类项目。
问题解决：
A 组：用 2 种及以上方法分类和统计身边同一事物。
B 组：对身边同一事物按要求进行分类整理和统计数量。
C 组：按分类要求归类物品，正确点数出物品的数量。
情感态度：
A、B 组：描述生活中的物品统计，养成分类整理、点数的习惯。
C 组：描述生活中的物品分类，养成整理物品的习惯。
康复目标：
感知觉：（1）能视觉搜索、配对不同种类的物品。
（2）能视觉搜索、区别出不同种类的物品。
（3）能视觉搜索、找出同类的物品

教学重难点

重点：分类具体的活动项目，正确填写统计表。
难点：制作统计表并正确填写，描述统计结果

学教具准备

运动会活动照片，跑步、跳绳等活动贴图，雪花片，积木，彩旗，各类统计表格，收纳箱

教学过程

一、导入
PPT 出示学校的运动会活动照片，学生观看。
师：同学们，还记得这是我们学校举办的什么活动吗？
生：运动会。
师：运动会上都有哪些比赛项目呢？
PPT 呈现各活动，学生找出具体项目活动：跑步、抱球、穿衣、夹乒乓球。
师：那哪项比赛项目参加的人最多呢？
引出课题：我们可以利用上节课所学的分类统计知识来统计看看。
板书课题：统计与统计表。
（设计意图：从学生的校园生活出发减少学生情境理解困难，问题引入教学，引发学生的思考，学习新知。）

续表

二、探究新知

1. 统计表

师：要统计这些项目人数，我们需要先制作一个统计表，如表1所示。

（1）PPT出示空白统计表格，让学生说一说应该按什么分类。（分类标准是什么）

（2）说出活动和比赛项目，填写第一行表格。（分类项目有哪些）

（A组学生填写文字表格，B、C组学生使用代表活动的图片贴纸填写表格。）

师：第一行填好了，后面就是统计人数了，应该填在哪里？

（3）教师指着第二行第一列提问：应该写什么？——人数

表1　各种项目的人数

比赛项目	跑步	抱球	穿衣	夹乒乓球
人数				

（4）完善统计表：带着学生一起点数对应的活动人数，并告知应该填写在表格的哪个位置。

师：现在你们知道参加哪项活动的人多吗？

小结：统计表能帮我们很好地呈现分类、各自的数量，从而知道多与少的关系。

2. 填一填

师：同学们学习了如何分类，怎样填写统计表，下面请你们来试一试。

（1）出示课本第56页，请学生说说操场上的同学们都在进行哪些活动？

（2）分发统计表，学生填写出分类，并描述。（PPT上标写对应活动的名称：跳绳、跑步）

（3）数一数各项活动有多少人？统计人数并填写表格，如表2所示。

表2　各项活动人数

A组

B、C组

活动		
人数		

3. 统计方法：标记

师：我看到有同学统计的人数是错的，一起来看看有哪些统计人数的小妙招吧。

（1）教师示范标记方法。

师：可以在参与相同活动的同学周边标记数字，这样就不容易数错了。如图1所示。

续表

图 1　用数字标记同学

师：还可以画不同的记号，比如√、△、×等。如图 2 所示。

图 2　用记号标记同学

（2）让学生尝试标记不同的记号，再次统计各自的数量。

师：参加什么活动的人数最多？什么活动的人数最少？

（3）带着学生描述统计表信息。

感知觉训练：训练通过视觉差别搜索区别出不同类别的物品、对应不同标准配对不同种类物品的能力。

（设计意图：带领学生体验数据收集与整理的整个过程，在原有的知识基础上让学生整体感知学习步骤：分类—点数—汇总数据—填写统计结果，针对易错点和学生特点教学统计标识方法，避免学生统计出错。）

三、巩固练习

（1）统计体育活动。

师：现在参加体育活动的人更多了，你们来给他们分类，看参加各类活动的人有多少。

PPT 出示课本第 57 页情景图，如图 3 所示，让学生说一说。填写课本上的统计表。

续表

图 3　数一数参加各类活动的人数

（2）整理教具物品。

师：老师这里有一箱教具，请同学们帮我分类整理一下。可以有哪些分类方法呢？

学生先说出分类方法，然后再分发统计表填写。（雪花片、积木、彩旗）如表 3 所示。

表 3　教具统计表

物品				
个数				

（A 组学生自己填写空白的统计表，B 组学生说出分类标准并统计数量，C 组学生上台归类整理物品。）

（设计意图：把分类和统计的知识运用于生活中，学会分类整理物品，建立数量的概念。）

四、小结

师：今天进一步学习了统计表的知识，以后同学们就可以用来归类统计需要的物品了。

板书总结分类统计的步骤，描述统计表的内容。

板书：分类标准→分类项目→点数数量→填写数量。

五、课后小任务

A、B 组：（1）完成刚才整理物品的统计表。

（2）填写课本第 59 页习题统计表。

C 组：填写课本第 59 页习题统计表

续表

板书设计
统计与统计表

比赛活动	跑步	抱球	穿衣	夹乒乓球
人数	4	6	3	7

活动	跳绳	跑步
人数	5	1

分类标准→分类项目→点数数量→填写数量

课题	简单数据的收集与整理	总课时	3
第几课时	第 3 课时	课时内容	制作统计表

教康整合目标

教学目标：

知识技能：

A 组：尝试自己完成制作和填写统计表。

B 组：会模仿制作和填写统计表。

C 组：正确填写统计表上各项目的数量。

数学思考：

A 组：描述不同的分类标准、具体项目和统计表信息。

B 组：按分类标准说出具体的分类项目、统计的数量。

C 组：按分类标准说出和用标记找出具体的分类项目。

问题解决：

A 组：用 2 种及以上方法分类和统计生活中同一事物。

B 组：用 1 种方法对身边同一事物进行分类整理和统计。

C 组：按分类要求归类物品，正确说出各类项目物品的数量。

情感态度：

A、B 组：参与生活中物品的统计，养成分类整理的习惯。

C 组：参与生活中分类物品的活动，养成归类整理物品的习惯。

康复目标：

感知觉：能视觉搜索、进行分类配对

教学重难点

重点：尝试自己分类活动项目，制作、填写统计表。

难点：制作统计表，描述统计结果

续表

学教具准备
视频、水果、毛巾、饮料、零食、球、筐、各类统计表

教学过程

一、导入

师：今天，老师要带大家走进超市，去看看都有些什么东西？

播放学生去超市的视频，说一说去了哪些区域。

师：老师从超市带回来了一些东西，但是太乱了，请大家帮帮我把它们归类整理放好，看看有些什么。

教师拿出一箱物品，倒在讲桌上，师生一起观看有些什么，可以怎么归类。

引导学生说出不同的分类标准，引出制作统计表来清点物品。

板书课题：制作统计表。

二、探究新知

1. 制作统计表

师：既然同学们各自有不同的分类方法，那接下来你们就用统计表清点物品，告诉大家你是怎么归类的吧。

（1）教师带着学生先梳理统计的步骤，复习制作统计表的方法。

统计的步骤：分类标准→分类项目→点数数量→填写数量。

统计表：（第一行）总称→具体各个项目；

（第二行）计量单位→具体数量。

（2）分发统计表格，学生操作。

师：现在你们开始制作统计表吧，一会儿请同学们来展示自己的统计表。如表 1、表 2 所示。

（A 组学生自己分类、制作统计表，B、C 组由老师给出分类标准，填写统计表）

表 1　按品种分类统计（B、C 组）

物品	水果	毛巾	饮料	零食
数量				

表 2　按颜色分类统计（B、C 组）
（具体的分类项目可用图片替代汉字）

物品	黄色	白色	红色	……
数量				

（3）教师巡视，辅助学生。（制作表头、正确标记、点数、填写统计表）

师：大家都制作好了统计表，请同学上来展示吧。

（4）A、B、C 组各请 1 名学生展示自己的分类统计情况，教师修正错误，巩固填写统计表。

小结：填写统计表时，要注意标记各个不同的项目，避免数错数量，然后把数量结果写在对应的项目下面。

感知觉训练：训练通过视觉搜索，正确区别、配对不同类别物品的能力。

2. 描述统计结果

师：制作好了统计表，我们来看看它呈现了哪些信息？

（1）出示刚才 1 个组的统计表，教师描述信息。如表 3 所示。

续表

表 3　学生制作的统计表

物品	水果	毛巾	饮料	零食
数量	6 个	3 条	1 瓶	4 袋

教学描述：物品按属性分类，分成水果、毛巾、饮料、零食。水果有 6 个，毛巾有 3 条，饮料有 1 瓶，零食有 4 袋。

（2）教师带领学生描述统计表信息。

（3）教师提问式引导学生描述统计表信息。

师：请同学自己来说一说。

（A 组学生自己尝试说一说，B、C 组学生描述分成哪些具体项目、统计的结果。）

师：其他统计表上的结果你们会说吗？

（4）带着学生描述刚才不同分类的统计表和书上统计表的统计结果。

（设计意图：通过活动巩固学生学习制作统计表、正确填写统计结果等，在操作中不断熟练知识与技能，同时还要求学生初步看懂、描述统计结果。）

三、巩固练习

师：现在我们放松一下，来玩个投球比赛吧。

投球比赛：把学生分成 3 组，每组投 10 次，哪个组投中得多，哪个组获胜。

（1）学生说教师写，一起制作出统计表。

（2）一个组一个组地投球，学生点数，每组记录自己的统计结果。

（3）评判、总结比赛。

（设计意图：把所学的统计知识应用于活动中，让学生体会知识的活学活用，体会统计表的作用，越来越熟练地统计数据。）

四、小结

描述刚才投球活动的统计结果，总结本课的知识。

五、课后小任务

A、B 组：（1）完成刚才的统计表。

（2）统计自己的学习用品。

C 组：填写统计表上学习用品的数量，和家长或同学说一说统计结果

板书设计

制作统计表

物品	水果	毛巾	饮料	零食
数量	6 个	3 条	1 瓶	4 袋

水果有 6 个，毛巾有 3 条，饮料有 1 瓶，零食有 4 袋

组别	第 1 组	第 2 组	第 3 组
个数	3	2	4

第 1 组有 3 个，第 2 组有 2 个，第 3 组有 4 个